성경 길라잡이

Church Next ❸

성경 길라잡이

초판 9쇄 | 2018년 7월 12일
저자 | 신득일 변종길
펴낸곳 | 도서출판 생명의 양식
등록 | 1998년 11월 3일. 서울시 제22-1443호
주소 | 06593 서울특별시 서초구 고무래로 10-5 (반포동)
전화 | (02) 533-2182
팩스 | (02) 533-2185

총판 | 생명의 말씀사
전화 | (02) 3159-7979
팩스 | (080) 022-8585

교열 | 박미화
북디자인 | 이성희

ISBN 978-89-88618-22-6 03230

www.qtland.com

Church Next ❸

성경 길라잡이

변종길 · 신득일 지음

생명의 양식

발간사 'Church Next' 시리즈를 펴내면서

한국교회가 위기에 처해 있다는 경종이 계속되고 있습니다. 우리 사회에서 교회의 신인도가 크게 추락하고 있고, 무엇보다도 젊은이들이 교회를 떠나고 있으며 어린이들과 청소년들의 수가 급격하게 줄어들고 있습니다. 다음 세대의 한국교회를 생각할 때 큰 위기가 아닐 수 없습니다.

한국교회가 이러한 위기상황임에도 불구하고 우리는 여전히 한국교회를 사랑하며 교회교육을 사랑합니다. 칠흑 같이 어두운 밤에 작은 등불이 더욱 빛나는 것을 아는 우리들은 이제 다시 한국교회의 미래를 위한 희망의 씨앗을 뿌립니다. 하나님의 교회는 본질적으로 교육하는 교회여야 하고, 교육과 훈련을 통해 다음 세대를 계속하여 양성할 수 있음을 알기 때문입니다. 교회의 교육 발전을 위해서는 잘 훈련되고 구비된 교사들이 필요하고, 그들이 교육을 새롭게 할 수 있습니다.

이제 우리는 한국교회 교육의 새로운 부흥을 기대하며, 교회의 미래를 준비하는 교회학교 교사 교육과정으로 'Church Next' 시리즈를 간행합니다. 한국교회에서 학문적이고도 실천적인 기독교교육으로 잘 무장된 복음주의권 기독교교육학자들과 교육전문가들을 중심으로 성경과 신학, 기독교교육학 이론과 실천의 에센스를 뽑아 모두 8권의 시리즈로 기획, 출판합니다. 지난 23년 동안 14,000명의 훈련된 교사와 평신도 리더들을 양성하고 배출한 경험을 토대로 한국교회의 교사 양성을 위한 새로운 교육과정으로 제시합니다. 이 시리즈의 저자들은 신학과 기독교교육의 이론에서 정통하면서도 교육실천의 현장에서 오랜 경험과 축적된 경험이 교사로 입문하는 이들에게 의미있는 도움을 줄 것입니다. 이 시리즈의 여덟 권의 교재로 1년 두 학기 동안 교사들을 훈련할 수 있으며, 교사들이 개인적으로 전문교사로 성장하는 일에도 많은 도움이 될 것입니다. 이 시리즈가 한국교회 교회교육을 새롭게 하고, 교회의 다음 세대를 양성하는 일에 크게 쓰여질 것을 믿습니다.

2008년 3월

기획 · 책임편집자 _ 나삼진

머리말

낯선 곳을 여행할 때 안내자가 있으면 여행이 훨씬 풍요로워진다. 그 지역의 역사, 지리, 관습, 문화, 주민, 주요인사, 음식, 전통, 유적, 등에 관한 설명을 들으면 더 많은 것을 보고 느낄 수가 있을 것이다. 마찬가지로 이 성경개론은 성경을 처음 대하는 사람이나 성경을 부분적으로 읽기는 했지만 체계적으로 배우거나 공부하지 못한 성도들을 위한 안내서로 마련되었다.

일반적으로 '성경개론' 은 성경 각권의 기원과 형성과정, 구성 등을 다루는 분야다. 이런 연구는 주로 중립적인 입장에서 성경을 하나의 자료로 취급하는 경향이 있다. 그러나 본서는 그런 개론의 성격과는 달리 성경적 입장에서 구약과 신약에 관한 개괄적인 내용을 소개한 책이다.

이 책은 전체적으로 구약과 신약개론으로 구성되었다. 각 부분의 첫 머리는 구약과 신약에 관한 서론으로 할애했는데, 여기서 성경의 성격과 형성과정, 다양한 배경 등에 대한 비교적 상세한 정보를 주고있다. 제한된 분량으로 인하여 성경 각권과 관련된 이론에 대한 논증이나 상세한 설명은 할 수 없지만 그 책의 핵심적 교훈과 꼭 알아야 할 내용을 다루었다. 그리고 질문을 통하여 장르에 따라 구성된 책들에 대한 신학적 요점사항을 정리할 수 있도록 했다. 그래서 이 책을 그냥 읽기만 해도 성경 전체의 내용을 이해하는 안목을 가질 수 있을 것이다.

시중에는 성경개론이란 제목을 가진 성경 입문서가 많이 있지만 우리의 의도와 용도에 맞는 책은 흔치 않다. 아쉬운 점은 지면의 제한으로 인하여 많은 부분을 생략할 수밖에 없었으며 또한 기술한 부분도 자세히 설명하지 못하고 간단하게 넘어간 것들이 많다는 것이다. 이 점에 있어서 독자 여러분들의 양해를 구한다. 비록 간단하지만 이 책을 통해 성경을 읽고 이해하는 데 작으나마 도움이 되기를 바란다.

2008년 3월

저자 _ 변종길 · 신득일

차례

Contents

| 제1부 |

서론

1장

성경은 어떤 책인가?

1. 하나님의 말씀인 성경

이 세상에는 수많은 책들이 있다. 각 나라와 민족들이 각 시대마다 각각의 언어로 출판해 온 책들은 헤아릴 수 없을 정도도 많고 다양하다. 그러나 이 중에서 항상 베스트 셀러의 자리를 지켜오고 있는 책은 성경이다. 성경은 지금도 수억 명의 사람들이 날마다 읽고 묵상하며 그 안에서 힘을 얻고 있다. 어지간히 재미있는 책도 두 번, 세 번 읽으면 지겹고 싫증이 나지만 성경은 아무리 읽어도 싫증이 나지 않으며 읽으면 읽을수록 재미있고 깊은 맛이 난다.

그래서 사람들은 성경을 가리켜 '가장 좋은 책' 또는 '책 중의 책' 이라고 부르기도 한다. 그러나 성경은 하나의 '특별한 책' 이나 '책 중의 책' 으로 끝나는 것은 아니다. 왜냐하면 성경은 그저 사람이 쓴 책 가운데서 가장 훌륭한 책 정도가 아니라 유일무이한 특별한 책이기 때문이다. 곧 성경은 비록 사람들이 기록하기는 했지만, 하나님께서 우리 인간에게 주신 '하나님의 말씀' 이다. 이런 점에서 성경은 다른 인간적인 책들과는 근본적으로 구별되는 독특한 책이다.

성경은 '하나님의 말씀' 이기 때문에 다른 세상적인 책들과 분명히 구별되는 특징이 있다. 그것은 성경은 우리로 하여금 '구원에 이르는 지혜' 가 있게 한다는 것이다(딤후 3:15). 세상의 책들 중에는 재미있고 유익하며 우리에게 지혜를 주는 책들도 많다. 예를 들어 중국의 고전 중에《삼국지》같은 것은 재미있고 흥미진진하다. 뿐만 아니라 우리는 그 안에서 제갈공명의 신묘한 지혜와 지략, 유비의 넓은 덕, 그리고 세 의형제의 의리를 배울 수 있다. 그렇지만《삼국지》를 아무리 읽어도 발견할 수 없는 것이 있다. 그것은 바로 '구원에 이르는 지혜' 이다. 사람이 어떻게 하면 구원 얻을 수 있는지에 대해《삼국지》는 가르쳐 주지 않는다. 또한 우리가 학교에서 배우는 어떤 과목이나 책들 가운데서도 '구원' 에 대해 가르쳐 주는 것은 없다. 그것은 오직 하나님의 말씀인 성경만이 우리에게 가르쳐 준다.

뿐만 아니라 성경은 우리의 생활에 필요한 여러 가지 교훈을 주며, 옳은 길을 가게 하며, 우리로 하여금 선한 일을 행하도록 준비시킨다(딤후 3:16). 그래서 성경은 우리의 신앙과 생활에 필요한 절대적인 표준으로서, 평생 동안 가까이 두고서 늘 읽고 배워야 하며, 주야로 그것을 묵상하고 즐거워해야 하는 하나님의 말씀이다(시 1:2).

2. 성경의 기록 과정

그렇다면 이러한 성경이 어떻게 기록되었으며 어떠한 과정을 통해 오늘날 우리의 손에 들어오게 되었을까? 성경은 한 사람이 기록한 책이 아니다. 성경은 약 40명의 사람들이 약 1,500년에 걸쳐 기록한 66권의 책들의 묶음이다. 좀 더 구체적으로 살펴보면, 창세기에서 말라기까지 총 39권으로 되어 있는 구약은 주전 1,400여 년경부터 주전 400년경에 이르기까지 천년에 걸쳐서 약 30명의 사람들을 통해 기록되었다. 이에 비해 27권으로 구성되어 있는 신약은 주후 1세기에 약 50년 정도의 짧은 기간 안에 8-9명의 사람들에 의해 기록되었다.

성경은 이처럼 오랜 기간 동안 여러 사람들에 의해 기록되었는데도 불구하고, 마치 한 사람이 기록한 것처럼 놀라울 정도로 내용의 통일성과 조화를 유지하고 있다. 뿐만 아니라 성경은 동일한 주제와 목적을 향하여 일관성 있게 나아가고 있다. 이는 곧 죄에 빠진 인간들을 구원하시기 위한 하나님의 사랑과 열정이다. 이를 위해 하나님께서는 메시야를 이 땅에 보내시겠다고 약속하셨으며, 또한 이 약속이 예수 그리스도 안에서 성취되었음을 말하고 있다. 그래서 성경은 곧 '예수 그리스도'에 대해 증거하는 것이다(요 5:39).

이러한 것들을 생각해 볼 때 신 · 구약 66권의 책들을 기록한 배후에는 이 모든 것을 사전에 치밀하게 계획하고 준비하고 인도한 한 '연출자'가 있었음을 고백하지 아니할 수 없다. 이 연출자는 다름 아닌 하나님이시다. 하나님께서 친히 자신의 말씀을 기록할 사람들을 택하시고 준비시키셨으며, 때가 되매 부르셔서 이 말씀을 기록하도록 섭리하셨던 것이다. 이 섭리의 방법은 강제적이거나 초자연적인 것이 아니라 아주 자연스럽고 은밀해서 그 책을 기록하는 사람이 전혀 부자유함이나 부자연스러움을 의식하지 못하고 깨닫지 못할 정도였다. 그래서 기록자는 그가 처한 상황에서 자기의 모든 생각과 지식과 언어를 통해 자기 자신의 글을 적는 것처럼 생각했었지만, 실은 배후에 하나님께서 은밀하게 섭리하시고 역사하셨던 것이다. 그리하여 하나님께서는 그 기록한 글에 하나의 작은 오류도 없도록 역사하셨을 뿐 아니라, 그 모든 내용과 표현들, 나아가서 단어 하나 하나와 그 순서들에 이르기까지 완벽하게 하나님의 말씀이 되도록 역사하셨던 것이다.

우리는 이것을 '성경의 영감' 이라고 부른다. '영감' (inspiration)은 성경을 기록할 때에 성령께서 특별히 간섭하시고 역사하신 것을 말하며, 이것은 오늘날 우리가 성경을 읽을 때에 깨우치고 은혜받게 하시는 성령의 '조명' (illumination)과는 구별된다. '조명' 은 우리의 죄로 인하여 완전하지 못하며 오류가 있을 수 있으나, '영감' 은 성경 기록시에만 역사한 완전한 것이며 오류가 전혀 없다. 따라서 성경은 이 세상의 인간적인 작품들과는 구별되는 독특한 책이다. 그래서 베드로는 "예언은 언제든지 사람의 뜻으로 낸 것이 아니요, 사람들이 성령의 감동을 받아서 하나님께 받아 말한 것이라"(벧후 1:21; 필자 직역)고 했다.

성경 기록에 있어서 역사하신 하나님의 준비와 섭리를 생각할 때, 성경의 참 저자는 '하나님' 이시라는 것을 우리는 고백하게 된다. 이것을 고백하지 않는다면 그 사람은 아무리 성경을 읽고 연구해도 유익이 없을 것이다. 따라서 개혁 신학에서는 전통적으로 하나님을 '제일저자(primary Author)' 라고 불렀으며, 성경 기록에 동원된 기록자들을 '제이저자(secondary authors)' 또는 '인간 저자' 라고 불렀다. 오늘날 현대 신학자들은 이러한 구별 자체를 언급하지 아니하고 모든 초점을 인간 저자에게 맞추고 있지만, 이것은 성경을 그저 호머의 《일리아드》나 《오디세이아》와 같은 인간적인 작품들로만 보는 잘못된 전제에서 출발한 것이다. 예나 지금이나 성경은 하나님의 말씀이라는 것은 우리 신앙의 토대요 기둥일 뿐 아니라, 신앙생활의 출발이자 또한 마지막인 것이다.

3. 성경의 수납과정

그러면 신구약 66권은 어떤 과정을 거쳐 하나의 책으로 묶어졌으며, 신적인 권위를 가진 '하나님의 말씀'으로 받아들여졌을까? 곧 이 66권의 책들은 어떠한 과정을 거쳐서 성도들의 신앙과 생활의 유일한 표준이 되는 하나님의 말씀 곧 '정경'(正經, canon)으로 받아들여진 것일까?

먼저 구약의 경우를 살펴보자. 구약 39권은 전통적인 유대인들의 분류에 의하면 '율법(토라)'과 '선지서(느비임)'와 '성문서(크투빔)'로 나누어진다. '율법'은 모세오경을 말하며, '선지서'에는 대선지서와 소선지서 및 역사서들이 있다. '성문서(聖文書)'에는 시편과 잠언, 전도서, 욥기 등이 포함된다. 이 구약 책들은 이미 오래 전부터 신적 권위를 가진 정경으로 받아들여졌다. 예수님은 '모세의 율법'과 '선지자들의 글', '시편'에 자기를 가리켜 기록한 모든 것이 이루어져야 할 것을 말씀하셨다(눅 24:44). 또한 유대인 역사가 요세푸스가 주후 37년에 쓴 책(Againt Apion)에서 "우리는 22권의 신적 문서들을 가지고 있는데, 이는 모세 때부터 아닥사스다 왕까지 되어진 일들이 기록되었다"고 하며, "이 문서들에 있는 글은 어느 누구도 감히 변경하지 못하고 가감하지도 못한다"고 하였다. 여기서 요세푸스가 말한 22권이란 오늘날 우리가 가지고 있는 39권과 일치한다.

신약 성경은 기록되고 나서 얼마 지나지 않아 대부분 신적 권위를 가진 정경으로 받아들여졌다. 사복음서와 사도행전, 그리고 바울의 열세 권의 서신은 1세기말과 2세기 초에 별 무리 없이 권위 있는 정경으로 인정되었으며, 소수의 책들만 일부 지역에서 논란이 있었다. 그러다가 4세기말에 와서 정경 문제가 종결되었다. 367년에 알렉산드리아의 아타나시우스가 발표한 부활절 서신에서 현재 우리가 가지고 있는 것과 똑같은 27권을 신약 정경으로 말하였으며, 이어서 397년 아프리카의 카르타고에서 열린 교회 회의에서 현재 우리가 가지고 있는 27권이 정경으로 받아들여졌다. 그리하여 정경에 대한 논의는 4세기말로서 종결되었으며, 그 후 중세 시대를 지나 오늘에 이르기까지 신약의 정경에 대해서는 사실상 더 이상의 논란이 없었다고 말할 수 있다.

그러나 구약 정경의 범위와 관련하여서는 중대한 의견 차이가 있었다. 소위 구약 '외경(外經, apocrypha)'의 문제인데, 원래 히브리어 구약 성경에는 없던 것이 희랍어로 번역되는 과정에서 《칠십인역》 번역자들이 유대인들의 작품 몇 개를 함께 번역하여 구약 정경과 함께 나란히 실은 것이 발단이 되었다. 이것을 주후 4세기에 제롬이 라틴어로 번역함으로써, 구약 외경들이 로마 가톨릭교회의 정경으로 들어오게 되었다. 그러나 이 외경들은 유대인들에 의하여 결코 정경으로 인정된 적이 없었으며, 예수님에 의해서도 인용된 적이 없었다. 그래서 종교개혁자들은 히브리어 원본 성경에 근거하여 이 외경들을 배척하였는데 오늘날 개신교가 이 입장을 따르고 있다.

그런데 여기서 우리가 생각할 것은 하나님의 말씀인 정경은 우리 인간들에 의해 정경으로 인정될 때에야 비로소 정경이 되는 것이 아니라, 정경은 원래부터 정경으로서의 권위를 가지고 있다는 사실이다(성경의 자증). 인간은 원래 정경이 아닌 것을 정경으로 만들 수 없으며, 또한 정경인 것을 정경이 아니라고 결정할 수도 없는 것이다. 인간은 그저 원래 그 자체로서 신적인 권위를 가지고 있는 정경을 '인지'하고 '인정'하고 '고백'할 따름이다. 여기에는 성령의 감동과 역사가 필요했으며(성령의 내적 증거), 경우에 따라 시간이 제법 걸리기도 했다. 그러나 마침내 하나님의 말씀은 그 권위와 위엄이 우리 인간에 의해 깨우쳐지고 인정되고 수납되기에 이르게 된 것이다. 그렇지만 하나님의 말씀은 기록된 그 순간부터 하나님의 말씀이었고, 그 충만한 권위와 능력을 그 때부터 부단 없이 나타내고 증거하면서 우리 인간의 인정과 수납을 기다리고 있었던 것이다.

4. 성경의 전수, 번역 과정

그렇다면 하나님의 말씀인 성경은 어떠한 과정을 거쳐 오늘날 우리 한국의 성도들 손에까지 들어오게 되었을까? 성경은 원래 고대 근동 및 지중해 연안의 언어로 기록되었다. 구체적으로 말하자면, 구약 성경은 대부분이 히브리어로 기록되었으며 다니엘서 일부와 에스더서 일부가 아람어로 기록되었을 따름이다. 히브리어와 아람어는 사촌간으로 그 차이가 그리 크지 않다. 한편 신약 성경은 모두 다 헬라어로 기록되었다. 물론 마태복음에 대해서는 마태가 원래 히브리어(아람어)로 기록했다고 하는데 그 히브리어본은 상실되고 없다. 어쨌든 오늘날 우리에게 정경으로 주어진 것은 헬라어본이라고 생각해야 할 것이다.

신구약 성경 66권은 많은 사람들이 읽기를 원했기 때문에 기록되자마자 사람들이 이것을 필사(筆寫)하기 시작했다. 옛날에는 아직 인쇄술이 발명되지 않았기 때문에 사람이 잉크와 펜으로 일일이 옮겨 적는 수밖에 없었다. 처음에는 이집트의 나일강 유역에서 생산되는 값싼 파피루스(papyrus) 종이에 필사하다가, 4세기 이후에는 양의 껍질을 말려서 만든 종이에다 필사하기 시작했다. 이 양피지(羊皮紙)는 대단히 고급스런 종이로서 버가모 지역에서 많이 생산되었기 때문에, 그 지역 이름을 따서 '페르가멘트(pergament)' 라고 불리었다. 그리고 처음에는 헬라어 글자를 대문자로 썼기 때문에, 당시의 이 사본들을 우리는 '대문자 사본(uncials)' 이라고 부른다. 그러나 4세기 이전의 사본들은 그 재질이 파피루스로 되어 있기 때문에 우리는 이것을 '파피루스 사본(papyri)' 이라고 부른다. 그러다가 9세기경에 간편하고 쓰기 쉬운 소문자 알파벳이 발견되었으므로 이전의 책들을 소문자로 옮겨 적게 되었다. 그래서 소문자로 기록된 헬라어 사본을 우리는 '소문자 사본(minuscules)' 이라고 부르는데, 그 대부분이 비잔틴 제국 내에서 사용되었다고 하여 '비잔틴 사본' 이라고 부르기도 한다.

그러다가 15세기 중엽에 독일의 구텐베르크(Gutenberg)가 인쇄술을 발명한 후에 신약 성경을 활자로 인쇄하게 되었다. 이렇게 인쇄되어 나온 성경을 우리는 '편집판(editions)' 이라고 부르는데, 1516년에 에라스무스(Erasmus)가 편집한 것이 최초의 헬라어 신약 성경 편집판이다.

한편, 히브리어로 된 구약 성경과 헬라어로 된 신약 성경은 다른 언어를 쓰는 민족들을 위하여 번역될 필요가 있었다. 특히 히브리어는 팔레스타인을 중심으로 한 유대인들에게만 국한되어 사용되는 언어였기 때문에 보다 많은 사람들에게 읽히기 위해서는 번역이 필요했다. 특히 지중해 연안의 여기저기에 흩어져 있는 '디아스포라(diaspora)' 의 유대인 2,3세들을 위해 구약 성경 번역이 시급히 요청되었다. 그래서 주전 3세기경에 구약 성경이 헬라어로 번역되었는데, 우리는 이것을 칠십 명의 사람들이 번역했다고 해서 《칠십인역》(Septuagint)이라고 부른다. 이 《칠십인역》은 경우에 따라 히브리어 원문에 충실하지 않고 벗어나는 것도 있지만, 헬라어라는 언어의 편의성 때문에 초대 교회 성도들이 많이 사용하였다. 그러나 《칠십인역》 번역자들이 구약을 번역할 때 유대인들의 문학 작품인 몇 편을 함께 번역했기 때문에 외경이 기독교회에 들어오는 계기를 제공하게 되었다.

원래 신약 성경이 기록된 헬라어는 비교적 넓은 지역의 많은 사람들이 이해하고 사용하는 언어이기는 했지만, 그래도 헬라어가 모국어가 아닌 사람들을 위해 번역이 필요했다. 그래서 2세기 이후로 신약 성경이 번역되기 시작했는데, 그 중요한 '역본(Versions)' 으로는 수리아 역본들과 라틴어 역본들, 아르메니아 역본들, 콥틱 역본들, 이디오피아 역본들, 고대 슬라브어 역본들 등이 있다. 특히 4세기말에 교부 제롬(Jerome)이 라틴어로 번역한 《벌게이트》 역본은 신구약 성경뿐만 아니라 《칠십인역》의 외경까지도 포함하고 있으며, 또 어떤 부분은 너무 성급하게 번역하였다고 비판받기도 하지만 로마 가톨릭교회에서 공적 권위를 갖는 성경으로 받아들여져 오늘에까지 이르고 있다.

종교개혁 이후에는 그 동안 교회에서 사용되던 라틴어 성경 대신에 각기 모국어로 번역하는 운동이 활발하게 일어나게 되었다. 그 이유는 그저 교회가 가르치는 교리를 맹목적으로 따르고 순종하던 수동적 신앙에서 벗어나, 살아 있는 하나님의 말씀인 성경을 사람들이 직접 읽고 또 그 말씀을 따라 살도록 하기 위함이었다. 따라서 종교개혁이 가져다 준 최고의 선물은 하나님의 말씀을 교회라는 창고에서 끄집어내어 각 성도의 가정과 각 사람의 책상 앞에 갖다 준 것이라고 할 수 있다. 종교개혁 이전에 영국의 존 위클리프(1330년경-1384년)가 이미 신구약 성경을 영어로 번역하였으며, 종교개혁자 루터는 1522년에 신약 성경을 독일어로 번역하여 독일 민족에게 큰 선물을 안겨 주었다. 그 후 윌리엄 틴데일의 영어 성경 번역에 이어 1611년에는 '흠정역(King James Version)' 영어 성경이 출간되어 그 후 300여년 동안 수많은 사람들에 의해 사랑받아 왔다. 그 외에도 오늘날에는 많은 영어 번역 성경들이 나와 있다.

한편 우리 나라에 성경이 최초로 전래된 것은 1816년 영국 군함의 맥스웰 함장이 가지고 있던 대형 성경을 조선의 조대복 첨사에게 준 것이었다. 그 후 1832년에 독일인 선교사 귀츨라프 목사가 조선 백령도 부근에 와서 한문 성경을 대량으로 배포하였다. 그러다가 성경을 우리말로 번역한 최초의 선교사는 스코틀랜드의 존 로스(John Ross) 목사였다. 그는 만주에 있으면서 조선 청년 이응찬, 서상륜 등의 도움을 얻어 《누가복음》과 《요한복음》을 번역하여 1882년에 간행하였다. 이것이 우리 나라 최초의 한글 성경이다. 1884년에는 《마가복음》과 《마태복음》이 간행되었고, 1887년에는 《예수셩교젼서》라는 신약 전권이 간행되었다. 이것을 흔히 《로스 번역》이라고 부른다.

만주에서 성경 번역이 이루어지자 조선인들이 그 한글 복음서를 짊어지고 전국 곳곳을 다니면서 판매하였다. 이렇게 성경을 판매하면서 보급한 사람을 우리는 '매서인(賣書人)' 이라고 부르는데, 이들을 통하여 우리 나라에 성경이 급속도로 보급되게 되었다. 그리하여 한국 교회는 선교사들이 들어오기 이전에 이미 성경을 읽고 감화를 받아 세례받고자 하는 사람들이 기다리고 있었다. 그래서 한국 교회는 그 출발부터 하나님의 말씀 위에 든든히 세워져서 성경과 함께 발전하는 교회가 되었던 것이다.

그 후에 체계적인 성경 번역 작업이 이루어져 1906년에 최초의 공인역본 《신약전서》가 나오게 되었으며, 이어서 1911년에는 《구약전서》가 나오게 되었다. 이것들은 다시금 각각 개역되어서 1938년에 개역판 《성경전서》가 나왔으며, 해방 후 새로운 맞춤법에 따라 개역되어 1952년에 새로이 출판되었다. 그러다가 1962년에 다시 개정된 《개역 한글판》이 나와서 오늘에 이르고 있다.

그 후 1993년에 9년여의 작업 끝에 《성경전서 표준새번역》출판되었다. 이 번역은 기존의 《개역 한글판》의 수정이나 교정이 아닌, 전적인 새로운 번역이었다. 우선 단어와 문체를 현대 어법에 맞추어서 이해하기 쉽게 번역한 것이 눈에 띈다. 그리고 이 번역은 번역 원칙에 있어서 '형식 일치(formal equivalence)' 보다는 소위 '내용 일치(dynamic equivalence)' 를 채택하였다. 그 결과 원어에 대한 정확한 번역보다는 의역과 주석적 번역이 많이 들어가게 되었으며, 뿐만 아니라 현대신학과 여성신학의 영향도 많이 반영하고 있다. 그래서 이 번역본은 출판 당시부터 큰 논란을 불러일으켰다. 1994년에 대한예수교장로회(고신) 총회에 제출된 '표준새번역 검토보고서' 는 이러한 문제점들을 지적하고, 이것은 성경을 정확무오한 하나님의 말씀으로 믿는 전통적인 신앙과 조화될 수 없음을 지적하였다.

이처럼 성경이 오늘날 우리 손에 들어오기까지 수많은 사람들이 동원되었으며, 수많은 사람들의 헌신적인 수고와 노력이 있었음을 알 수 있다. 그 가운데는 하나님의 말씀인 성경을 보존하고 그 권위를 회복시키기 위해 목숨을 걸고 싸운 사람들도 있었다. 그리고 하나님을 모르는 자들에게 하나님의 말씀인 성경을 전해 주기 위해 위험한 국경을 넘나들기도 하고, 때로는 붙잡혀서 투옥되기도 하였으며 개 중에는 목숨을 잃은 사람들도 더러 있었다. 그렇지만 하나님께서는 오늘날 지구상의 거의 대부분의 지역에 자신의 말씀인 성경을 보급되게 하시고, 그 말씀을 통해 많은 생명의 역사를 일으키고 계신다. 오늘도 하나님의 말씀은 살았고 운동력이 있어(히 4:12), 어느 곳에서든지 진지하게 그 말씀을 읽고 듣는 자에게 은혜를 베풀어 주시고 영원한 생명을 주신다. 그러므로 우리는 오늘날, 교회의 외적인 화려함 가운데서 자칫 소홀히 하기 쉬운 '성경'의 의미와 가치를 다시 생각하고, 옛날 믿음의 선배들이 가졌던 성경에 대한 사랑과 열정을 이 시대에 다시금 불러일으키도록 힘써야 하겠다.

✣ 학습 문제

1. 성경은 어떤 점에서 일반적인 다른 책들과 구별되는가? 몇 가지를 열거해 보라.

2. 성경의 저자는 누구인가? 인간이 기록한 책이 어떻게 해서 하나님의 말씀이라고 할 수 있는가?

3. 구약의 외경은 어떻게 해서 오늘날 가톨릭교회 안에 들어오게 된 것일까?

4. 오늘날 우리가 가지고 있는 성경은 누가 어떻게 만든 것인가?

5. 현대 교회의 성도들은 성경을 대할 때에 어떤 태도를 지녀야 하는가?

2장

구약성경이란?

1. 구약의 명칭과 영감

명칭

'구약' 이란 명칭은 구약에는 없고, 신약에 단 한번 나타난다(고후 3:14). 이 이름은 새 언약이란 의미를 지닌 신약이란 이름과는 대조적으로 쓰인 것이다. 그래서 구약을 옛 언약이라고 부르는 것은 기독교적인 정의라고 할 수 있다. 다시 말해서 구약은 기독교가 붙인 이름이다. 구약이란 명칭은 옛 언약을 뜻하는데 그리스도를 통한 인류의 구속에 대한 약속을 골자로 하는 이름이다.

영감

영감은 정경의 기준이다. 다시 말해서 영감되지 않은 책은 정경이 아니다. 성경은 신분과 문화적 배경이 다양한 인간 저자가 기록했지만 여전히 하나님의 말씀이 되는 것은 그 책이 하나님의 영감으로 기록되었기 때문이다. 이 말은 성경이 인간의 뜻대로 이루어진 것이 아니라는 뜻이다.

흔히 영감이라는 말은 'inspiration' 이란 단어로 나타내는데 이 말은 너무 넓은 개념을 지녔다. 어떤 일에 동기를 부여받는 것이나 아이디어를 착상하는 것, 어떤 문제를 해결하는데 통찰력을 얻는 것도 영감을 얻는다고 한다. 또 기독교 작가들도 하나님의 영감을 받아서 자신의 작품을 썼다고 한다. 그러나 생활 속의 영감이나 그들의 작품이 성경과 같은 방법으로 영감되지는 않았다. 그래서 권위도 다르다.

성경 영감에 대한 정확한 표현은 디모데후서 3:16에서 찾을 수 있는데 '하나님의 영감' 이란 말을 문자적으로 '하나님이 숨을 내쉰' (theópeustos, God-breathed)이라고 했다. 이 애매한 표현은 하나님의 성령의 창조적인 사역으로 말씀이 기록되었다는 것을 의미한다. 이것은 성경의 기원은 전적으로 하나님이시기 때문에 성격상 다른 책과는 근본적으로 다르다는 말이다. 베드로후서 1:21에서 "예언은 언제든지 사람의 뜻으로 낸 것이 아니요 오직 성령의 감동하심을 입은 사람들이 하나님께 받아 말한 것임이니라"고 했다. 이것은 저자가 초자연적인 충동에 의해서 썼다거나 단순히 하나님의 필기도구의 역할을 했다는 말이 아니다. 하나님은 저자의 능력과 교육적 배경을 무시하지 않으시고 그것까지 사용하셔서 자신의 의도를 따라 자신의 말씀을 기록하도록 하셨다.

신약성경에서 말하는 영감에 대한 교훈은 모두 구약성경에 적용된 것이다. 디모데후서 3:16의 "모든 성경은 하나님의 감동으로" 으로 되었다고 할 때 이것은 구약정경 전체를 의미한다. 베드로후서 1:21의 예언도 구약의 예언서를 가리킨다. 예수께서 율법이나 선지자라고 언급하신 것은 구약을 말한다(마 5:17, 18). 그 구약 율법의 일점(히브리어 알파벳의 요드) 일획이라도 반드시 없어지지 아니하고 다 이루리라는 것은 영감된 구약의 지극히 작은 부분까지라도 정당한 권위를 인정하신다는 것을 의미한다.

구약은 하나님의 영감으로 기록되었기 때문에 정확무오한 하나님의 말씀이 되었다.

2. 구약의 권위와 자증

세속적 권위

구약만큼 고대사회 인류의 삶을 상세하게 보여주는 책은 없다. 그래서 종종 그 책이 권위있는 책이 되기도 한다. 이것은 권위라기보다는 문화유산으로서의 가치를 말하는 것이다. 또 오랜 세월에 걸쳐서 유대교, 기독교, 이슬람과 같은 여러 공동체에서 금과옥조로 여겨온 전통을 지녔기 때문에 그 권위를 인정받기도 한다. 이것은 일부 집단의 전통을 중시하는 상대적인 가치를 인정하는데서 나온 상대적인 권위에 지나지 않는다. 그리고 구약이 고대성 때문에 권위를 인정받기도 한다. 그러나 구약의 고대성이 그 권위를 보장해주지 않는다. 메소포타미아나 이집트의 문헌에는 구약보다 더 오래된 책이 있기 때문이다. 그래서 이런 외적인 조건들이 구약의 권위에 대한 궁극적인 근거가 될 수 없다.

교회적 권위

교회가 구약을 정경으로 선언한 것은 분명히 구약의 신적인 권위를 인정하는데 중요한 기능을 가졌다. 그러나 구약은 사람들이 구약의 신적 권위를 선포하기 전에 이미 신적인 권위를 가지고 있었고, 또 그 권위를 행사하고 있었다. 교회의 공의회들은 이 책에 신적 권위를 부여한 것이 아니라, 단지 이 책들이 신적인 권위를 가지고 있으며, 또 발휘하고 있다는 것을 인정했을 뿐이다. 이 점에 있어서 로마 카톨릭 교회는 문제를 지닌다. 그들은 교회의 권위를 성경의 권위보다 우위에 둔다. 그러나 구약을 포함한 성경은 교회의 선언이나 어떤 인간의 권위에서 신적 권위를 빌려오지도 않고 그렇게 할 수도 없다. 신적인 권위란 위에서 오는 것이지 아래에서 부여할 수 없는 것이다.

자증적 권위

구약이 권위있는 책으로 인정되는 것은 이 책이 하나님의 영감으로 이루어졌기 때문이다. 이것은 신약성경도 마찬가지다. 이 권위는 성경 스스로 가지며, 그것을 성경이 알려준다. 그래서 자증적이다. 성경은 어느 인간의 권위있는 선포에 의존하지 않고 스스로 신적인 권위의 빛을 발하고 우리는 성령의 증거를 통하여 그 빛을 포착할 수 있게 되었다.

3. 구약의 배경

지리적 배경

성경의 주 무대가 되는 팔레스타인은 인류문명의 발상지라고 말하는 메소포타미아와 이집트 사이에 자리잡고 있다. 이것은 두 문명이 충돌하는 문화의 완충지대가 된다. 그래서 팔레스타인은 양문화를 잇는 교량역할을 하여 고도로 발달한 고대문화를 접촉할 수 있는 길을 열어주는 곳이다(해변길, via maris). 정치적으로나 경제적으로 이 땅은 열강들의 세력을 뻗치는 교두보 역할을 하기 때문에 양측이 탐을 내는 이 곳은 열강들의 축구공과 같이 외침이 잦은 곳이었다.

이런 지정학적인 국면을 신학적으로 보면 하나님의 구원의 계획이 세 대륙을 연결하는 지점을 통하여 하나님의 구원으로 인한 새로운 세계를 동경하도록 한다. 이런 점에서 이 땅은 하나님의 구원의 계획에 잠정적으로 중요한 역할을 하던 곳이다.

정치적 배경

구약시대에 이스라엘에 영향을 미쳤던 나라는 크게 네 나라 정도를 들 수 있다. 물론 이스라엘과 인접한 모든 나라들이 크고 작은 전쟁으로 서로에게 영향을 주었겠지만 결정적으로 영향을 준 나라는 제국으로서 세계의 패권을 장악하던 나라가 될 것이다.

이집트

주전 3,100년에 통일왕국을 이룬 이집트는 중왕국시대부터 이스라엘의 족장들과 관계를 가졌다. 아브라함이 하나님의 소명을 받을 당시는 이집트가 가나안 땅에 정치적인 영향력을 행사하고 있던 때였다. 아마도 애굽의 첫 중간기에 아브라함이 애굽에 갔을 것이다(창 12). 애굽은 주전 이천 년기 초반부터 시리아와 팔레스타인을 정치적으로 경제적으로 영향을 미쳤다. 요셉이 이집트에 들어간 시기는 마소라 본문의 연도를 따르면 중왕국의 12왕조 세소스트리스 2, 3세 때로 추정된다. 주전 16세기 후반에는 대부분의 작은 가나안 왕국들은 확실히 이집트의 지배를 받았고, 북쪽의 왕국들은 헷족속의 정치적 영향아래 있었다. 야곱의 가족들은 애굽의 정치적 영향하에 하나의 민족으로 성장할 수 있었다.

이스라엘이 출애굽할 당시의 애굽의 바로 아멘호텝 2세는 팔레스타인을 원정하여 중요 지역은 대부분 장악했지만 하나님의 특별한 간섭으로 가나안 땅을 정복할 당시 애굽의 방해를 받지 않고 성공적으로 땅을 점령할 수 있었다.

아멘호텝 4세는 아켄아톤으로 이름을 개명하고 텔 엘 아마르나로 수도를 옮겨서 유일신을 섬겼다. 이런 문화적인 개혁으로 인해서 외부세력에 힘쓸 겨를이 없었다. 그 결과 팔레스타인에 흩어진 제후들로부터 '하비루'의 침공에 대한 원조를 요청하는 편지를 받았다. 그것이 유명한 텔 엘 아마르나 서신이다. 이 사건이 여호수아의 정복전과 관계가 있는지는 아직도 분명치 않다.

주전 1,150년 경 이집트 제국이 몰락하면서 이스라엘은 물론 가나안 국가들과의 관계는 약화되고 소원해졌다. 솔로몬 통치 초기에 그가 바로의 딸과 결혼함으로써 이집트는 동맹국이 되었다(왕상 11:14-22). 이집트는 솔로몬 통치 말기에 여로보암의 피신처가 되기도 했다(왕상 11:26-40). 이스라엘과 이집트 간의 가장 큰 사건은 르호보암 통치 때 시삭(쇼생크 1세)의 침공이었다(왕상 14:25-26). 이때 유다는 엄청난 조공을 바쳐야 했다. 이스라엘 왕 호세아는 앗수르에 대항하여 이집트와 동맹을 맺으려고 하다가 멸망했다(왕하 17:14-16).

이집트는 주전 6세기의 바벨론, 4세기의 페르시아의 침략으로 말미암아 독자적인 정치력을 갖지 못하게 되었다.

앗시리아

메소포타미아 지방에서 주전 18세기 중반에 발흥한 앗시리아는 주전 13세기 전반부에 제국으로 성장해서 200년간 지속되다가 쇠퇴한 뒤 다시 제국으로 발전하여 맹위를 떨쳤다(주전 744-612). 앗시리아와 이스라엘 간의 접촉은 좀 늦게 나타지만 그것은 이스라엘에게 통렬한 것이었다. 주전 853년에 오론테스 강가의 카르카르 전투에서 '다메섹 동맹군'과 앗시리아 군대가 격돌했다. 물론 앗시리아의 살만에셀 3세가 승리했다고 기록되어있지만 연합군의 저항도 수년간 잇달았다. 이때 아합은 벤하닷에게 이천 대의 전차와 병사 만명을 보내서 일시적으로 전세가 유리하게 했다. 그러나 결국 다메섹 동맹은 와해되고 살만에셀은 두로와 시돈, 이스라엘로부터 많은 조공을 받았다. 그의 공적을 기리는 방첨탑에 이 내용이 기록되어 있다.

주전 8세기 중반 티글랏 빌레셀 3세는 군사원정을 통해서 아람과 다메섹 그리고 시리아와 지중해 국가들을 장악했다. 이 과정에서 이스라엘의 운명도 결정될 수밖에 없었다. 짧은 통치기간 동안 살만에셀 5세는 사마리아를 함락시키고(주전 722), 사르곤 2세는 사마리아 사람들을 앗시리아로 이주시키고 여러 민족이 사마리아에 살도록 했다.

이스라엘이 사라지자 산헤립은 유다의 모든 성읍을 점령하고 라기스에서 히스기야를 위협했다. 그러나 하나님의 기적으로 앗시리아 군은 죽임을 당하고 왕을 본국으로 돌아가서 살해를 당했다(왕하 18:13-19:36). 그의 후계자 에살핫돈은 팔레스타인 북부는 물론 이집트까지 원정해서 제국을 확장시켰다. 에살핫돈의 후계자 아슈르바니팔(주전 668-627년)은 니느웨를 중심으로 앗시리아 제국에 최고의 문화적 번영을 가져왔다. 그러나 그 왕조의 통치 말기 바벨론과 메대의 동맹군에 의해서 니느웨는 함락되고(주전 612) 남은 앗시리아 왕조가 몇 년간 하란에서 버티다가 결국 그 제국은 끝이 나고 말았다.

바빌로니아

바빌로니아는 원래 나라로 등장한 것이 아니고 수메르와 아카드 제국의 영향을 입은 문화로 나타났다. 민족도 수메르와 아카드와 서쪽에서 유입된 아모리(Amurru)인으로 구성되었다. 마리와 우가릿에서 발견된 문헌에 의하면 가나안은 주전 2000년에도 메소포타미아 국가와 접촉이 있었던 것으로 나타나는데 소돔의 주변 도시국가들과 바벨론 지역의 동맹국간의 전쟁을 연상케 한다(창 14).

주전 1,900년 경에 바벨로니아 왕국이 설립되어 6대 왕인 함무라비(주전 1792-1750년)의 통치 때에 나라가 제국의 차원으로 확장되었다. 그러나 그 아들의 통치로 영토는 줄어들고 후대의 유약한 왕조가 주전 900년까지 계속되다가 결국은 앗시리아의 살만에셀 3세에 의해서 그 제국에 복속되었다.

주전 7세기 후반 바벨론의 10왕조를 설립한 갈대아의 왕자 나보폴라살(625-605)이 바벨로니아에서 왕위를 차지하고 메대와 동맹을 맺어 앗시리아 제국을 멸망시켰다. 그의 아들 느부갓네살 2세(주전 604-562년)은 전 앗시리아 제국을 물러받아 근동 전체를 장악했고, 유다와 예루살렘의 멸망도 그의 공적이었다. 그는 유다 사람들을 바벨로니아로 유배시켰다(왕하 24:1-25:21). 느부갓네살의 통치하에서 바벨론은 호사스러운 전설적인 도시가 되었다. 그 후 그의 후계자들이 짧은 통치를 마치고 그의 외교담당관인 나보니두스(주전 555-539년)가 왕이되었다. 그의 통치동안 메대는 페르시아의 고레스 2세(주전 559년) 아래로 들어갔다. 그는 10여 년 동안 에게 해와 중앙 아시아의 파미르까지 정복했다. 이 당시 나보니두스는 아라비아에 머물었고, 그의 아들 벨사살이 대리통치자로 바벨론에 있었다(단 5:1). 나보니두스가 바벨론으로 돌아왔을 때는 고레스가 그 성을 공격하기 직전이었다. 바벨론 사람들은 그를 지지하지 않고 고레스에게 항복하고 말았다(주전 539년 10월). 이렇게 바벨로니아의 역사는 끝이 났다.

페르시아

주전 7세기에 아키메네스에 의해서 파르수마쉬에 페르시아인들의 작은 왕국이 세워졌다. 그의 이름은 나중에 그들의 왕조이름이 되었다. 이 나라는 불과 150만에 5대 왕 고레스 2세(주전 559-530년)에 의해서 세계를 제패하는 제국이 되었다. 고레스의 아버지 캄비세스는 메대 왕 아스티아게스의 딸과 결혼했다. 고레스는 파살가데에 대규모의 궁전을 짓고 바벨론의 나보니두스와 동맹을 맺어 할아버지 왕국인 메대를 치고 엑타바를 수도로 삼았다. 여기에 그의 문서가 있었다(스 6:2). 고레스와 그후 다리우스는 자국에 손해가 될 수 있는 문화관용 정책을 폈다. 그는 유능한 군사지도자로서 소아시아와 루디아, 그리스의 도시들을 복속시켰다. 주전 539년에 그는 바벨론을 아무런 저항없이 차지하고 포로로 잡혀온 유대인들이 예루살렘으로 돌아가서 성전을 재건하도록 칙령을 발표했다(스 1:1-4).

고레스의 아들 캄비세스 2세(주전 529-522년)는 이집트를 정복했다. 그의 자살로 인하여 제국은 거의 와해될 위기에 놓여 있었다. 그의 후계자 다리우스 대왕(주전 521-486년)은 내부의 반란세력을 진압하고 제국을 통합시켰다. 그는 20개의 도를 만들어 태수들의 휘하에 두고 수도를 파살가데에서 페르세폴리스로 옮겨서 엄청난 규모의 궁전을 지었다. 그는 조로아스터의 추종자로 아후라 마즈다를 신봉했다. 크세르크스와 아닥사스다도 마찬가지였다. 반란을 진압한 다리우스의 승리를 기념하는 유명한 유적이 비시툰에 있다. 그것은 100미터가 넘는 석회암 산의 절벽에 높이 15미터 길이가 25미터의 크기의 비문인데 그의 공적이 페르시아어와 엘람어, 아캇어로 기록되었다. 다리우스의 통치 말년에 그는 마라톤 전투에서 그리스에게 패했다(주전 491년). 그후 그의 아들 크세르크스(주전 485-465년)는 그리스와 살라미스 해전에서 패배했다(주전 480년). 페르시아 제국의 마지막 왕인 다리우스 3세는 막강한 군사력을 보유했으나 그의 군대가 잇수에서 알렉산더 대왕에게 패하고(주전 333년) 최종적으로 고가멜라에서 패해서 망했다(주전 331년).

종교적 배경

이스라엘이 가나안 땅에 정착했을 때 가나안 사람들의 종교적 영향은 대단했다. 이것은 이스라엘 전 역사에 걸쳐서 나타나는 현상이다. 그러나 히브리인들은 가나안 종교를 멀리하고 하나님의 언약에 충실해야 했다. 그럼에도 불구하고 이스라엘은 정착초기부터 가나안 문화와 종교의 영향을 받아 바알숭배에 빠졌다. 이것이 사사시대의 종교적 타락의 특징되었다. 가나안의 신들의 특징은 자연을 의인화한 것이며 그 이름의 의미가 곧 신의 역할이 된다. 그리고 음행이 그 종교의식의 특징이다.

엘은 가나안의 만신전의 최고신으로서 신의 아버지로 숭배를 받았다. 그에게는 아세라 혹은 아스타르트로 알려진 아티라트라는 배우자가 있었다. 여신은 전쟁과 섹스와 관련있다. 이스라엘은 엘이란 이름을 차용하여 하나님의 이름에 다양하게 적용시켰다(창 14:18-24; 16:13; 20:5; 느 9:17, 31). 바알은 엘의 아들인데 신화에서는 비와 폭풍의 주로서 묘사된 풍요의 신이다. 바알은 그의 아버지 엘을 계승하여 가나안 만신전의 우두머리가 된다. 우가릿에서 발견된 기념비는 그가 왼손에 번개, 오른손에는 철퇴를 운반하는 것을 묘사했다. 아낫은 가나안의 여신으로서 그에게 바쳐지는 봉헌의 의식은 성교를 통한 풍산의식이다. 이것은 비블로스에서 발견된 여신 유물들이 알려주는 것이다. 하닷은 하늘의 주란 뜻으로 모든 풍요의 수여자다. 그가 죽을 때 모든 재배와 생산은 끝난다. 그는 정의의 신이자 악행자를 벌하는 자다. 다곤은 원래 메소포타미아 지방의 신이었다. 물고기 모양을 한 신으로서 곡물의 신이며 아스돗의 주신이다(삼상 5:1-7).

여신들은 거룩한 창녀로 여겨졌다. 여신을 나타내는 우상들은 종종 나체 형상이고 때로는 성기모양을 확대해서 묘사했다. 어떤 상황에서 제의의 창녀가 활동을 했는지는 모르지만 남녀로 구성된 신전의 창녀들이 가나안 종교의식에 사용되었다는 것은 분명하다. 또 인간을 제물로 바치는 종교의식도 있었다(왕하 3:27).

4. 구약의 맥잡기

구약은 전부 39권으로 이루어져있다. 이 책들은 여러 면에서 차이가 있고 다양하다. 저자, 주제, 장르, 시대적 배경, 지리적 배경 등 다양성을 지니고 있다. 그러나 이런 다양성 속에 통일성이 있다. 그것은 예수 그리스도 안에 있는 구원을 말하고 있다는 것이다(요 5:39). 우리가 구약을 읽을 때 단순히 고대 인류사회의 생활과 풍습에 대한 정보를 얻으려는 태도로 구약을 대해서는 안되고 하나님의 구원 계획이 어떻게 이루어지는 가에 관심을 가져야 할 것이다. 그것이 바로 하나님의 구속사다. 하나님의 구원계획은 약속과 성취를 통해서 나타나고 언약이라는 구조와 하나님 나라 개념을 통하여 이루어진다.

창세기 전반부에 나타난 하나님의 창조와 타락은 구속사의 서막을 여는 사건이다. 하나님은 모든 피조물이 창조의 목적에 걸맞게 하나님께 영광을 돌리도록 지어졌으나 인간의 죄로 말미암아 죽음과 고통이 들어왔다. 그 가운데서도 하나님은 인간과 세상이 회복될 수 있는 길을 보여주시고 구원에 대한 약속을 주셨다. 그럼에도 불구하고 인간의 죄가 세상에 관영했을 때 하나님은 홍수로 세상을 심판하시고 노아로부터 새롭게 인류가 시작되게 하셨다. 그 후 민족들이 땅위에 번성하고 배교문화를 형성한다. 창세기에 소개된 민족의 발흥은 세상의 어떤 형편 속에서 이스라엘이 형성되는가를 보여준다.

하나님은 아브라함을 부르시고 큰 민족에 대한 약속을 주시고 그를 통하여 세상을 구원하시겠다고 하셨다. 족장시대에도 이 약속은 어느 정도 이루어지지만 출애굽을 통하여 그 진행과정의 성취가 확인된다. 이스라엘은 제사장 나라가 되어서 인류구원을 향한 새로운 소명을 부여받는다. 구원받은 백성은 받은 계명에 기초해서 성막중심으로 하나님과 교제할 수 있게 되었고 거룩을 유지하기 위한 수단으로 제사가 제정되었다. 하나님의 은혜로운 인도를 받은 이스라엘은 광야에서 반란으로 심판을 받고 믿음이 정화되어 약속의 땅에 들어갔다.

약속의 땅을 받는 것은 전쟁을 통해서 이루어진다. 그것은 믿음의 전쟁이었다. 사사기는 믿음이 없어서 차지하지 못한 땅에 가나안인과 함께 삶으로써 이스라엘이 가나안화 될 때 나타난 비극을 묘사한다. 그것은 타락-심판-회개-구원의 연속이었다. 그것은 왕이 없는 시대가 얼마나 참담한 지를 보여준다. 그러나 룻기를 통하여 왕이 오신다는 것을 보여주고, 사무엘을 통하여 왕이 어떻게 오는가를 알려준다. 그 왕이 바로 다윗이다. 하나님은 직분을 통하여 백성이 하나님을 섬기도록 하신다. 그것은 왕, 선지자, 제사장이다. 이 직분이 타락할 때 하나님은 자기 백성을 위하여 심판하신다. 하나님은 왕국을 건설하시고 인류구원을 향해서 역사를 진행시키셨다. 하나님은 다윗의 위를 견고히 하심으로써 구속의 일을 수행하셨다. 하나님은 다윗을 강성케 하심으로써 하나님 나라의 견고함을 알려주시고, 솔로몬의 찬란한 왕국을 통하여 하나님 나라의 영광을 목도하게 하였다. 하나님의 구속사는 언약이라는 틀을 통해서 나타나는데 이스라엘의 왕들은 이 언약을 기준으로 복과 화가 나누어졌다. 말씀에 충실한 왕의 통치는 안정된 국정을 유지하고 그렇지 못한 왕은 하나님의 심판으로 국정이 불안정할 뿐만아니라 백성들도 고통을 받았다. 그것은 나라가 분열되는 것으로 나타났고, 북이스라엘이 공식적 우상숭배를 행함으로써 교회가 분열되었다. 이스라엘과 유다는 선지자들의 율법준수에 대한 외침에도 불구하고 언약을 저버리고 우상을 숭배함으로써 하나님의 심판을 받아 멸망하였다.

그러나 하나님은 남은 자를 통하여 구속의 일을 진행하셨다. 여호야긴이 바벨론에서 환대를 받은 것도 메시아의 반열을 이어가기 위함이었다. 모르드개의 작전을 통한 하나님의 역사도 인류를 구원할 메시아가 오는 길을 보존하기 위함이었다. 형벌의 때가 차서 하나님은 고레스를 일으켜서 그 백성이 고토로 돌아가도록 하고 제 2성전을 중심으로 새로운 믿음의 공동체를 건설하게 하셨다.

시편은 하나님의 구속역사에 대해서 구원받은 백성들의 반응이다. 그것이 곧 찬양이다. 지혜서에 나타난 삶의 유형은 구원받은 자들이 따라야 할 계명을 풀어서 일반화한 것이다. 그래서 그것은 단순히 삶의 질을 보장받기 위한 처세술이나 소양교육이 아니라 구원받은 백성들이 그렇게 살지 않으면 죄가 된다는 것을 가르친다. 그것은 신앙과 불신앙의 차이다. 욥기의 고난과 지혜는 모든 하나님의 자녀들이 구원에 이르는 믿음을 가질 수 있다는 놀라운 확증을 준다.

이와 같이 구약은 그리스도 안에서 구원을 중심으로 이루어져 있다.

⚜ 학습 문제

1. 구약은 왜 신적 권위가 있는가?

2. 팔레스타인의 지리적 특징을 아는 것이 성경을 이해하는데 어떻게 도움이 되는가?

3. 이스라엘의 운명이 주변의 제국에 의해서 어떻게 달라졌는가?

4. 이스라엘 주변 국가들은 어떤 민족으로 구성되었는가?

5. 가나안의 종교가 이스라엘 종교와 문화, 생활에 어떤 영향을 미쳤는가?

6. 구약을 그리스도 중심적, 즉 구속사적으로 보아야 할 이유가 무엇인가?

3장

신약성경이란?

1. 신약의 정경과 외경

정경, 외경, 위경

현재 우리가 가지고 있는 66권의 신구약 성경에 대해 외경(外經) 및 위경(僞經)과 구분하여 정경(正經)이라고 부른다. 곧 이 66권의 성경만이 우리의 신앙과 생활의 유일한 표준으로 받아들이는 하나님의 말씀이란 의미이다. 그러나 우리는 정경과 비슷한 성격을 띠고 있고 한 때 일부 사람들에 의해 정경의 지위를 누리기도 했으나 신적 권위를 가진 것이 아닌 것으로 밝혀지고 배척된 책들을 외경 또는 위경이라 부른다.

'정경'(正經, canon)이란 단어는 원래 '갈대'라는 뜻을 가진 히브리어 '카네'에서 왔다. 이것이 헬라어에 들어와서는 '카논'으로 불리게 되었는데, '카논'은 곧은 막대기, 측량하는 자를 뜻하였다. 후에 이것은 '표준(standard)' 또는 '규범(norm)'을 뜻하게 되었으며, 나아가서 '표(table)', '목록(list)'을 뜻하기도 하였다. 고대 교회는 이 '카논'이라는 용어를 도입하여 어느 책(들)이 신적 권위가 있는 하나님의 말씀에 속하고, 또 어느 책(들)이 이에 속하지 않는가를 구별하는데 사용하였다. 따라서 정경은 "교회가 신앙과 생활의 유일하고 궁극적인 규범으로 받아들이는, 완성된 단위로서의 성경 전체"라고 정의할 수 있다. 이는 곧 이 외에 하나님의 말씀의 권위를 가지는 것이 더 이상 없다는 것을 의미한다. 정경은 그 자체로서 완성된 것이며 더 이상 증가하거나 감소할 수 없는 최종적인 것이다. 신약의 정경은 현재 우리가 가지고 있는 27권의 책들로 되어 있다. 이에 대해서는 가톨릭교회나 개신교나 이견이 없다.

이에 비해 '외경'(外經, apocrypha)은 "어떤 책들이 성경의 유명한 인물의 권위를 입은 권위서라고 주장을 하게 됨에 따라 교회가 그 책들을 구별하여 가짜라고 배격하게 된 책들"을 의미한다. 따라서 '외경'은 신적 권위가 없으며 하나님의 말씀이 아니다. 신약의 외경은 종류가 다양한데 복음서 종류(히브리복음, 베드로복음, 에비온복음, 애굽복음, 도마복음 등)와 행전 종류(바울행전, 베드로행전, 도마행전 등)와 서신서 종류(라오디게아서, 바울과 세네카의 교신 등), 묵시록 종류(베드로묵시록, 바울묵시록 등)가 있다.

그 외에 '위경'(僞經, pseudepigrapha)이라고 불리는 책들도 있다. 위경은 "성경의 권위 있는 인물의 저작이라고 주장하지만 실제로는 그렇지 않은 저술들"을 가리킨다. 즉, 저자가 가짜인 책을 의미한다. 예를 들어 '베드로 복음'이라는 책이 있는데 이것은 사도 베드로가 기록한 것도 아니고 내용적으로 건전한 것도 아니다. 따라서 이것은 저자가 가짜라는 의미에서

위서(僞書) 또는 위경(僞經)이며, 또한 정경에 속하지 않는다는 의미에서 외경(外經)이다.

이처럼 외경과 위경은 명확히 구별되는 것이 아니며 서로 밀접히 관련되어 있다. 원칙적으로 모든 위경은 다 외경이라 할 수 있다. 그러나 저작자가 참이라 할지라도 외경이 될 수 있다. 즉, 외경 중에는 저작자가 참인 것도 있고 참이 아닌 것도 있다. 한편, 구약에서는 외경이란 명칭이 매우 제한적으로 사용된다. 곧 《칠십인역》(Septuagint)에 포함되어 있는 비정경적인 작품들을 '구약 외경' 이라고 부르고, 그 외에 한 때 어느 정도의 권위를 가졌던 유대의 종교적인 문학작품들을 '구약 위경' 이라고 부른다. 그러나 신약에서는 실제로 외경과 위경을 구별하지 아니하고 정경에 속하지 않는 것들을 다 '신약외경' 이라 부른다.

신약의 외경

먼저 구약의 외경은 원래 히브리어 성경에는 없으나 칠십인역에 덧붙어 있는 책들을 말한다. 이것은 주전 3세기에 칠십 명의 번역자들이 히브리어로 된 구약 성경을 헬라어로 번역할 때, 원래 구약에는 없지만 독자들이 읽었으면 좋겠다고 생각한 유대의 몇몇 역사서들과 경건한 문학서들을 함께 번역한 데서 비롯되었다. 이렇게 해서 들어온 구약 외경에는 에스드라 I, 유딧, 토빗, 마카비 I, II, III, IV, 모세의 노래, 솔로몬의 지혜, 시락의 지혜, 솔로몬의 시편, 바룩, 예레미야의 편지, 수잔나, 벨과 용 등이 있다.

그런데 주후 4세기 말에 신구약 성경은 제롬(히에로니무스)에 의해 라틴어로 번역되었다. 이 라틴어 번역을 우리는 '벌게이트(Vulgate)' 또는 '불가타(Vulgata)' 라고 부른다. 그런데 제롬은 이 때 구약의 칠십인역에 들어있던 외경도 함께 번역하였다. 그래서 칠십인역에 있던 구약 외경이 고스란히 벌게이트에 들어오게 되었다. 그래서 구약의 외경은 가톨릭교회에 의해 정경으로 인정되었으며, 오늘날 가톨릭 성경에 포함되어 있다. 한국의 '공동번역' 성서는 원래 이 외경 부분을 포함하고 있었으나 최근에는 외경을 포함한 것과 포함하지 않은 것 두 종류가 출판되고 있다.

신약의 외경은 다양하다. 신약 외경은 대개 2세기 이후에 기록된 것으로 이것들을 종류별로 나누어 보면 다음과 같다.

복음서들

히브리복음, 에비온복음, 애굽복음, 베드로복음, 도마복음, 니고데모복음 등이 있다. 《히브리 복음》은 나사렛 사람들 또는 에비온 사람들이 사용했는데 몇몇 특징은 다음과 같다. 첫째, 주의 형제 야고보를 최후의 만찬의 참가자요 최초의 부활의 증인으로 묘사하고 있다. 둘째, 성령을 예수의 어머니라고 부르고 있다. 셋째, 주기도문 중에서 "내일의 양식을 오늘 우리에게 주소서"라고 하고 있다. 넷째, 예수님이 십자가에서 돌아가셨을 때에 "놀랄만큼 장대한 성전의 대문이 붕괴되었다"고 말한다.

《에비온복음》은 강한 영지주의적 경향을 보여주고 있다. 곧 금욕주의적 경향을 가지고 있으며 육식을 죄악시하고 있다. 예를 들면, 《에비온복음》은 세례 요한이 먹었던 음식 중 '메뚜기(아크리데스)'를 '기름에 튀긴 과자(엥크리데스)'로 바꾸었다. 또 제자들이 예수님에게 "유월절 식사를 어디서 준비하기를 원하시나이까?"라고 물었을 때, 예수님은 "내가 이 유월절 고기를 너희들과 함께 먹고 싶다는 욕망을 가진 일이 없다"고 대답하였다고 한다.

《애굽복음》도 영지주의적 경향을 보여주는데, 결혼과 출산을 죄악시하고 있다. 살로메가 주님에게 "죽음은 언제까지 위력을 떨칠 것입니까?"라고 물었을 때, 주님은 대답하기를 "너희 여성이 아기를 낳고 있을 동안에"라고 대답하셨다고 한다. 그러자 그녀는 "그렇다면 나는 아기를 낳지 않아 좋은 일을 하였습니다"라고 말했다. 이에 대해 주님은 "온갖 식물을 먹어

라. 그러나 쓴 식물은 먹지 말아라"고 대답하셨다고 한다.

《베드로복음》도 외경이며 저자가 가짜인 위서이다. 오늘날 발견된 부분은 예수의 수난과 부활에 관한 비교적 상세한 기사이다. 가현설적 경향과 로마인에 대한 호의적 태도가 보인다.

《도마복음》은 예수의 어린 시절 이야기를 담고 있다. 물론 도마가 쓴 것이 아니며 어떤 사람이 문학적 상상력을 발휘하여 쓴 것에 도마의 이름을 갖다 붙인 것이다. 예수는 동화 같은 이적을 행하며 쉽게 화를 내고 저주하며 부모와 스승에게 불순종하는 아이로 묘사되어 있다. 예수가 안식일에 흙으로 새 모양을 만들어 놀다가 부모에게 꾸중을 듣자 예수가 손에 있는 흙으로 빚은 새를 입으로 불어버리니 새가 하늘로 날아갔다고 한다. 또 예수가 길을 가는데 다른 사람이 예수의 어깨에 부딪혔다는 이유로 저주하니 그 사람이 곧 그 자리에서 죽었다고 한다. 이처럼 예수는 사소한 일로 화를 잘 내고 쉽게 저주하는 아이로 묘사되어 있다. 그런데 나중에는 자기에게 죽은 사람들을 다 살려주었다고 한다. 이처럼 도마복음은 황당한 이야기들로 가득차 있다.

《니고데모복음》도 물론 위서이다. 이 복음서의 서문에 보면, 니고데모가 예수의 수난에 대해 히브리어로 기록한 것을 상당한 지위에 있는 관리이며 법률가인 아나니아란 사람이 헬라어로 번역하였다고 한다. 물론 이것도 믿을 수 없는 것이다. 빌라도에 대해 호의적이며, 예수의 지옥에 내려간 이야기도 실려 있다.

행전들

외경 행전들에는 《바울행전》, 《요한행전》, 《베드로행전》, 《안드레행전》, 《도마행전》 등이 있다. 이것들은 다 저자가 사실이 아니며, 그 내용도 황당한 것이 많다. 당시의 어떤 사람들이 당시 사람들의 호기심을 충족하기 위해 문학적 상상력으로 지어낸 것들이라 할 수 있다.

서신들

외경 서신들에는《라오디게아서》, 《바울과 세네카의 교신》 등이 있다. 《라오디게아서》는 바울이 라오디게아에 있는 교회에 보내었다고 생각한 서신이다(cf. 골 4:6). 《바울과 세네카의 교신》은 당대 최고 신학자인 바울과 철학자인 세네카가 서로 주고 받았다고 생각한 편지를 모은 것이다. 이런 것들은 다 어떤 사람들이 호기심에서 또는 상업적인 목적으로 지어낸 것들이다.

묵시록들

묵시록 종류로는《베드로 묵시록》,《바울 묵시록》 등이 있다.

외경에 대한 교회의 태도

가톨릭교회

가톨릭교회는 구약 부분에 히브리 성경에 없는 외경을 포함시키고 있다. 그 중에서 마카비하 12:44-45에는 죽은 자들을 위한 제사가 나오는데, 이 구절은 연옥설에 대한 유일한 근거 구절이다. 따라서 오늘날 가톨릭교회가 외경을 포기하지 않는 중요한 이유는 연옥설의 근거가 바로 거기에 있기 때문이다. 그러나 신약에 대해서는 가톨릭교회도 개신교에서와 동일하게 27권만을 정경으로 받아들이고 있다. 따라서 신약에 있어서는 외경과 관련하여 아무런 문제가 없다.

가톨릭교회는 원어 성경이 아니라 제롬이 번역한 라틴어 성경을 정경으로 받아들인다. 그래서 원어 성경이 아니라 라틴어 번역본이 최고의 권위를 가지고 있다.

개혁교회와 장로교회

외경에 대한 개혁 교회의 태도는《벨직 신앙고백서》(1561년)에 잘 나타나 있다. "이것들이 정경 책들과 일치하는 한, 교회는 이 책들을 읽을 수 있으며 그것들로부터 배울 수도 있다. 그러나 그것들은 이 책의 증거로 말미암아 신앙이나 기독교의 어떤 것도 확증할 수 없으며, 더구나 성경의 권위를 삭감하는 것은 도무지 불가능하다."(제6조) 그러나 1647년에 작성된《웨스트민스터 신앙고백》은 외경에 대해 좀 더 분명한 태도를 취한다. "보통 외경이라고 부르는 책들은 신적 영감에 의해 된 것도 아니며 정경의 일부도 아니다. 따라서 하나님의 교회에서는 아무런 권위도 없다. 또한 다른 인간적 저서보다 더 인정되거나 사용되어서도 안 된다."(제1장 3조)

장로교회와 개혁교회 신조 둘 다 외경의 권위를 인정하지 않는다는 점에서는 동일하다. 그러나 개혁교회 신조에서는 그것들을 읽을 수 있다고 인정한 반면, 장로교회 신조에서는 그런 말이 없이 그것들은 정경에 속하지 않는다고 분명히 밝혔다. 개혁교회 신조가 외경들을 읽을 수 있고 또 그것들로부터 배울 수도 있다고 한 것은 중세를 지나오는 동안 오랫동안 교회에서 읽혀져 왔다는 역사적 사실을 고려한 것이다. 외경 문제와 관련한 개혁교회의 신조는 그 자체로서는 맞는 말이지만, 외경에 대해 다른 인간적인 저서들과는 구별되는 듯한 인상을 준다는 약점을 가지고 있다. 우리가 외경들을 읽고 또한 그것에서 배울 수 있다는 말은 사실상 할 필요가 없는 것이다. 왜냐하면 우리는 비단 외경뿐만 아니라 또한 셰익스피어의 작품들도 읽고 그것에서 배울 수 있으며, 존 번연의《천로역정》에서도 많은 것을 배울 수 있다. 심지어 제한된 범위 내에서이긴 하지만, 공자의《논어(論語)》와《대학(大學)》에서도 많은 것을 배울 수 있다. 그러나 중요한 것은 이런 것들은 성경과 같은 권위를 가지는 '정경'은 아니라는 사실이다. 따라서 이러한 외경이나 위경들은 다른 인간적 저서들과 마찬가지로 정경에 속하지 않는다고 분명히 밝힌《웨스트민스터 신앙고백》이 더욱 돋보인다고 할 수 있다.

2. 신약의 언어

예수님과 그의 열 두 제자들은 모두 다 유대인들이었다. 따라서 그들은 히브리어 또는 아람어를 모국어로 사용하였다. 당시 유대인들은 일상생활에서는 아람어를 사용하고 있었다. 아람어는 히브리어와 비슷한 언어로서 표준어와 지방 방언 정도의 차이였다. 유대인들은 원래 히브리어를 사용했었는데 세월이 흐름에 따라 주변 아람 사람들의 영향을 받아서 아람어로 변화된 것이다. 그러나 유대인들이 가지고 있던 구약 성경은 히브리어로 기록되어 있었다(다만 다니엘서와 에스더의 몇 부분만 아람어로 기록되었다). 그래서 안식일마다 회당에서 낭독되는 성경은 히브리어로 되어 있었다. 그래서 나중에는 문어체인 히브리어를 이해하지 못하는 사람들을 위해 성경을 읽은 후에 아람어로 통역해 주기도 했다.

그러나 신약 성경은 처음에 헬라어로 기록되었다. 왜냐하면 당시 로마 제국 내에서 일상적으로 통용되던 언어는 헬라어였기 때문이다. 물론 로마인들은 그들의 언어인 라틴어를 사용하였으며 관공서와 공식 문서에서는 라틴어를 사용하였지만, 일상생활에서는 헬라어가 광범위하게 사용되었다. 특히 로마인들은 헬라어를 배우고 사용하는 데 열심이었고 헬라어로 말하는 것을 좋아하였다. 그래서 사도들이 로마 제국의 어디를 가든 헬라어로 복음을 전하는 데 큰 문제가 없었다. 로마에서도 사도들은 별 어려움 없이 헬라어로 복음을 전할 수 있었다.

한편 유대 지역에서는 유대인들이 모국어인 히브리어(아람어) 외에 헬라어를 어느 정도 알고 있었다. 물론 어느 정도로 잘 했는가 하는 것은 형편과 교육에 따라 각기 달랐다. 그러나 회화와 간단한 편지 정도는 어려움이 없었던 것 같다. 이 사실은 팔레스타인 지역에서 발견된 비문들과 파피루스 문서들에 의해 광범위하게 증거되고 있다. 사도 바울 같은 경우는 유대인이었지만 이방 지역인 길리기아 다소 출신이었기 때문에 히브리어와 헬라어 둘 다 능통하였다. 베드로 같은 경우는 헬라어로 글 쓰는 것은 힘들었지만 간단한 문장으로 말하는 것은 어려움이 없었던 것으로 보인다.

현재 우리가 가지고 있는 신약 성경은 원래 헬라어로 기록되었다. 물론 마태복음은 원래 히브리어(아람어)로 기록되었으나 곧 여러 사람들에 의해 헬라어로 번역되었다고 한다. 그러나 원래의 히브리어 마태복음은 곧 없어지고 지금은 헬라어본만 남아 있다. 이것은 하나님의 섭리 가운데서 그렇게 된 것으로 생각된다. 그리고 처음에 여럿 있었을 것으로 추정되는 헬라어 번역본들 가운데 단 하나의 본만 남아 있다. 그래서 하나님은 헬라어로 된 신약 성경을 하나님의 말씀인 정경으로 삼으셨으며, 오늘날 우리는 이것을 원본으로 삼는다.

3. 신약의 배경

정치적 배경

예수님이 탄생하셨을 때 유대 땅은 헤롯 대왕(주전 73-4년)이 통치하고 있었다. 그는 이두매 출신이었지만, 뛰어난 외교술로 안토니우스의 총애를 받아 로마 원로원에 의해 '유대인의 왕'으로 임명받았다(주전 40년). 그는 통치 기간 중 헤롯 궁전 건축과 예루살렘 성전 증축과 같은 공공사업을 많이 하기도 하였으나, 그의 말년은 가족간의 불화로 인하여 비참한 시간을 보내었다.

주전 4년에 헤롯이 죽자 그의 세 아들 사이에 왕위 계승 문제를 두고 내분이 일어났다. 이들은 로마로 달려가 자기가 적법한 왕위 계승자임을 주장하면서 왕위를 요구하였다. 이들의 주장을 다 들은 로마 황제 아우구스투스와 원로원은 팔레스타인 지역을 세 부분으로 나누기로 결정하였다. 먼저 아켈라우스(Archelaus)는 유대와 사마리아와 이두매를 다스리는 '민족왕(ethnarch)' 으로, 안티파스(Antipas)는 갈릴리와 베레아 지역을 다스리는 '분봉왕(tetrarch)' 으로, 빌립(Philip)은 트란스요르단 지역을 다스리는 '분봉왕(tetrarch)' 으로 임명하였다.

그러나 아켈라우스는 유대인들과의 잦은 충돌과 불화로 인하여 오래 통치하지 못하고, 주후 6년에 유대 지역은 로마 황제의 직할 통치 지역으로 변경되었다. 그리하여 유대 지역은 황제가 임명한 '총독' 들이 와서 통치하게 되었다. 이에 반해 갈릴리와 베레아 지역을 할당받은 안티파스는 비교적 온건하게 통치하여 오랜 기간 재임하였다. 그러나 안티파스는 그의 이복동생 빌립(분봉왕 빌립과 다른 사람)의 아내 헤로디아의 일로 인하여 세례 요한을 목 베어 죽였으며, 후에는 헤로디아의 지나친 권력욕이 화근이 되어 칼리굴라 황제에 의해 쫓겨나게 되었다(주후 39년). 한편 트란스요르단 지역을 할당받은 빌립은 죽을 때까지 무난하게 통치하였다(주후 34년까지).

하나님의 아들로서 이 땅에 오신 예수님은 헤롯 대왕이 죽기 직전에 유대 땅 베들레헴에서 탄생하였다(주전 4,5년경). 헤롯의 진노를 피하여 잠시 애굽 땅에 가서 지내다가, 다시 돌아와서 안티파스가 다스리는 갈릴리 지역인 나사렛에서 유년 시절을 보내었다. 나이 서른쯤 되어서 사역을 시작할 때에는 주로 갈릴리 호수 주변 지역에서 활동하였다. 그러다가 가끔 유대 지역으로 가기도 했는데, 거기에는 유대의 총독 빌라도가 다스리고 있었다(주후 26-36년). 그러나 총독은 세금 징수를 비롯한 상당한 부분을 유대의 자치기구인 산헤드린(공회)에 의존하고 있었다. 뿐만 아니라 유대 총독이 가지고 있는 병력의 수가 제한되어 있었기 때문에, 총독은 매사에 유대 지도자들과 군중의 눈치를 보게 되었다. 이러한 정치적인 상황하에서 예수님은 유대의 지도자들의 모함과 기회주의적인 로마 총독에 의해 처형되었다(주후 30년경).

경제적 배경

주후 1세기 전반의 팔레스타인은 로마 제국의 평화로 인하여 자유로운 통행과 무역이 보장되었다. 유대인들은 대부분 농업에 종사하였는데, 특히 갈릴리 지역에서 농업과 어업이 발달하였다. 갈릴리 주변의 비옥한 땅으로 인하여 산출은 많았으나 빈부의 차가 심하여 일반 주민들의 생활은 대체로 어려웠다. 자영농 외에 대토지 소유주와 소작인들, 그리고 종들이 있었다. 소작인들은 소작료로 소출의 3분의 1내지 2분의 1을 지주에게 바쳐야 했다.

그 외에도 로마제국의 통치하에 있었기 때문에 세금을 내어야 했다. 세금에는 크게 두 종류가 있었다. 오늘날의 직접세에 해당하는 것으로는 '토지세' 와 '인두세' 가 있었는데, '토지세' 는 주전 63년 이래로 로마에 납부해왔다. '인두세' 는 소득과 관계없이 모든 사람에게 동일하게 부과되는 것이었는데 많은 반발을 불러일으켰다. 오늘날의 간접세에 해당하는 것으로 '사용세' 가 있었는데, 이에는 수입세와 수출세, 도로, 항구, 시장 사용에 대한 세금과 물품세 등이 있었다.

이러한 세금을 징수하는 방법은 지역과 시기에 따라 달랐다. 유대 지역에서 토지세와 인두세는 총독의 관할하에 있었다. 그러나 총독이 그 업무를 다 수행할 수 없었으므로 산헤드린이 징수 책임을 맡았다. 사용세와 통과세도 총독의 관할하에 있었는데, 그 업무를 '세리들(tax collectors)' 에게 하청주었다. 갈릴리는 자치 지역으로서 분봉왕 안티파스의 관할하에 있었는데, 토지세와 인두세의 징수 업무는 지방 공회(local sanhedrin)에 맡겼다. 사용세와 통과세는 세리들에게 하청을 주었다. 세금 하청업자인 '세리' 는 자기 밑에 많은 직원을 두어 징수업무를 감당하게 하였다. 복음서에 자주 나타나는 '세리' 는 대개 세금징수업자 '세리(세리장)' 에게 고용되어 일하는 직원으로 생각된다. 세리 마태가 이에 해당된다. 한편 여리고의 '세리장' 삭개오는 세금 하청업자로 생각되는데, 그는 어마어마한 부자였을 것이다(눅 19:1-10). 그러나 이런 하청업자에게 고용되어 일하는 세리들의 월급은 형편없이 작았기 때문에 이들에게 부패가 만연하였다. 그리하여 유대인들은 세리들을 죄인시하며 그들과 상종하지 않았다.

종교적 배경

복음서에 보면 예수님 당시 팔레스타인에는 여러 종파들이 있었음을 알 수 있다. 대표적인 것으로는 사두개인들과 바리새인들이 있었다. 바리새인들과 함께 서기관들이 자주 등장한다. 또 열심당원인 셀롯인도 등장한다. 이들 중에는 예수님의 말씀을 듣고 제자가 된 사람도 있고, 예수님을 초청하여 함께 식사하며 어울린 사람들도 있다. 그러나 대개는 예수님을 대적하고 방해하는 무리들로 나타나며 때로는 심하게 충돌하기도 하였다. 그래서 이들 중 상당수는 결국 예수님을 십자가에 못 박는 일에 앞장서고 말았다. 그렇다면 이들 종파의 사람들은 언제 어떻게 생겨났으며, 그들 종파의 특징은 무엇일까? 그들은 왜 예수님과 충돌하고 배척하게 되었을까? 이런 것들을 좀 더 잘 이해하기 위해 예수님 당시의 여러 종파들에 대해 간단히 살펴보기로 하자.

사두개인들

'사두개인' 이란 이름은 대개 다윗 시대의 제사장 '사독' 에게서 유래한 것으로 보고 있다. 이 파의 중심 세력은 대제사장들과 제사장들인데, 여기에 세습 귀족들과 신흥 부자들이 합세하였다. 이들은 예루살렘 성전을 중심으로 권력을 행사했으며 서기관들, 장로들과 함께 예루살렘 대공회(산헤드린)를 장악하고 있었다. 예루살렘의 산헤드린은 의장을 포함하여 71명으로 구성되어 있었으며 대제사장이 의장을 맡았다. 예수님 당시에 권력을 장악하고 있었던 대제사장은 안나스였다. 그는 주후 6년부터 15년까지 공적인 대제사장직을 수행하였다. 그러나 그는 퇴임 후에도 사위 가야바를 대제사장에 앉혀서 35년에 죽을 때까지 배후에서 계속 산헤드린을 조종하고 있었다. 복음서에 보면 '대제사장들' 이라고 복수로 나타나는 것은 바로 이 때문이다. 또한 그는 산헤드린에서 제일 먼저 의견을 발표할 권리를 가지고 있었다. 로마의 군병들과 대제사장의 하속들이 예수님을 잡아서 제일 먼저 안나스에게로 끌고 갔는데(요 18:13), 이는 바로 그런 이유 때문이다.

사두개인들은 로마의 권력과 밀착되어 있었다. 대제사장으로 임명되기 위해서는 로마의 권력을 등에 업어야 했을 뿐만 아니라, 로마 쪽에서도 사두개파 사람들을 이용하였다. 산헤드린은 유대의 내부 행정기관으로서 율법 문제에 있어서 자치권을 가질 뿐만 아니라 그 외 많은 부분에 있어서 영향력을 행사하였다. 특히 로마 총독이 다스리고 있는 유대 지역에서는 직접세에 관한 한 산헤드린이 징수 책임을 맡아 그 업무를 수행하였다. 따라서 로마 총독 편에서도 산헤드린의 요구를 무시할 수 있는 입장이 되지 못했다. 뿐만 아니라 유대의 총독은 수리아 사절의 통제를 받고 있었기 때문에 충분한 병력을 소유하고 있지도 못했다. 이러한 권력 관계는 복음서에서 빌라도의 유약한 태도를 이해하는 데 도움이 된다. 그는 자신은 원치 않았지만 대제사장들과 무리들의 압력에 밀려서 예수님을 십자가에 못 박도록 내어주고 말았다(눅 23:13-25). 뿐만 아니라 예수님께서 부활하신 후에도 대제사장들이 로마 군병들을 꾀어 "제자들이 와서 그 시체를 도적질하여 갔다"고 말하라고 시키면서 "혹 이 말이 총독에게 들리거든 우리가 권하여 너희로 근심되지 않게 하리라"고 한 것은(마 28:13-14), 그들이 얼마나 로마의 권력과 밀착되어 있었는가 하는 것을 잘 보여준다.

사두개인들의 사상은 한 마디로 '정의(正義)' 라고 할 수 있다. 그들은 '전통' 의 권위를 부인하고 오직 문서화된 '율법' 만을 유일한 표준으로 삼았다. 왜냐하면 그들의 주된 일은 재판하고 율법의 규정을 따라 엄격히 시행하는 일이었기 때문이었다. 따라서 그들은 바리새인들과는 달리 부차적인 전승(傳承)이나 인간의 가르침의 권위는 인정하지 않았다. 사두개인들은 또한 사후의 영의 존속이나 부활을 믿지 않았다(행 28:3 참조). 그래서 그들은, 사람은 자신의 과오에 대해 이 지상에서 책임을 져야 한다는 입장을 취했다. 이들은 현세에서의 부귀와 영화를 추구하고 권력을 유지하기 위해서는 수단과 방법을 가리지 않았다. 예수님께서 잡혀서 죽으신 것도 인간적인 측면에서 보면 결국 이들 사두개인들의 권력에 도전했기 때문이었다. 곧 예루살렘 성전을 중심으로 하여 막대한 이권(利權)을 누리고 있던 대제사장들의 세력에 정면 도전할 뿐만 아니라(마 21:12-17), 많은 무리들이 예수님을 따름으로 말미암아 사두개파 사람들의 지위가 위태롭게 되었기 때문이다(요 11:47-53).

바리새인들

바리새인들은 복음서에 자주 등장하는 사람들이다. '바리새인' 이란 원래 '구별하다' 라는 뜻을 가진 단어에서 온 것으로서 '분리된 자' 를 뜻한다. 그러나 이것은 '분리주의자' 란 뜻은 아니고, 이방인들의 부정하고 가증스러운 것들로부터 자신을 분리하고 구별하고 정결하게 살고자 하는 무리라는 뜻이다. 이런 점에서 바리새인들은 일종의 '청교도들' 이라고 볼 수도 있다. 이 바리새인들은 주전 167년에 수리아의 안티오쿠스 4세의 헬레니즘화 정책에 반대하여 일어난 마카비 일가의 저항운동을 따르는 '하시딤' (경건한 자들)에게서 기원하였다.

이들의 사상의 핵심은 한 마디로 '정결(淨潔)' 이라고 할 수 있다. 하나님과 언약을 맺은 백성들은 하나님이 주신 계명들과 규례들을 철저히 지킴으로 정결 이념을 실천할 수 있다고 보았다. 그래서 그들은 성경을 기본적인 법규범으로 보고 이를 해석하고 연구하였다. 이러한 해석 전승은 '조상들의 유전' 을 형성하게 되었는데(마 15:2, 막 7:5), 이에는 율법의 법규들을 해석한 전승인 '할라카(Halakah)' 와 성경과 관련한 민담들 또는 교훈적인 예화 전승인 '학가다(Haggadah)' 가 있다.

이들은 언약의 백성으로서 율법을 엄격하게 지키려고 하였다. 특히 정결 의식들을 엄격히 준수하였다. 그들은 왼쪽 팔소매에 기도문 조각들을 매고 다녔으며 옷단의 사방 구석에 성구 넣는 갑을 만들어 매달고 다녔다(마 23:5). 그들은 십일조를 철저히 하였으며(마 23:23), 일주일에 이틀씩 금식하였다. 또한 특별한 안식일 식사를 하였고(눅 14:1), 자선을 베푸는 것과 가문의 경조사에 참여하는 것 등을 열심히 하였다. 이들은 또한 영혼 불멸과 죽은 자들의 부활과 마지막 심판을 믿었다(행 23:8).

그리하여 바리새인들은 백성들 사이에 존경을 받았으며, 서민들 가운데 큰 영향력을 행사하였다. 예수님 당시에 실제로 백성들의 마음을 움직이고 지배한 그룹은 이 바리새인들이었다. 그럼에도 불구하고 예수님은 바리새인들을 종종 '외식하는 자들' 이라고 심하게 꾸짖으셨다. 왜냐하면 시작 당시의 순수한 열정은 세월이 지나는 동안에 차츰 쇠퇴하고 타락하여, 예수님 당시에는 주로 외적인 모습만 남아서 형식적으로 하나님을 섬기고 있었기 때문이다. 예를 들어 그들은 바깥에 나갔다 들어오면 부지런히 손을 씻는 것이라든가, 정확하게 십일조를 떼는 것, 그리고 기도와 금식을 많이 한다는 표를 내는 것 등, 외적이고 형식적인 일들에 너무 집착하고 있었다. 그래서 그들은 구제할 때 길거리에서 나팔을 불었으며(마 6:2-4), 기도할 때에도 많은 사람이 다니는 길거리에서 기도하기를 좋아하였다(마 6:5). 그래서 예수님께서는 그들을 가리켜 "잔과 대접의 겉은 깨끗이 하되 그 안에는 탐욕과 방탕으로 가득하게 하는도다" 하셨고(마 23:25), "겉으로는 사람에게 옳게 보이되 안으로는 외식과 불법이 가득하도다" 라고 책망하셨다(마 23:28). 중심에 진실함을 원하시는 예수님의 참 종교와 사람에게 보이기 위해 겉만 꾸미는 바리새 종교는 본질상 서로 어울릴 수 없었으며, 예수님과 바리새인들은 곳곳에서 충돌하게 되었다.

바리새 종파의 큰 잘못은 세월이 지나는 동안에 성경에서 점점 멀어지고 성경을 해석한 인간의 가르침을 더 따르게 되었다는 것이다. 그래서 그들은 하나님의 말씀을 따르기보다는 '장로들의 유전'을 더 따르고 있었다. 그 일례로 '고르반'이라고 하는 것이 있었다. 제5계명을 충실히 지키기 위해서는 밭에서 나오는 식물 중 얼마를 떼어 부모님께 드려야 했다. 그러나 종교 지도자들은 가르치기를, 만일 그 밭이 하나님께 드린 바 되었으면(즉 고르반) 그 밭에서 나는 것으로 부모를 섬기지 않아도 된다고 했다. 그러자 많은 사람들이 자기가 소유하고 있는 밭을 '고르반'이라고 선언하게 되었다. 그러나 '언제부터' 드린다는 기한 표시가 없다는 것이 이 제도의 묘미였다. 그래서 실제로는 그 밭에서 나는 것을 자기가 다 차지하면서 종교적으로 거룩한 것처럼 보이게 된 것이다. 그래서 예수님께서는 이런 바리새인들을 향하여 "너희의 전한 유전으로 하나님의 말씀을 폐한다"고 하였다(막 7:13). 그들은 그들의 교묘한 인간적인 가르침을 통해 실제로는 하나님의 말씀을 폐하였던 것이다.

서기관들

바리새인들과 밀접하게 관련되어 나타나는 사람들로서 서기관들이 있다. 서기관들은 대부분 바리새파 출신이지만, 이 둘 사이에는 약간의 구별이 있다. 바리새인이란 바리새파의 가르침을 따르는 일반 대중들을 뜻하지만, 서기관은 오랜 기간 동안 엄격한 훈련을 받은 율법학자이며 종교 지도자를 뜻한다. 즉 바리새인들이 평신도라면 서기관은 교역자이다. 서기관은 율법을 해석하고 그것을 생활 가운데 적용하고 가르치며, 또한 대제사장과 장로들과 함께 산헤드린의 회원이 될 수 있었다. 서기관의 기원은 바벨론 포로에서 돌아온 제사장 겸 학사인 에스라에게까지 거슬러 올라간다(스 7:11). 서기관이 되는 데에는 출생이나 혈통과는 무관하였으며, 엄격한 공부를 통해 일정 조건을 갖추면 누구나 서기관이 될 수 있었다. 그러나 그 공부와 훈련은 대단히 힘든 과정이었다.

저명한 서기관들 주위에는 학생들이 몰려들었는데, 학생들은 수업료를 내고 공동생활을 하면서 율법 공부와 함께 엄격한 생활 훈련을 받았다. 서기관식 교육에 의하면, 선생은 앉아서 가르치고 학생들은 바닥에 쪼그리고 앉아서 공부했다. 그래서 바울은 나중에 자기의 학창 생활을 회고하며 말할 때 "가말리엘의 발 아래에서"에서 배웠다고 했다(행 22:3). 공부가 다 끝나면 장엄한 임직식을 통해 서기관으로서 활동하게 되었다. 서기관은 보통 '랍비'라고 불리며 백성들로부터 큰 존경을 받았다. '랍비'라는 말은 원래 '나의 큰 자'라는 뜻인데, 나중에 서기관에 대한 일반적인 칭호가 되었다. 그래서 사도 요한은 이것을 '선생'이라고 번역하고 있다(요 1:38).

서기관들은 바리새인들과 마찬가지로 하나님께서 주신 율법 자체를 따르기보다도 인간의 해석과 유전을 더 따랐으며 사람에게 칭찬받는 것을 좋아했으며, 모든 것을 사람에게 보이기 위해 행하였다. 그래서 예수님께서는 서기관들과 바리새인들을 함께 묶어서 "외식하는 서기관들과 바리새인들이여"라고 책망하셨다. 또한 바리새인들은 돈을 좋아했으며(눅 16:14), 서기관들도 예물과 금을 중요시 여겼다(마 23:16-22). 서기관들과 바리새인들이 이렇게 백성들을 가르치고 지도했으니 그 당시 유대의 종교적 상황이 어떠했겠는가? 그래서 예수님께서는 그들을 가리켜 '소경된 인도자'라고 불렀던 것이다(마 23:16).

에센인들

에센인들은 신약 성경에 나오지는 않지만 이스라엘의 한 종파로서 특별한 위치를 차지하고 있는 집단이다. '에센인'이란 말은 원래 '거룩한 자들'이라는 아람어에서 왔는데, 사독 계열의 제사장들이 이끈 공동체라고 한다. 이들은 오니아스 3세 이후의 대제사장인 야손(주전 174-171년)과 그 후계자들을 부당한 찬탈자로 간주하고, 예루살렘을 떠나 팔레스타인의 마을들과 도시에 따로 모여 살면서, 수도원과 비슷한 공동체 생활을 통해 '제의적(祭儀的) 거룩성' 을 실천하려고 하였다. 이 중에서 대표적인 것이 사해 부근에서 생활했던 쿰란 공동체이다. 1947년에 사해 부근 광야의 동굴에서 여러 항아리들을 발견하였는데, 그 속에는 구약 성경과 또한 그 공동체의 규칙과 사상을 적은 두루마리들이 많이 들어 있었다. 오늘날 학자들이 이 문서들을 연구함으로써 그 당시 쿰란 공동체의 생활과 사상이 많이 알려지게 되었다.

이 공동체에 가입하는 사람은 가지고 있는 재산을 다 헌납하였으며, 재산은 공동소유로 하였다. 그리고 이 공동체에 속한 사람들은 약간의 예외를 제외하고는 결혼을 하지 않았다. 그 이유는 자신을 부정(不淨)하게 만들지 않기 위해서였다. 가입 지원자는 1년간의 시험 기간을 거쳐야 하는데, 이 기간을 무사히 통과하면 '결례' 를 할 수 있는 자격이 주어졌다. 여기서 '결례' 란 매일 정오쯤 공동 식사 전에 함께 목욕하는 의식을 뜻한다. 그 후 다시 2년이 경과해야만 완전한 회원으로 받아들여졌으며, 그제야 비로소 '공동 식사' 에 참여할 수 있었다. 공동 식사 참여를 허락하기 전에 엄숙한 맹세를 하였는데, 이 중의 하나는 불의한 자를 미워하겠다는 것이었다.

이들의 공동체 생활은 엄격하였다. 만일 어떤 사람이 재정을 허위 보고하면 1년간의 추방과 식사량 4분의 1 감축 벌이 내려졌다. 회집 중에 졸면 30일간 벌을 받았으며 큰 소리로 웃어도 30일간 벌을 받았다. 안식일을 엄수했으며 안식일에는 헛소리를 금하고 1,000 규빗(약 500 m) 이상의 통행을 금지하였으며 긴급 처방도 금지했다.

그래서 세례 요한과 예수님이 혹시 이 에센파 출신이 아닌가 하는 의문이 제기되기도 하였다. 그러나 이들과 에센인들 사이에는 많은 차이가 있다. 예를 들어, 쿰란 공동체의 '결례' 는 매일 점심 식사 전에 하는 반복적인 목욕이었던 반면에, 요한이 베푼 '세례' 는 일생에 단 한 번만 베푸는 단회적인 세례였다. 또한 에센인들은 "불의한 자를 미워하라"고 가르쳤지만, 예수님은 "너희 원수를 사랑하며 너희를 핍박하는 자를 위하여 기도하라"고 가르치셨다(마 5:44). 뿐만 아니라 안식일 문제에 대해서도 예수님은 안식일에 선한 일을 하는 것과 생명을 구하는 것은 옳다고 하셨다(눅 6:9). 뿐만 아니라 예수님은 우리가 어떤 집단을 이루어 따로 살 것을 명령하신 것이 아니라, 우리를 세상 한 가운데 두셔서 세상의 빛으로서 어두운 세상을 비추게 하셨다.

셀롯인들

셀롯인은 다르게는 '열심당원'이라고 번역하기도 하는데 원래는 바리새인들이었다. 주후 6년에 아켈라우스가 물러난 후 로마가 유다를 직접 통치하게 되었을 때, 로마 정부는 효과적인 세금 징수를 위해 이스라엘 백성들을 등록하게 하였다. 그러자 바리새인들 가운데서 일부가 떨어져 나가 로마 정부에 항거하였다. 그들은 로마 황제를 '주(Kyrios)'로 부르기를 거부하며, 무력으로 로마 정부에 저항하고자 하였다. 그들은 인내심을 가지고 메시야를 기다리기보다도 스스로 역사의 흐름을 결정하려고 하였다. 갈릴리 유다가 그 중 한 사람이었다(행 5:37). 이들 중에는 나중에 예수님의 제자가 된 사람도 있는데 곧 셀롯인 시몬이다(눅 6:15).

그러나 셀롯인들은 계속되는 로마의 압제에도 불구하고 소멸되지 않았다. 주후 66년에 유대와 이두매와 갈릴리가 로마에 대항하여 반란을 일으켰는데, 이 때 셀롯인들이 중심이 되어 반란을 주도해 나갔다. 결국 주후 70년에 티투스 장군이 이끄는 로마 군대에 의해 예루살렘은 함락되고 예루살렘 성전은 완전히 파괴되고 말았다. 2년여 동안의 예루살렘 포위 기간 동안에 죽은 자가 약 120만 명이며, 반란군의 지도자 요한과 시몬은 포로로 잡혀서 로마로 끌려가 로마 시민들이 지켜보는 가운데 처형되었다. 그럼에도 불구하고 셀롯인들은 계속적인 저항을 벌여 제2차, 제3차 유대인의 전쟁을 일으켰으나(115-117년, 132-135년), 다 실패로 끝나고 말았다.

여기서 우리는 "검을 가지는 자는 다 검으로 망하느니라"(마 26:52)고 하신 예수님의 말씀을 생각하게 된다. 예수님은 하나님 아버지께 기도하여서 열 두 영(營)도 더 되는 천사를 보내시게 하여 그를 잡으러 온 무리들을 물리칠 수도 있었지만, 그런 무력적인 방법을 사용하지 않으셨다. 만일 그렇게 하셔서 예수님이 십자가를 지지 않으셨더라면 우리의 구원은 어떻게 되었겠는가? 우리는 여전히 죄 가운데 살다가 죽을 수밖에 없었을 것이다. 그래서 예수님은 묵묵히 십자가를 지셨다. 수욕과 멸시와 고통의 십자가를 지셨다. 그것은 우리의 죄를 속(贖)하시기 위해서였다. 예수님께서 채찍에 맞으심으로 우리가 나음을 얻었고, 예수님께서 십자가를 지심으로 우리가 생명을 얻게 되었다. 오늘날도 이 세상은 무력과 권력으로 인간의 뜻을 이루려 하지만, 우리 그리스도인들은 "우리의 싸우는 병기는 육체에 속한 것이 아니요 오직 하나님 앞에서 견고한 진을 파하는 강력이라"(고후 10:4)고 한 말씀을 따라 성령의 검인 하나님의 말씀을 가지고 성령 안에서 기도로 나아가는 영적 군사들인 것이다(신약 배경사에 대해 좀 더 알고 싶으면, 보 라이케, 《신약성서 시대사》, 한국신학연구소, 1986, pp.90-211; 찰스 F. 파이퍼, 《신구약 중간사》, 한국기독교교육연구원, pp.142-169; H. 야거스마, 《신약 배경사》, 솔로몬, 1993, pp.259-265 등을 보라).

♆ 학습 문제

1. 공자의 논어와 맹자는 좋은 교훈을 많이 가지고 있다. 그러면 그것이 정경이 될 수 있는가? 없다면 무엇 때문인가?

2. 구약의 외경은 어떻게 해서 가톨릭교회에 들어오게 되었는가? 그 과정을 차례대로 진술해 보라.

3. 오늘날 우리는 외경과 위경에 대해 어떤 태도를 가져야 하겠는가? 설교 강단에서 외경을 인용하는 것이 합당하다고 생각하는가?

4. 우리가 구약과 신약 성경을 정확하게, 올바르게 이해하기 위해서는 어떤 언어들을 배워야 할까?

5. 헤롯 대왕이 유대인들에게 사랑받지 못한 근본적인 이유는 무엇이었을까?

6. 신약 시대에 세리들이 유대인들에게 따돌림 받은 이유는 무엇이었을까? 예수님은 이들에 대해 어떻게 대하셨는가?

7. 대제사장들이 예수님을 죽인 이유는 무엇이었을까? 왜 그들은 하나님이 원래 주신 사명에서 벗어나 타락하게 되었는가?

8. 바리새인들은 외적으로는 경건하게 보였지만 실제로는 무엇을 좋아하였는가? 이들이 실제로 추구한 것은 무엇이었는가?

9. 셀롯인들은 하나님의 나라를 어떻게 이루려고 하였는가? 오늘날 우리는 어떤 방법으로 하나님의 나라를 실현하도록 해야 하는가?

| 제2부 |

구약 각권

1장

모세오경

구약의 전반부를 차지하는 오경(Pentateuch)은 '다섯권의 책' 이라는 뜻이다. 이 책은 창세기부터 신명기까지 포함하는데 천지창조와 모세의 죽음까지를 기록한 긴 역사를 보여준다. 이 부분은 세상의 기원과 죄와 구속의 시작, 그리고 이스라엘의 기원과 율법을 보여준다.

1. 창세기

주제와 목적

창세기는 제목의 뜻이 시사하듯이 우주와 세상, 인류와 인간의 제도와 민족, 무엇보다도 이스라엘 백성의 기원을 묘사하고 있다. 창세기는 세상 만물이 시작할 때 하나님의 창조 사역에 초점을 맞춘다. 창세기의 신학적 주제 창조주 하나님, 하나님의 형상으로 지음받은 인간, 타락, 구속, 약속, 언약으로 형성되어있다. 창세기의 기록목적은 하나님의 선하신 창조사역을 통하여 자신의 영광을 드러내고 타락한 인간을 구속하심으로써 그 영광을 회복하고자 하는 자신의 약속에 신실하신 하나님을 드러내기 위함이다.

구성과 문학적 특징

창세기는 크게 두 부분으로 나눌 수 있다. 첫 부분은 태고사에 해당하는 1-11장이고, 둘째 부분은 족장들의 역사를 이루는 12-50장이다. 창세기의 가장 두드러진 구조적 특징은 모두 열 한번 나타나는 '계보' 또는 '세대'(2:4; 5:1; 6:9; 10:1; 11:10; 11:27; 25:12; 25:19; 36:1; 36:9; 37:2)라는 말이다. 12장부터 불규칙하게 나타난다 할지라도 이것은 하나의 구조를 만드는 표시가 될 수 있다. 이것은 특별히 계보와 나란히 나타나기 때문에 이 책이 특별히 역사에 비중을 두고 있다고 하겠다. 저자는 이 '계보'란 말을 이용하여 씨와 땅에 대한 하나님의 약속에 초점을 맞추어서 하나님의 구속역사를 보여주는 기준으로 삼았다.

역사적 배경

창세기는 모세의 인도하에 애굽에서 막 구속받은 이스라엘 백성을 위해서 기록되었다. 그들은 하나님의 보호아래 광야에서 살았고 시내산에서 그분의 장엄한 현현을 경험했다. 그들은 언약과 성막제사를 통해서 하나님과 새로운 관계로 인도되었다.

구속사적 메시지

하나님은 자신을 전능한 창조주로 또 구속을 위해 약속에 신실하신 분으로 계시하셨다. 하나님은 만물을 선하게 창조하시고 인간을 하나님의 형상으로 만들어 창조의 머리로 세우셨다. 그러나 인간이 사탄의 유혹에 넘어감으로써 창조의 목적을 상실했다.

죄가 세상에 들어옴으로써 하나님과 인간, 인간과 인간, 인간과 세상과의 관계가 뒤틀렸다. 그 가운데서 하나님은 인류구원에 대한 약속을 주셨다(3:15). 이 후의 역사는 여자의 후손과 사탄 사이의 투쟁의 역사로 구성된다. 죄의 여파로 가인은 아벨을 살해하고 그 후손들은 배교문화를 건설했다. 가인의 후손 라멕은 두 아내를 취함으로써(4:19) 처음으로 일부다처제가 들어왔다.

그런 중에서도 하나님은 셋의 후예인 경건한 자손을 통하여 믿음의 계통을 이어가셨다. 일부다처제가 땅위의 관영한 죄악으로 이어지자 하나님은 노아와 그 가족을 보존하고 나머지 세상은 물로써 쓸어버리셨다(6-8장). 새로워진 공동체는 다양한 민족으로 나누어져서 독자적인 문화를 건설하는데 성경의 보도는 민족의 기원을 보여주기 위한 목적이 아니라 이스라엘이 어떤 상황 속에서 등장하게 되었는가를 묘사하기 위해서 그 민족의 목록을 제시한다(10장).

하나님은 그 분의 주권적인 은혜로 아브람을 부르시고(롬 4:17), 언약의 약속을 주셨다(12:1-3). 자녀가 없는 것이 하나님의 구속계시의 연결점이 되었다. 이 약속은 땅과 씨에 대한 약속인데 아브라함의 자손 즉 그 백성, 교회를 통해서 인류를 구원하실 것을 약속하셨다. 창세기의 저자는 하나님이 족장들과 함께하시고, 큰 민족을 이루신다는 약속을 반복하면서(18:18; 22:18; 26:4;28:14) 그 분의 백성에 대한 관심을 부각시킨다. 또한 약속의 내용으로 언약을 맺으시고 하나님과 백성의 신실한 관계를 원하셨다(15, 17장). 이 약속의 효력은 족장들이 실수를 하는 상황에서도 지속되었던 것은 약속에 대한 하나님의 의지 때문이었다(12:10-20; 20:1-18; 26:6-16). 이삭과 야곱을 통하여 하나님은 씨에 대한 약속을 부분적으로 이루셨다. 특별히 야곱의 열두 아들을 통하여 이스라엘 지파의 기초를 형성한다. 그렇지만 야곱의 자손들이 가나안 땅에서 가나안 사람들과 결혼을 함으로써 그 땅의 상황은 아브라함의 자손이 한 민족으로 성장하는데 부적절했다(38장). 그래서 족장들의 후손이 한 민족으로 보존될 수 있는 적합한 장소로 이동해야 했다. 이때 요셉이 하나님의 구속역사의 도구로 사용되어서 70명의 야곱의 자손들은 한 민족으로 성장하도록 애굽 땅에 정착하는데 중요한 역할을 한다(45:7). 요셉이 팔리고, 보디발의 집에서 종으로 생활하고, 옥살이를 통해서 바로의 꿈을 해몽하고 애굽의 총리가 되는 전 과정이 구속에 대한 약속을 이루시는 하나님의 계획 속에 있던 것이다. 특히 야곱의 유언에 나타난 유다에 대한 예언은 메시아가 오는 길을 보여줄 뿐만 아니라 그의 통치를 보여준다(49:10). 이렇게 창세기의 계시역사는 구속을 중심으로 하나님의 약속이 성취되는 기초를 형성하는데, 그것은 이스라엘이 한 민족으로 성장하는데 준비를 갖추는 것이었다.

내용분해

개요	본문	개요	본문
우주와 사람의 창조	1-2장	언약의 구체적인 성취	21-25장
타락과 심판	3-4장	이삭을 통한 구속사 전개	25-26장
셋의 경건한 자손들	4-5장	야곱을 통한 구속사 전개	27-33장
노아 대홍수	6-9장	야곱의 가나안 정착을 통해 본 구속사	34-36장
인류의 번성과 범죄	10-11장	요셉을 통한 구속사 확대	37-41장
아브라함을 통한 언약체결	12-16장	요셉의 가족 구원을 위한 섭리	42-47장
할례와 믿음시험	17-20장	애굽에서의 이스라엘 백성	47-50장

2. 출애굽기

주제와 목적

본서는 '탈출' 이란 의미를 지닌 제목이 말해주듯이 이 책의 주제는 구속이다. 본서는 한 민족으로 성장한 이스라엘을 애굽에서 해방시킴으로써 자기 백성으로 선택한 것을 확인시키신 신실하신 구속자 여호와를 계시하고, 율법제정과 성막건립을 통하여 거룩한 나라의 기틀을 놓는 과정을 보여주기 위한 목적으로 기록되었다. 여기서 구속과 율법을 묘사하고 있는 자체가 하나님과 그의 백성 이스라엘 간의 언약 관계를 보여주고 있다.

구성과 문학적 특징

본서는 크게 두 부분으로 구성되었다. 첫 부분은 애굽에서 히브리민족을 구속하는 것이고(1:1-15:21), 둘째 부분은 구속받은 백성의 성막중심의 생활에 관한 것이다. 문학적으로 이 책은 구약의 두 번째 책으로서 창세기에서 시작한 역사의 일부를 이루고 이것은 신명기까지 이어진다. 그래서 전통적으로 오경이라는 한 단위 속에 속한 것으로 본다. 이 책은 창세기에서 조상들과 맺은 언약과 애굽체류와 출애굽에 대한 예언 그리고 후손들을 위한 가나안 땅에 대한 약속과 연결되어있고 뒤로는 레위기에 기록된 성막 중심의 예배와 규례로 이어지는 특징이 있다.

역사적 배경

이스라엘의 출애굽 연대에 대해서는 두 가지 견해가 있다. 그것은 주전 15세기와 주전 13세기라는 견해다. 성경의 연대를 그대로 따른다면 출애굽 연대는 주전 1446년이다. 열왕기상 6:1은 출애굽한 지 480년이 되었다고 했는데 그때가 주전 966년이었다. 이 연대대로라면 애굽에서 이스라엘이 탄압을 받을 때가 힉소스 시대라고 생각해야 할 것이다.

구속사적 메시지

야곱의 가정은 한 백성이 되었으나 요셉을 알지 못하는 새 왕의 잔혹한 학대를 받았다. 특히 아이를 버리라는 명령은 대단히 위험한 것이었다. 그것은 씨에 대한 약속이 위협을 받기 때문이다. 그래서 구원의 책인 출애굽기는 땅위에서 구원을 향한 하나님의 사역과 이를 저지하는 사탄의 일이 서로 격돌하는 것을 묘사한다.

하나님은 모세를 애굽 궁정에서 보호하시고(행 7:22) 그를 구원의 도구로 사용하셨다(히 11:27). 모세의 변명에도 불구하고 하나님은 그에게 사명을 주셨다(3:10). 그러나 하나님께서 자녀에게 할례를 행하지 않은 모세를 죽이려한 것은(4:24-26) 하나님의 일은 언약의 하나님의 요구를 먼저 행해야 한다는 것이다.

모세와 바로와의 첫 대면은 사태를 더욱 악화시켜서 모세가 비난받고(5:20, 21), 모세도 하나님을 원망했다(5:22). 하나님은 모세를 신이 되게 해서 바로를 상대하게 하셨다(7:1). 그는 바로 앞에 기적을 베풀고, 여호와의 재앙을 선언했다. 이 재앙 가운데서 애굽의 경제, 사회, 그 거민들, 애굽의 정신과 문화, 무엇보다도 종교가 엄청난 타격을 입었다. 하나님의 궁극적인 공격 대상은 그들의 신이었다: "애굽의 모든 신에게 내가 벌을 내리라"(12:12) 마지막으로 장자 죽음 때 죽음의 재앙이 애굽을 덮쳤지만 이스라엘은 해방 전야의 축제를 벌였다. 어린양의 피로 구원받은 이것은 이스라엘의 영원한 규례가 되었다(12:24). 마지막 장애물이 제거되자 출애굽이 실시되었다(12:31). 온 이스라엘 백성(12:37)과 여러 잡족(12:38)이 항오를 지어 나갈 때에 요셉의 해골을 가지고 갔다(13:18). 하나님께서 친히 인도자가 되셔서 구름기둥과 불기둥으로 인도하셨다. 바로가 전차로 추격을 했지만 홍해를 가르고 이스라엘은 구원받고 애굽 군대는 빠져죽었다. 이로써 하나님께서 영광을 얻었다(14:4). 이 큰 일을 보고 이스라엘은 여호와를 경외하며 그와 그 종 모세를 믿었다(14:31). 이것이 하나님의 사역의 목적이다. 그래서 이스라엘은 이 큰 구원을 영원히 노래한다.

하나님은 심판을 통해서 이스라엘을 애굽에서 구원한 사실을 상기시키며 언약을 지킬 것과 그 백성에게 특별한 소명이 있음을 일깨워주셨다(19:3-6). 이스라엘이 '제사장 나라', '거룩한 족속'이라는 것은 하나님의 보배로운 소유로서 이스라엘의 개념을 상세히 설명한다. 이것은 세상에 대한 이스라엘의 관계는 제사장의 관계로서 다른 나라를 섬기기 위해서 부름을 받았다. 이스라엘은 구체적인 거룩한 삶을 통하여 세상을 하나님의 나라로 인도하는 일을 해야 했다. 이런 관계 속에서 십계명이 주어졌다. 십계명은 은혜의 관계를 반영하여 이스라엘의 삶이 어떻게 보이는가를 보도록하는 거울로서 주어졌다. 이것이 시내산 언약의 기본 내용이다.

언약은 피의 제사로 규정되었다. 모세와 아론과 나답과 아비후와 이스라엘 장로 칠십인이 하나님의 면전에서 언약의 식사를 한 것은 교제의 관계라는 미래의 목표와 관계가 있다(사 25:6-8; 계 19:7-9).

광야에 건립된 성막은 항상 이스라엘이 어떤 집단인가를 알려주는 역할을 한다. 이 성막에서 요청되는 예배의 임무는 그 백성위에 행사하는 신적인 왕권을 인정하는 것이다. 예배란 신적인 왕에게 나아갈 수 있는 의정서와 같은 것이다. 그래서 출애굽기는 이스라엘을 왕이신 하나님이 세우신 규정을 따라 예배하는 공동체로 제시한다. 하늘의 실체를 반영하는 성막의 지성소에 안치된 법궤는 하나님의 거룩하고, 영화로운 임재를 상징한다.

내용분해

개요	본문	개요	본문
애굽에서 억압받는 하나님의 백성	1장	하나님과 자기 백성의 언약체결	19-31장
이스라엘의 구출자	2-4장	하나님 백성의 실패와 회복	32-34장
애굽에서의 모세와 바로의 투쟁	5-12장	성막설치	35-40장
애굽으로부터 구출된 이스라엘	12-18장		

3. 레위기

주제와 목적

본서의 명칭은 레위 제사장들의 직무와 관련된 규율들이 이 책의 특징이 됨을 시사한다. 그렇다고 해서 이 책은 레위인이나 제사장에게 한정된 것이 아니라 일반 이스라엘 백성의 예배생활, 가족간의 윤리, 사회생활과 경제적인 거래까지도 언급하고 있다. 레위기는 구속받은 백성이 거룩하게 삶으로써 하나님과 교제를 누리는 것이 그 주제다. 인간은 스스로 거룩하신 하나님께 나아갈 수 없기 때문에 제사와 생활에 관련된 다양한 규례를 통하여 거룩을 유지함으로써 하나님과 교제할 수 있다. 본서는 하나님의 백성이 거룩한 나라로 살아가도록 하기 위한 방편으로서의 규례를 가르치기 위해서 기록되었다.

구성과 문학적 특징

레위기는 네 부분으로 구성되었다. 그것은 제사규정(1-7장), 제사장 임무(8-10장), 정한 것과 부정한 것에 대한 규례(11-17장), 생활 속의 거룩(18-27장)이다. 이스라엘이 제사장적 백성이 되고 거룩한 나라가 된다는 관점에서 보면 레위기는 두 부분으로 나누어진다. 전반부는 주로 제사장의 임무에 관한 영역이고(1-17장), 후반부는 이스라엘이 실제적 삶의 모든 영역에서 거룩하게 살 것을 요청하고 있다(18-27장). 오경 가운데 그 위치는 앞으로 약속의 땅으로 나아가는 진행과정과 뒤에 나오는 민수기, 신명기로 적절하게 이어져 있다.

역사적 배경

이 책의 사건은 시내산 기슭에서 일어났다. 이 계시는 성막이 세워진 후에 주어진 것이므로 그 시기는 출애굽한지 2년 째 되는 첫 달(출 40:17)이다.

구속사적 메시지

레위기의 계시의 내용은 이스라엘이 거룩한 삶을 살 것을 요구한다.

첫 부분(1-7장)에 해당하는 제사에 관한 규정(번제, 화목제, 속죄제, 속건제, 소제)은 출애굽과 언약 체결을 통하여 형성된 이스라엘이 하나님과 바른 관계를 유지하기 위해서 주어진 것이다. 그것은 하나님께서 친히 은혜로 제공해 주신 방편이다. 구속의 은혜로 형성된 그 관계는 하나님의 용서하시는 은혜에 의해서만 유지될 수 있다. 희생제사 제도는 은혜를 받는 수단이지 하나님의 호의를 사는 것은 아니다. 율법에 주어진 실제적 순종이란 거룩을 이루면서 살아가는 것이 아니고 하나님께서 이미 그 나라에 부여하신 구별성을 따라 사는 것이다.

둘째 부분(8-10장)의 계시는 하나님과 백성 간의 중보자 역할을 하는 제사장을 임명하는 것과 그 임무에 대해서 보여준다. 그리고 하나님의 제사 규정을 어긴 제사장들(나답과 아비후)이 벌을 받음으로써 이 직분의 중요성을 일깨운다.

셋째 부분(11-17장)에서 하나님은 정한 짐승을 음식으로 허락하시고, 부정한 것은 금하셨다. 이것은 이스라엘 사회의 섭생의 원리를 따른 것으로 보인다. 오늘날 이 규례는 더 이상 따를 필요는 없지만 규례의 정신은 여전히 이어진다. 즉 거룩한 삶을 유지하는 것이다. 이 책의 핵심적인 부분은 모든 결례의 규정의 중심을 이루는 장황한 의식인 대 속죄일이다. 왜냐하면 다음에 나오는 장들이 백성과 제사장에게 여호와께서 요구한 결례와 거룩에 대해서 여전히 많이 언급하기 때문이다.

넷째 부분(18-27장)의 계시는 현대 신학자들이 "성결법"이라고 하는 부분이다. 왜냐하면 "너희는 거룩하라 나 여호와 너희 하나님이 거룩함이니라"(19:2; 20:7, 26; 21:8 등)란 표현이 특별한 입법의 특징이 되기 때문이다. 이 가운데서 안식년의 규정(25:1-7)은 안식일과 같이 쉬는 것과 더불어 땅의 휴식을 통하여 이웃과 나누고, 채무자에 대한 면제로 인하여 형제가 노예가 되는 것을 막았다. 희년의 규례도 안식년과 일맥상통한 면이 있지만 나름대로의 고유한 특성를 지니고 있다: 해방과 상환(25:8-12); 토지

매매규정(13-23); 속전(24-34); 이자규정(35-38); 노예 해방(39-55). 이 법은 이스라엘의 사회-경제법이라기보다는 종교적 사상에서 출발한 것이다. 희년의 제도는 이 시대의 사회개혁을 위해서 주어진 것이 아니다. 그것은 언약의 백성에게 한정된 것이다.

레위기에 나타난 모든 규례는 그리스도의 구속사역에 의해서만 의미가 있다. 그리고 새언약 시대의 성도들에게는 의식적 의미는 없다. 왜냐하면 그것은 하늘의 실체를 반영하는 그림자에 불과하기 때문이다. 그리스도인은 성취된 구속을 누리며 이 규례의 영적인 의미를 따라 살아야 할 것이다. 그것은 성령의 인도를 따라 매일 거룩한 삶을 사는 것이다. 이것은 정의와 사랑을 행하는 삶을 포함한다.

내용분해

개요	본문	개요	본문
제사와 제물에 관한 규례	1-7장	거룩한 백성이 따라야 할 규례	18-20장
제사장의 성별에 관한 규례	8-10장	제사장과 성경에 관한 규례	21-22장
각종 성결법에 관한 규례	11-15장	절기, 안식년, 희년에 관한 규례	23-25장
속죄 제사에 관한 규례	16-17장	가나안 땅에 들어가서 지킬 규례	26-27장

4. 민수기

주제와 목적

히브리 성경의 제목은 '광야에서' 란 뜻이고 우리 성경의 제목은 '백성의 수' 란 말이다. 이 제목들이 광야에서 이스라엘 인구조사로 시작하고 또 그

것으로 마치는(1-4; 26장) 책의 특징이 약속의 중간 성취임을 보여준다. 민수기는 레위기에 기록된 율법의 연속으로서 광야에서 일어난 사건을 기록하고 있는데 두 차례의 인구조사(1, 26장)와 여러 차례의 불순종으로 인한 반란 사건(12, 14, 16, 17, 20, 21장)이 나온다. 하나님께서 그 백성들이 광야의 길을 통과하도록 한 것은 그들을 시험하여 믿음을 정화하기 위함이다. 약속은 자동적으로 받는 것이 아니고 믿음을 가진 자만 받는다. 두 번째 인구조사를 실시한 것도 광야의 2세대를 새로운 언약 공동체에 참여케 하고 믿음을 준비하도록 하기 위함이다.

구성과 문학적 특징

민수기의 좀 복잡하게 구성되었지만 전체적으로 인구조사와 백성의 반란으로 구성되었다. 또 빠뜨릴 수 없는 내용은 제사장 직무(7-8; 18-19장)와 발람의 사건(22-24장)이다. 이런 일련의 사건을 통해서 이스라엘은 약속의 땅으로 진행했다. 민수기의 문학적 특징을 한 마디로 말하기 쉽지 않지만 대략 세 가지 주기로 이루어진 것이다. 그것은 성막 중심의 믿음의 공동체를 묘사하는 시나이 주기(1:1-10:10)와 지도자와 하나님에 대한 백성의 반란 주기(10:11-25:18) 그리고 새 세대와 약속의 땅으로 입성하는 준비를 말하는 탄생 주기(26:1-36:13)로 되어있다.

역사적 배경

이 책에 기록된 역사적 사건은 성막이 완성된 지 정확하게 한 달되는 때에 시작되었다(민 1:1; 출 40:17). 이 책은 광야생활로부터 요단 강 가까운 모압평지까지 거의 40년 간의 생활을 묘사한다.

구속사적 메시지

민수기 1-10장은 모든 것이 하나님의 말씀을 따라 이루어졌다는 것을 강조한다. 본서에 두 차례의 인구조사(1, 26장)는 아브람에게 주신 큰 민족을 이루시겠다는 하나님의 약속의 중간 성취를 확인시켜주는 의미가 있다. 첫 번째 인구조사에서 장정만 육십만 이상 집계된 것은(1:2-46) 공동체의 규모를 확인하는 것이고, 두 번째 인구조사에서도 육십만 이상 계산된 것은(26:2-50) 광야의 2세대를 새로운 언약 공동체에 참여케 하고 믿음을 준비하도록 하기 위함이다.

하나님은 제사장을 임명하시고 계급제도와 같이 아론은 대제사장이고 그의 아들들은 제사장이고 레위인들은 그 아래서 섬기게 하셨다(3:1-10). 제사장직은 하나님의 거룩과 자비를 가르치기 위한 수단이다. 한편으로 하나님의 거룩은 자신과 제사장간에 거리를 둠으로써 나타나고, 다른 한편으로 중보자들을 두시는 하나님의 채비는 자비의 표시이다. 사람들이 아론의 제사장직을 도전할 때 하나님이 벌하셨다(16, 17장). 그 이유는 하나님의 권위를 도전했기 때문이다. 하나님은 그들의 삶의 중심에 제의를 두시고 그 제의의 중요한 요소로서 축복을 명하셨다. 제사장 축복(6:24-26)에서 말하는 복은 지속적인 보살핌을 의미한다. 제사장 축복의 중심 사상은 임마누엘 사상이다. 하나님의 얼굴을 대면하는 관계는 이스라엘의 소망이고 가장 큰 특권이자 복이다(민 12:8; 시 42:3). 하나님은 제사장 직분 외에 나실인의 서약을 통하여 자신을 섬기도록 하셨다(6:1-21).

백성이 행진할 때 법궤를 통하여 하나님의 인도를 확인할 수 있었다(10:33-36). 모세는 가데스 바네아에서 약속의 땅을 탐지하려고 정탐꾼을 보냈다(13장). 그러나 약속의 말씀을 믿지 못한 정탐꾼의 보고로 말미암아 백성은 원망함으로써 여호수아와 갈렙을 제외하고 이십 세 이상 계수함을 받은 사람은 가나안 땅에 들어갈 수 없었다. 그 일로 인하여 그들은 사십 년간 광야에서 머물러야 했다(14:33).

정탐꾼의 반란(14장)과 같은 지도자와 하나님을 원망하는 반란은 반복되었다. 모세에 대한 미리암과 아론의 반란(12장), 고라자손의 반란(16, 17장), 물 때문에 일으킨 모세와 아론에 대한 백성들의 반란(20장), 불뱀 사건(21장). 백성들의 반란의 특징은 하나님의 약속을 믿지 못한 데서 온 것이다. 그러나 하나님은 이 과정을 통하여 그들의 믿음을 정화시키셨다. 광야에서 하나님을 시험한 사건이 말세의 신자에게 거울이 된다고 바울은 경고한다(고전 10장). 특별히 불뱀 사건에서는 그리스도께서 어떻게 세상을 구원하실 것인지에 대한 구속의 모형이 계시되었다(요 3:14).

이어지는 발람의 사건은 이스라엘에게 위협이 되는 것이었다. 모압 왕 발락이 메소포타미아에서 온 발람을 불러서 이스라엘을 저주하라고 요구했다. 하나님은 그의 뜻을 바꾸어 이스라엘을 축복하고 그 미래를 예언하도록 하셨다(24장). 그는 이스라엘이 바알브올을 섬김으로써 영적인 행음을 하도록 한 죄로서 죽임을 당했다(31:8, 13). 이것은 의인처럼 죽기를 원하는 그의 바램과 대조된다(23:10).

하나님은 이렇게 이스라엘을 보호하시고 인도하셨다. 가나안 땅의 경계를 정하시고, 레위인의 성읍과 도피성을 두심으로써 이스라엘이 약속의 땅에서 이상적인 언약의 공동체를 건설하시려는 계획을 주셨다(35장). 민수기의 모든 내용은 아브라함에게 주신 약속과 말씀에 신실하신 하나님의 구속행위를 보여준다.

내용분해

개요	본문
시내산에서의 출발준비	1:1- 10:10
시내산에서 모압까지	10:11-21장
모압평지에서 일어난 일들	22-36장

5. 신명기

주제와 목적

오경의 마지막 책 신명기란 명칭은 17:18의 '율법의 복사' 란 표현을 잘못 번역하여 생긴 것인데 그 뜻은 제2의 율법이란 뜻이다. 히브리 성경의 제목은 '이것들은 말씀들이다' 인데 이것은 약속의 땅에 들어가지 직전에 모세가 이스라엘 백성들에게 한 언약의 선포이다. 이 책은 단순한 '두 번째 율법' 이라기보다는 출애굽기와 민수기에 포함된 율법을 모세의 연설을 통해서 반복, 집대성한 것이다. 모세는 하나님의 특별한 보호와 은혜로 광야를 지나온 것을 상기시키고 율법을 재선포하고 미래에 가나안 땅에서 어떻게 살아야 할 것인가를 가르친다. 그래서 신명기의 기록목적은 약속의 땅에 들어가기 위한 준비로서 이스라엘 백성이 언약에 기초한 삶을 영위함으로써 하나님의 복을 누리도록 하기 위함이다.

구성과 문학적 특징

신명기는 모세의 세 차례 설교와 그의 고별사와 사망기사(31:1-34:12)로 구성되었다. 본서의 문학적 특징은 엄격하지는 않지만 언약 체결 양식을 갖고 있다. 그것은 히타이트 제국의 종주권 언약과 비교되는데 그것과 비교해서 대충 네 부분으로 나눌 수 있다: 역사적인 내용을 말하는 서두 연설(1-11장), 계명 선포(12:1-26:15), 계약 체결(26:16-19), 축복과 저주(27-30장).

역사적 배경

2주도 걸리지 않은 애굽에서 가나안으로 가는 여행은 이스라엘의 불순종으로 말미암아 40년으로 늘어났다. 모세는 요단 강 맞은 편 모압 평지에서 이스라엘의 새 세대를 위하여 율법을 포함한 언약을 재선포했다(신 1:5, 민 36:13). 신명기는 세밧(1:3)의 첫날부터 모세의 사망 후 삼십 일(34:8)까지의 기간 즉 약 육십 일간의 기간을 포함한다.

구속사적 메시지

모세는 이스라엘 백성을 애굽에서 광야를 거쳐 모압 평지로 인도했다. 신명기는 이스라엘의 새로운 세대를 향한 모세의 설교를 제시한다. 앞의 다른 율법과는 달리 신명기는 조상들의 실패를 염두에 두고 새 세대에 충고하는 권면의 형식을 띠고있다. 여기에 가나안 정복의 목적을 달성하도록 하는 특별한 목적이 들어있다. 그래서 이것은 단순한 회고가 아니라 미래를 향한 메시지다.

신명기에는 새로운 구속사적 진전은 별로 없다. 단지 하나님의 구속역사를 상기시키며 이스라엘이 구원하신 하나님과의 관계를 유지하도록 권면한다. 그것은 언약으로 표현되었다. 언약은 본서의 내용과 형식을 통해서 강조되며 쉐마(6:4-5)의 신앙고백적 진술에도 잘 요약되어 있다. 여호와는 유일한(4:35, 39) 주재(10:14)가 되신 분으로서 그 백성을 위하여 역사 속에서 일하신다. 이스라엘은 보배로운, 거룩한 백성으로 하나님의 선택을 받은 유일한 백성으로서 그 분과 맺은 관계 속에서 특권을 누린다(1:31; 7:6; 10:15; 14:2; 26:19; 28:9; 32:6, 9). 족장들에게 한 약속의 완성으로 주어진 이 언약관계는 시내산과 이 상황에서 주어진 규율에 대한 순종을 요구한다.

언약의 책인 신명기에서는 아브라함과 그의 자손으로 시작한 여호와의 언약이 특별한 상황 속에서 주어진다. 그것은 출애굽한 지 사십 년 뒤에 새로운 선택의 의무로 제시되었다: '내가 오늘날 천지를 불러서 너희에게 증거를 삼노라 내가 생명과 사망과 복과 저주를 네 앞에 두었은즉 너와 네 자손이 살기 위하여 생명을 택하고 네 하나님 여호와를 사랑하고 그 말씀을 순종하며 또 그에게 복종하라 그는 네 생명이시요 네 장수시니 여호와께서 네 열조 아브라함과 이삭과 야곱에게 주리라고 맹세하신 땅에 네가 거하리라"(30:29, 30). 신명기 전체는 이 선택을 설명하고 있다(27-29장). 신명기의 언약은 이스라엘 백성의 삶 속에 은혜로 개입하신 여호와에 대한 태도에 초점을 맞춘다. 그 태도는 순종으로 반응하는 것인데 여기에 대해서 복이 보장되지만 그 반대는 저주다(28장). 신명기의 복은 물질적 번영에 초점을 둔 것은 아니다. 우상숭배를 배격하는 것을 주제로 하는 신명기가 그런 우상을 복의 중심에 두지 않는다. 그것은 은혜의 관계를 유지하는 것이다.

특별히 본문 12:1-26:19에 이 관계를 유지하기 위한 세부규정이 기록되었다. 그들은 하나님이 정한 장소에서 예배함으로써 거룩을 유지해야 하고(12:1-14:21), 가나안에서 난 풍요로운 산물을 이웃과 나누어야 한다(14:22-15:23). 매년 세 차례의 절기를 지켜야 하고(16:1-17), 인간관계에서 공의로운 사회를 이루어야 하고, 왕은 율법을 따라 통치하고, 제사장은 여호와의 이름으로 섬기고 재판관의 권위를 가지며, 선지자는 하나님의 말씀을 전해야 했다(16:18-21:23). 이 모든 규정에는 사랑의 법이 지배한다(22:1-26:29). 여기에 대한 언약체결이 이루어졌다(26:16-19).

모세는 이 언약을 영영히 기억하도록 하기 위해서 그 율법을 바위에 기록하라고 했고(27:1-3), 노래를 지어서 부르도록 했다(32장). 모세는 그의 축복에서 이스라엘이 모든 민족 중에 유일한 민족임을 강조했다(33:29). 그의 지도력은 여호수아에게로 계승되었다(34:9).

내용분해

개요	본문	개요	본문
모세의 회고와 권면	1-4장	사회법	21-26장
십계명의 반복	4-11장	축복과 저주	27-28장
의식법	12-16장	언약을 새롭게 체결함	29-30장
시민법	17-20장	모세의 고별사와 죽음	31-34장

⚜ 학습 문제

1. 창세기는 무엇의 기원을 기록한 책인가?

2. 죄가 세상에 들어오자 어떤 관계가 파괴되었는가?

3. 출애굽기의 주제와 기록목적은 무엇인가?

4. 이스라엘은 하나님에게 어떤 존재이며 그 역할은 무엇인가? (참고, 출애굽기)

5. 이스라엘 백성과 그리스도인이 거룩을 유지하는 방법이 어떻게 다른가? (참고, 레위기)

6. 모세에 대한 미리암과 아론의 발란, 고라 자손의 반란, 물 때문에 일으킨 모세와 아론에 대한 백성의 반란, 불뱀 사건의 공통적인 원인은 무엇인가? (참고, 민수기)

7. 하나님과 이스라엘 간에 맺은 언약의 특징은 무엇인가? (참고, 신명기)

2장

역사서

역사서는 엄격한 의미로 분류한 것이 아니고 이 책들이 지니는 일반적인 문학적 성격을 따라서 붙인 이름이다. 구약의 이 부분은 이스라엘의 가나안 땅 점령부터 이스라엘 건국과 멸망, 그리고 포로귀환과 제2성전시대까지를 포함하는 역사를 보여준다.

1. 여호수아

주제와 목적

본서의 제목은 이 책의 중심인물로 등장하는 여호수아의 이름을 따라 붙였다. 그의 이름은 '구원' 이란 뜻인데 이스라엘 백성을 가나안 땅으로 인도하여 들이는 그의 역할과 잘 어울린다. 본서는 한 민족으로서 이스라엘의 삶의 단면에 대한 역사를 제공하기 위해서 기록되었다. 그것은 이스라엘이 족장들에게 약속한 땅을 정복하고 분배해서 정착하는 과정에 대한 서술이다. 여호와께서 이스라엘의 승리의 보증이 되시는 것은 약속에 신실하신 그 분이 약속의 내용을 따라 땅에 대한 약속을 성취하시기 위해서 일하시기 때문이다. 본서는 약속의 성취로서 땅을 주심으로써 여호와는 전능하시며 약속에 신실하신 주권자임을 나타내기 위한 목적으로 기록되었다.

구성과 문학적 특징

여호수아서는 크게 두 부분으로 구성되었다. 그것은 땅을 점령하는 것과 분배하는 것으로 이루어졌다. 좀 더 세부적으로 분류하면 서론(1:1-18), 가나안 입성(2:1-5:15), 땅 점령(6:1-12:24), 땅 분배(13:1-21:45), 땅의 보전(22:1-24:33)으로 이루어졌다. 문학적 장르는 평범한 역사적 산문이지만 예언, 연설, 목록, 등의 형식도 쓰였다.

역사적 배경

가나안 땅은 일찍이 애굽의 지배하에 있었으나 주전 1,400년부터 갑자기 그 지배력이 줄어들었다. 가나안에는 일곱 족속이 살고 있었고(수 9:1), 그 종교는 우상숭배와 음행이 특징이었다. 그래서 이스라엘은 그들을 쫓아내고 그 관습을 따르지 말아야 했다(신 12:29-31).

구속사적 메시지

이 책은 전쟁과 정복 그리고 정복한 땅을 분배하는 사건으로 가득 차 있다. 이 모든 일을 대할 때 우리는 시선을 여호와께 집중시켜야 한다. 그 분의 명령에 순종하고 또 그 분의 도움이 있을 때만 일이 잘 되었다. 이 일은 백성들이 임의로 상대를 대항할 수 있는 전쟁이 아니다. 우리는 이 역사의 국면을 족장들에게 한 맹세와 약속의 배경에서 보아야 한다. 그리고 애굽에서의 학대와 거기서 인도하신 것, 또 광야를 통과하는 길고 지루한 여행의 배경에서 말이다. 그래서 "너희 하나님 여호와께서 너희에게 안식을 주시며"라고 한다(1:13). 이 은혜와 신실함의 빛 속에서 여호수아와 이스라엘은 강화되고 용기를 얻는다. 기업을 얻는 길은 전쟁의 길이다. 그것은 진짜 전쟁이다. 여호와의 전쟁이다. 여호와께서 주시려는 땅은 이미 주어진 땅이나 마찬가지다(동사가 선언적 의미를 지닌 완료로 쓰였다).

이런 대규모의 군사적 행동은 백성들이 적절한 준비를 갖추어야 했다. 모세가 죽은 후 눈의 아들 여호수아가 지도자로 부름을 받았다. 모세가 신명기에서 그들에게 명령한 것을 다시 한번 언급한다(1:7, 8). 하나님은 그와 함께 하시겠다고 약속하시고 그를 강하고 담대하게 하시고 율법의 요구를 지킬 것을 명하셨다. 약속의 성취는 항상 믿음의 순종을 통해서 이루어진다. 이스라엘이 가나안 땅을 차지한 것은 믿음의 결과로 주어진 것이다.

하나님의 도움은 요단강을 건널 때부터 나타난다(3:1-4:24). 여리고에서는 전투라고 할 수 없는 이상한 행동으로 승리했다(6:1-27). 제사장이 법궤를 앞세우고 주위를 돈 것은 하나님의 영광스런 임재와 인도를 보여주는 것이다. 아이 성의 전투는 범죄로 말미암아 처음에는 패배했다(7:1-

8:29). 에발산에서 언약을 갱신하면서 하나님이 약속의 땅 중심부로 인도하셨음을 알려준다(8:30-35). 이런 전쟁의 와중에서 이스라엘의 하나님을 택한 자는 생명을 부지할 수 있었다. 라합(6:25)과 기브온(9:1-27)의 경우가 그렇다. 중부를 진압한 후 남부 동맹군을 무찌르고(10:1-43), 북부의 막강한 동맹군도 정복했다(11:1-15). 이스라엘은 수에 있어서나(신 7:7) 군사력에 있어서 가장 열등한 노예 출신의 민족임에도 불구하고 약속에 신실하신 하나님의 은혜로 가나안 땅을 정복할 수 있었다.

백성의 불순종으로 말미암아 정복하지 못한 땅도 있지만(13:1-7) 땅 분배를 통하여 백성들은 정착생활을 하게 되고 여호와께서 주시겠다는 안식을 누리게 되었다. 이 안식은 이미 여호수아에게서 시작한다. 땅을 분배하는 것은 단순한 토지의 소유주가 되는 것이 아니라 이스라엘에게 특별한 의미가 있다. 그것은 자신과 후손을 위한 삶의 터전, 즉 영원한 기업이 되는 것이다.

여호수아는 이스라엘에 대한 여호와의 통치로 끝맺는다. 구속의 새로운 장을 보여주는 이 책은 족장들에게 하신 약속에 신실하신 하나님에게 초점을 맞춘다. 여호수아의 역사에 나타난 하나님의 신실성은 오늘도 여전히 유효하다.

내용분해

개요	본문	개요	본문
모세의 뒤를 이은 여호수아	1장	기브온과의 우호조약	9-11장
여리고 정탐과 요단강 도하	2-5장	정복전쟁의 결과	12-22장
여리고, 아이성 전투	6-8장	여호수아의 마지막 교훈과 죽음	23-24장

2. 사사기

주제와 목적

본서는 이 책 제목이 의미하는 대로 사사들의 활동을 중심으로 쓰였다. 사사들은 이스라엘에 왕이 없을 때에 카리스마적 영적 지도력을 가진 사람으로서 이스라엘을 구원하고 지도하고 재판하면서 하나님의 뜻을 전달하는 일을 했다. 사사기의 기록 목적은 왕이 없는 시대가 얼마나 비참한가를 보여주고, 왕이 필요함을 보여주고, 왕국시대로 가는 준비와 조정과 시험을 통한 구속사의 전진을 보여주기 위함이다.

구성과 문학적 특징

사사기는 전체적으로 네 부분으로 구성되었다: 여호수아 이후의 군사적, 영적 쇠퇴(1:1-3:6), 사사들의 활동(3:7-16:31), 미가와 그 신당을 통한 종교적 혼란(17:1-18:31), 레위인과 그의 첩 사건을 통한 도덕적 혼란(19:1-21:25). 문학적 특징은 타락-심판-회개-구원이라는 도식이 책의 중심부를 형성한다는 것이다. 그리고 전반부(1:1-3:6)와 부록(17:1-21:25)은 사사시대를 초래하게 된 이유를 설명한다. 그래서 부록에 해당하는 부분은 시대적으로 이른 초기 사사시대로 보아야 한다.

역사적 배경

사사시대는 아직도 열강들이 팔레스타인에 실제적인 주도권을 행사하지 않았기 때문에 이 시기의 이스라엘의 압제자는 주로 가나안 국경에 있는 변방의 적들이었다. 아멘호텝 3세 이후 애굽의 통치자들은 유약하여 팔레스타인을 통제하는데 관심이 없었다. 잇단 외국 압제자들은 메소포타미아인, 모압인, 가나안인, 미디안인, 암몬인, 블레셋이었다.

구속사적 메시지

사사시대는 여호수아가 죽은 이후 시작된다(1:1). 백성들이 여호수아와 더불어 하나님과 맺은 언약(수 24)은 이제부터 지켜져야 하는데 처음부터 이 언약은 이행되지 않았다. 이스라엘이 점유한 땅은 결코 균형잡힌 완벽한 하나의 영토권을 구성하지는 못했다. 단지 산악지대를 중심으로 점령했을 뿐이지 평지에서는 전투력을 발휘하지 못했다. 특히 블레셋의 철병거(수 17:16; 삿 1:19) 때문에 평지와 해안지대, 이스르엘 평원은 이스라엘 권한 밖이었다. 그 지역에 사는 사람들은 가나안 사람들과 뒤섞여 살 수 밖에 없었다(1:31f.). 예루살렘의 경우는 산악지대지만 서쪽 지역만 점령한 것으로 보인다. 그들은 그곳 거민들을 쫓아내지 않고 그들과 함께 살았다. 이것은 이스라엘의 일치된 생활과 통일에 항상 위협이 되었다. 하나님은 그 거민들을 서서히 쫓아내라고 하셨으나(출 23:29) 그들은 아예 쫓아내지 않았기 때문에 보김에 나타난 여호와의 사자에게 책망을 받는다(2:1-5). 그들을 내쫓겠다고 약속하신 여호와께서는 의도적으로 그 거민들을 이스라엘을 시험하기 위한 도구로 삼으셨다(2:21, 22). 이스라엘이 바알과 아스다롯 숭배의 영향을 받음으로써 여호와를 슬프게 했다. 하나님은 점점 더 큰 진노로써 이 백성과 그 백성의 재산까지 이스라엘을 괴롭히는 가나안 거민들의 손에 넘겨 버렸다. 그 때 고통 중에서 그들이 여호와께 부르짖으면 그 분은 그들을 구원하기 위해서 사사들을 일으키셨다.

사사기에 나타나는 타락-심판-회개-구원의 도식은 백성들에게 훈육적인 교훈을 주기 위한 고대 민담이 담긴 그런 도식이 아니다. 그것은 그 백성들이 계속 되풀이한 안타까운 실제 사건이다. 백성들은 점점 더 심한 죄에 빠지고, 여러 가나안 민족으로부터 다시 더 가중한 압박을 받는다. 이스라엘이 하나님을 부를 때 그 분은 백성을 불쌍히 여기시고 구원자를 부르셨다. 그들은 옷니엘(메소포타미아), 에훗(모압), 삼갈(블레셋), 드보라와 바락(하솔), 기드온(미디안), 입다(암몬), 삼손(블레셋) 등이다. 이들의 일시적인 구원사역은 그리스도의 영원한 구원사역의 모형이 된다.

이 책에 나타난 하나님의 계시역사는 우리에게 이스라엘은 참된 언약의 하나님을 모시고 있다는 것을 보여준다. 여호수아가 가나안 입성 때 한 것과 같이 그 후손들은 언약의 하나님을 기억하지 못했다. "그 때에 이스라엘에 왕이 없으므로 사람이 각각 그 소견에 옳은 대로 행하였더라." 이것이 사사시대의 특징이다. 아무도 율법을 준수하지 않은 무질서한, 어두운 시대에 왕이 요청된다는 것이 사사기 계시의 메시지다.

내용분해

개요	본문
가나안 정착과 종교적 형편	1-3장
이스라엘의 배교와 사사들의사역	3-16장
부록적 기사	17-21장

3. 룻기

주제와 목적

본서의 제목은 주인공의 이름을 따라 붙였다. 이 책의 주제는 단순히 민족주의를 초월한 하나님의 사랑을 보여준다거나 남성 본위의 사회에서 여성의 신앙과 행위가 보상을 받는다는 것을 부각시키는 것도 아니다. 구속을 향한 하나님의 특별한 섭리는 천하 만민이 복을 얻을 것이라는 하나님의 약속의 성취에 시각을 맞추어서 왕이 오신다는 사실을 알리는 것이 다. 본서의 기록 목적도 왕이 없어 혼란에 빠진 사사시대에 룻과 보아스의 믿음을 통하여 왕이 오신다는 메시지를 주기 위함이다.

구성과 문학적 특징

룻기는 모두 네 장으로 구성되었는데 각 장이 하나의 주제를 가진다: 1. 베들레헴으로 귀향(1:1-22), 2. 은혜를 입은 룻(2:1-23), 3. 믿음, 결심 그리고 행동(3:1-18), 4. 결혼과 그 결과(4:1-22). 룻기는 마치 소설같은 느낌을 갖는 문학적 특징이 있다. 그러나 본서는 "사사들이 치리하던 때"라는 말로 시작하고, 다윗 왕으로 끝나는 계보로 결말을 짓는다. 이런 표현은 룻기가 역사적이고, 실증할 만한 사건이라는 것을 암시한다. 비록 저자가 이 책을 로맨틱하고, 정교한 문학적 기교를 썼을 지라도 그가 의도한 것은 이 사건이 역사적이라는 것이다.

역사적 배경

룻기의 배경은 사사시대다(1:1). 룻기는 이스라엘에 종교적인 타락(삿 17장)과 도덕적 타락(삿 19장)이 만연한 사사시대의 특징을 보여주는 사사기와는 대조적이다. 이 책은 배교와 죄 그리고 불신의 시대에 생명을 주는 믿음의 오아시스와도 같다.

구속사적 메시지

사사기는 왕이 없는 시대의 현실을 보여준다. 반면에 룻기는 왕이 오시는 길을 보여준다. 그 길은 하나님의 신비로운 손길이 인간의 믿음과 연결되는데서 나타난다. 사사들이 통치하던 시대이긴 하지만 룻기에는 예상되는 타락과 혼란은 사라지고 폭풍의 눈과 같은 고요를 느끼게 한다. 그것은 하나님의 영원한 계획을 믿음을 통해서 잠잠히 수행하시는 신중함이 나타나는 느낌이다. 룻은 이방여인으로서 처음부터 기회를 부여받지 못한 자였다. 그러나 결혼을 통해서 그가 이스라엘의 신앙을 알았을 때 불행 가운데서도 그 믿음에 자신의 미래를 맡겼다(1:16). 그녀의 결정은 하나님과 이스라엘 공동체, 개인적으로는 시모에 대한 사랑과 율법에 대한 순종에 근거한 신앙고백이다. "그때에 이스라엘에 왕이 없으므로, 각각 그 소견에 옳은 대로 행하니라"는 시대적인 특징이 룻기에서는 개인적이라기보다는 공동체적인 성격이 두드러진다. 시모와 남편의 동족에 대한 애착은 하나님의 백성에 대한 사랑을 보여준다. 룻에 대한 나오미의 기대는 항상 하나님의 율법에서 보장하는 권리를 따른 것이다. 보아스가 기업을 무르는 과정도 정욕이나 불륜이 아니라 율법을 따른 희생적 사랑으로 그 책임을 감당한다. 이들은 모두 율법에 대한 믿음의 순종을 따라 행동했다. 이것은 사사시대의 특징과 전혀 무관한 것이다. 시대적 흐름에 역행한 것이다. 하나님은 이들을 사용하셔서 새로운 미래를 여셨다.

룻이 보아스와 결혼한 것은 개인의 행복과 관련된 것이지만, 그가 낳은 아들 오벳(섬기는 자)은 하나님을 섬기는 새로운 세대를 시사하며 사사시대의 불신앙의 위기와는 대조를 이루는 것이다. 오벳의 손자 다윗으로 인하여 왕이 없는 사사시대의 혼란과 비극은 끝나고 왕의 통치로 말미암아 백성들이 하나님의 은혜아래서 복을 누리게 된다. 룻기는 이방인에게도 구원의 복음이 적용되는 구약의 오순절이라고 볼 수 있다. 또한 이 여인을 통하여서 아브라함에게 하셨던 인류 구원의 약속을 더 구체화시키셨다. 하나님은 개인의 삶과 인간 역사에서 믿음을 통하여 자신의 선하신 구속의 목적을 이루신다.

내용분해

개요	본문	개요	본문
엘리멜렉의 이민	1:1-5	룻이 보아스에게 친족의 책임요구	3장
나오미가 돌아옴	1:6-22	보아스와 룻의 결혼	4장
룻에 대하 바아스의 호의	2장	다윗까지의 계보	

4. 사무엘상

주제와 목적

사무엘상, 하는 원래 하나의 책이었지만 서방교회의 전통을 따라 나누었다. 책의 명칭과는 달리 본서의 주인공은 다윗이다. 그러나 사무엘은 첫 부분의 주도적인 인물이고 사울과 다윗에게 기름을 부음으로써 이스라엘 왕직 설립에 산파 역할을 했기 때문에 그의 이름이 사용된 것 같다. 이 책의 기록목적은 하나님의 주도적인 역사로 말미암아 백성들을 은혜로 인도할 왕이 오는 과정을 보여주기 위함이다.

구성과 문학적 특징

사무엘상은 크게 세 부분으로 구성되었다. 전반부는 사무엘의 탄생과 초기 사역(1:1-7:17)을 다루고, 중반부는 사무엘과 사울의 관계(8:1-15:35)를 보여주고, 후반부는 사울과 다윗의 관계(16:1-31:13)를 기록하고 있다. 본서는 사무엘과 사울 그리고 다윗을 주인공으로 하는 복잡하고 정교한 드라마를 구성하고 있는 것 같다. 이 플롯에는 고대의 일반 문학 작품에 나타나는 모든 요소를 담고 있어서 아주 흥미롭다: 사랑과 야망, 보호와 살인, 진실과 기만, 결혼과 이혼 등. 그러나 이 책에 문학적으로 표현된 모든 역사 현상의 배후에는 이 역사를 구속으로 이끌어 가려는 하나님의 위대한 계획이 있음을 잊어서는 안된다.

역사적 배경

사무엘서는 정치적으로 사사시대 말기로부터 시작된다. 종교적으로 타락하고(2장) 정치적으로 백성들이 왕을 구하는 불안정한 상태였다(8장). 이 시기에 가장 위협적인 대적은 블레셋이었다. 문화적으로 앞선 블레셋은 법궤를 빼앗고(4-6장) 철기문명을 독점했다(13장). 이스라엘에 초대 왕이 등극하지만 결국 실패한 왕정으로서 블레셋에게 패하고 말았다. 이 시기는 다윗과 솔로몬의 통일왕국으로 가는 전환기였다.

구속사적 메시지

본서는 여호와께서 그 백성을 점차 구원하기 위해서 이스라엘에 직분에 따른 봉사를 수립하심으로써 궁극적으로 도달하게 될 안식으로 그 백성들을 인도하시는 것을 보여준다. 그 강조점은 왕직을 수립하고 수행하는데서 나타난다. 그러나 제사장과 선지자의 직분, 이 두 직분도 특별한 강조를 받는다는 사실을 간과해서는 안된다(2:11-36; 3).

백성들은 타락하여 종종 구원의 길에서 벗어나지만 여호와께서는 위대한 주권 속에서 자기 백성으로 나아가는 길을 내셨다. 왕직의 설립은 그 분의 뿔이 높아지는(2:10) 주 그리스도의 왕직과 관련된 것이다.

이것은 한나의 기도 응답으로 탄생한(1, 2장) 사무엘을 부름으로써 시작된다(3장). 왕은 권력을 가진 직분이기 때문에 선지자를 통하여 하나님 말씀의 통제를 받아야 한다. 또한 제사장의 역할도 중요한데 제사장이 타락한 상태에서 왕이 오는 것은 위태로운 일이다. 그래서 하나님은 타락한 제사장(2:12, 17, 22)을 심판하시고 직분을 개혁하셨다(2:34; 3:14; 18). 최초의 선지자라고 할 수 있는(행 3:24) 사무엘의 출현은 블레셋의 지배를 받던 이스라엘에 희망을 주었다(7장). 백성들의 요구로(8장) 사울을 왕으로 삼지만(9장) 일시적인 위로를 줄 뿐이었다. 사울은 제사장직 찬탈(13:9)과 진멸하라는 법칙을 어김으로써(15장) 사무엘과 두 차례의 마찰이 있은 후 몰락의 길을 걸었다. 거기에다 골리앗을 죽인 젊은 영웅 다윗의 인기로 인하여 그것이 가속화되었다(18:7-9). 사무엘은 이새의 아들 다윗에게 기름을 붓고(16장) 무대 뒤로 사라졌다. 사울은 다윗을 쫓는데 국력을 소모하고 결국 호시탐탐 이스라엘을 노리던 블레셋과의 전면전에서 세 아들과 함께 전사했다(31:6).

한편 다윗은 사울을 피하여 부하들을 데리고 광야에 피신할 때 처음에는 백성의 보호를 받았으나 나중에는 사울에게 밀고하기에 이르렀다. 결국 부모를 모압 왕에게 맡기고 기름 부음받은 메시아가 블레셋에 항복했다(27장). 그는 시글락에 머물면서 블레셋 왕의 기대와는 반대로 유다를 괴롭히는 아말렉 족속을 쳐서 전리품을 골고루 나눠줌으로써 자신의 변치않는 유다의 친구인 것을 확인시켰다. 다윗은 비참한 상황에 처했지만 하나님은 이런 일련의 행위를 통하여 그가 왕으로 가는 길을 여셨다.

여호와는 이 책에서 처음부터 다윗을 겨냥해서 일하셨다. 그래서 룻기도 여기에 연결된다. 결국 다윗을 통해서 오실 그 아들에 초점을 맞추어 일하셨던 것이다.

내용분해

개요	본문	개요	본문
사무엘의 부르심	1-3장	사울 왕궁에서의 다윗	16-20장
이스라엘의 패배와 사무엘의 회복	4-7장	사울왕으로부터 피신하는 다윗	21-27장
사울의 왕위 등극과 불순종	8-15장	사울왕의 절망과 최후	28-31장

5. 사무엘하

주제와 목적

본서의 지배적인 주제는 다윗이 통일왕국의 왕이 되어 제국을 이루었다는 것과 그 왕국이 영원하리라는 다윗 언약을 확약하는 것이다. 또 다른 주제는 그가 하나님께서 아브라함에게 약속하신 땅을 제국을 형성함으로써 애굽에서 유프라테스까지 거의 얻었다는 것과 예루살렘, 즉 시온을 이스라엘의 정치적, 종교적 중심지로 삼았다는 것이다. 기록목적은 하나님은 다윗 왕국을 통해서 하나님 나라의 견고함을 보여주고 하나님의 언약이 지속적으로 이어지고 있음을 보여줌과 동시에 인간의 범죄의 심각성을 부각시키고 회개와 믿음을 촉구하기 위함이다.

구성과 문학적 특징

사무엘하는 전부 다윗에 관한 이야기로 이루어져 있는데 그의 통치를 세 부분으로 나누어서 헤브론 통치(1-5장)와 예루살렘 통치(6-12장) 그리고 범죄 이후의 후반부 통치(13-24장)로 나눌 수 있을 것이다. 문학적 특징은 전체적으로 역사적 이야기체이지만 대화, 설명, 애가, 탄원 등의 요소도 사용되었다는 것이다.

역사적 배경

정치적으로 블레셋에게 복속되어있던 다윗이 왕이 됨으로써 이스라엘의 국운이 달라졌다. 다윗은 블레셋을 포함한 주변의 모든 국가를 복속시켜서 하나의 작은 제국을 이루어서 이스라엘 역사에서 최고 강대국을 만들었다. 세계의 강대국이 약할 때 이스라엘은 아무런 제한을 받지 않고 발전할 수 있었다.

구속사적 메시지

다윗은 한 동안 헤브론에서 사울의 계승자 이스보셋과 대치 상태에 있어야 했다. 아브넬과 백성들의 충성이 다윗에게도 옮겨지자 그는 통일왕국의 왕이 되었다(5:3). 그때 그는 블레셋의 공격을 막아야 했다(삼하 5:17). 이어서 블레셋과의 여러 차례의 전투를 통하여 블레셋은 패배하고 더 이상 이스라엘에 위협되지 않았다.

수도를 예루살렘으로 옮기고 하나님의 법궤를 시온으로 옮김으로써(6장) 영원한 하나님의 거처가 되었다. 이것은 이스라엘에 진정한 신정정치가 이루어진 것을 의미한다. 법궤를 통한 하나님의 통치에 관심을 갖지 않던 미갈은 하나님의 심판을 받았다(6:23). 아비아달과 사독을 제사장으로 세우고 레위인들은 노래하는 자로 임명했다. 침략전은 아니지만 외부의 적들과 싸워야 했다: 모압(8:2), 암몬(10장; 11:1; 12:26-31), 아람(8:3-8), 에돔(8:2; 왕상 11:18). 이로써 다윗은 작은 제국을 건설하게 되었다. 이 일이 있은 후("여호와께서 사방의 모든 대적을 파하사" 7:1) 다윗은 성전건축에 대한 허락은 얻지 못하지만 왕위에 대한 약속을 받는다. '내가 네 몸에서 날 자식을 네 뒤에 세워 그 나라를 견고케 하리라, 저는 내 이름을 위하여 집을 건축할 것이요 나는 그 나라 위를 영원히 견고케 하리라 나는 그 아비가 되고 그는 내 아들이 되리라"(7:12-14). 이것은 고대 근동에서 말하는 왕의 신격을 말하는 것이 아니고, '양자의 형식' 을 말한다. 그러니까 하나님과 더 깊고, 친근한 관계를 가리킨다. 나중에 솔로몬은 성전을 건축하고, 그 후손으로부터 참된 왕이신 그리스도가 오신다.

다윗은 암몬을 공격할 동안 밧세바와 불륜의 관계를 맺어 어려움을 겪었다. 압살롬의 반역(15장), 스바의 반역(20장)이 일어났고 또 인구조사를 함으로써 심판을 받았다(24장). 이때 하나님 앞에 직분으로 돌이키는 제사를 드리고 용서받는다. 바로 그 제사드린 장소에 성전이 건축된다.

내용분해

개요	본문	개요	본문
유다 지역의 왕이된 다윗	1-4장	다윗의 불순종과 심판	11-20장
이스라엘 전체 왕이된 다윗	5-6장	다윗 통치에 대한 평가	21-24장
하나님의 약속과 부흥	7-10장		

6. 열왕기상

주제와 목적

열왕기상은 사무엘하에서 시작한 다윗 왕조에 대한 이야기를 계속한다.

첫 두 장은 삼하 20장에서 끊어진 다윗의 궁중 역사의 결론이다. 열왕기란 제목이 보여주듯이 이 책은 솔로몬을 비롯한 열왕의 통치를 보여준다. 본서는 역사의 주관자는 하나님이시며, 국가의 흥망은 언약에 신실한 정도에 달렸음을 보여주기 위해서 기록되었다.

구성과 문학적 특징

열왕기상은 크게 두 부분으로 나눌 수 있다. 그것은 솔로몬 즉위와 통치(왕상1-11장) 그리고 분열왕국의 일부(왕상 12-22장)로 구성되었다는 것이다. 원래 열왕기가 하나의 책이었기 때문에 한 부분만으로 구체적인 구조를 정하기가 어렵다. 문학적 특징은 단순히 역사를 기록한 이야기체이지만 나단 선지자의 이야기나 솔로몬의 이야기는 대칭구조를 사용하여 배열했다.

역사적 배경

열왕기상은 다윗의 죽음과 솔로몬의 왕위계승(주전 970년)으로 시작해서 아합의 죽음(주전 853)으로 끝난다. 솔로몬 이후 나라는 남북으로 분열되었다. 이 당시에 이집트는 유약했으나 시삭(쇼생크)시대에 팔레스타인을 쳐서 약탈했다(주전 945). 종교적으로는 아합 시대에 두로의 공주 이세벨의 영향으로 이스라엘 공시적 바알숭배가 도입되었다.

구속사적 메시지

솔로몬은 다윗이 물려준 나라를 평화로운 상태로 이양받았다. 다윗이 죽은 후 "솔로몬이 그 아비 다윗의 위에 앉으니 그 나라가 심히 견고하니라"

(왕상 2:12)고 했다. 나라의 기강을 잡기 위해서 또 다윗의 유언으로 숙청작업을 벌여서 그의 형제 아도니야, 제사장 아비아달, 군대장관 요압이 제거되었다.

그가 애굽의 공주와 결혼(3:1)한 것은 이스라엘의 위상과 애굽의 침체를 보여주는데 아마 그때의 바로는 시아문(Siamun)일 것이다. 바로는 결혼지참금으로 게셀 성을 주었다(9:16). 그 밖에 여러 후궁을 거느렸다(11:1-3). 아내를 많이 두는 것은 왕의 신분을 나타내는 상징이지만 그는 왕에 대한 경고가 아직도 유효하다는 것을 기억해야했다(신 17:17).

그는 평화의 사람으로 거의 전쟁을 하지 않았지만 평화를 지키기 위해서 증강시켜야 했다. 그래서 군비를 증강하고 여러 성을 요새화한다(하솔, 므깃도, 게셀, 아래 벧호른, 바알랏과 광야의 다말, 9:15-19).

솔로몬은 교역을 활발하게 전개함으로써 나라의 번영을 이루었다. 그의 통치 전반부는 교역의 동반자로서 남쪽의 애굽과 북쪽 두로의 히람과 좋은 관계를 누렸다. 아라비아와 교역이 이루어지는데 스바의 여왕이 이 일에 한 몫을 한 것 같다. 물론 그녀의 첫 목적은 솔로몬의 지혜를 시험하기 위한 것인데, 많은 선물과 새로운 관계가 이 교역의 길을 확장시켰을 것이다. 그녀는 이방인으로서 솔로몬의 하나님을 찬양했다(10:9). 이것이 우리를 심판하는 기준이 된다(마 12:42). 구리산업이 번창하였고 다시스에 무역을 위해 배를 띄웠다(금, 은, 상아, 원숭이, 공작 수입). 말과 병거를 중개 거래했다(10:28, 29; 대하 1:14-17). 이 모든 것을 통하여 전례없는 번영을 누렸다. 그야말로 황금시대였다. 이 번영은 왕과 관리 뿐 아니라 온 백성이 누리는 것이었다(4:20, 25). 예수께서 "솔로몬의 모든 영광으로도"(마 6:29; 12:42)라고 말씀하신 것은 그가 누린 영광과 그 시대가 어떤 시대인가를 단적으로 증명해 준다. 솔로몬의 성전건축은(주전 966년) 하나님께서 모세에게 약속하신 안식이 이루어지는 사건이었다(8:56). 문화적으로도 번영을 이루어 문학적인 활동이 극치를 이루었다. 거기서 솔로몬의 잠언이 큰 비중을 차지한다. 이 문화적인 활동도 하나님과의 관계에서 이루어진다. 솔로몬의 지혜는 하나님의 응답이다(3:12). 그의 지혜(4:29-34; 10:1-4)는 뛰어나다. 그의 임무는 전체 구속사에서 자기 백성으로 하여금 영광의 그리스도를 바라보도록 하는 것이다.

그러나 솔로몬의 후반부 통치는 쇠퇴한 외교 관계를 보여준다. 솔로몬이 두로의 히람과 불편한 관계에 있었고(왕상 9:10), 남쪽의 에돔과 북쪽의 마메섹과 적대관계에 있었음(왕상 11:14-25)을 시사하는 곳도 있다. 주전 945년 왕조가 바뀔 때 시삭이 애굽 왕이 되었다. 그는 솔로몬이 여로보암을 죽이려고 할 때(왕상 11:40) 그에게 피난처를 제공해 주고, 솔로몬이 죽은 지 몇 년이 안 되어 예루살렘을 공격했다(왕상 14:25, 26).

솔로몬이 죽은 후 르호보암은 소년들의 조언을 따라 백성을 학대하기로 결정함으로써 나라가 분열되었다. 그러나 이것은 하나님께로 난 것이다(왕상 12:15). 이 나라의 분리는 교회의 분리이지만 이단적인 교회는 아니다. 하나님께서 그들 가운데 참 백성을 모으시고 선지자를 보내셨기 때문이다. 그러나 여로보암이 벧엘과 단에 금송아지를 세움으로써 이스라엘은 참교회에서 떨어져 나가 분열되었다. 르호보암은 애굽 왕 시삭의 공격을 받지만 순간적인 겸비함으로 멸망당하지는 않았다(대하 12:6, 7).

북이스라엘의 여로보암의 우상숭배는 이후 타락한 왕을 평가하는 기준이 되었다. '여로보암의 길' 을 따르는 왕들의 죄로 말미암아 정치적인 불안이 계속되어 왕위가 자주 바뀌었다. 긴 왕조에 속하는 오므리(주전 885-874년)는 놀랄만한 국제적 입지를 세우고 그의 아들 아합은 막강한 군사력을 보유했으나 하나님을 떠난 배교를 일삼고 백성이 우상을 섬기도록 했다(16:29-34). 그 결과로 엘리야의 예언대로 비참한 최후를 맞았다(21:22-24; 22:38).

엘리야는 이 배교의 상황에서 언약의 기소자로 나타났다(17장). 그는 아합에게 가뭄에 대한 경고를 하고 삼년 후 갈멜산에서 바알의 제사장과 영적인 전투를 하여 여호와가 참 하나님임을 보여주었다(18장). 이세벨이 그의 생명을 찾으므로 호렙까지 피신했다가 하나님의 음성을 들었다. 그 내용은 세 사람에게 기름을 붓는 것인데, 아람왕 하사엘과 예후와 엘리사였다(19:15-16). 그것은 이스라엘의 미래가 달린 중요한 사역이었다. 하나님은 배교한 이스라엘에 선지자를 보내어서 사랑과 희망을 보여주셨다.

내용분해

개요	본문	개요	본문
솔로몬의 즉위와 통치	1-4장	왕국의 분열	12-14장
성전 건축과 하나님의 언약	5-9장	열왕들의 통치와 범죄	15-16장
솔로몬의 영화와 타락	10-11장	엘리야 선지자와 아합 왕	17-22장

7. 열왕기하

주제와 목적

본서는 앞의 열왕기상과 연결되어있다. 분열왕국으로 존재하던 이스라엘과 유다가 멸망하는 것이 본서의 가장 큰 사건이다. 저자는 본서를 통해서 인간의 왕국은 영원할 수가 없고 영원한 메시아 왕국을 동경하도록 한다. 또한 언약을 떠난 백성의 최후가 무엇인가를 알려주고 그 가운데 나타나는 신실하신 하나님의 은혜를 깨닫도록 한다.

구성과 문학적 특징

열왕기하는 북이스라엘의 운명을 기준으로 두 부분으로 구성되었다. 전반부는 북이스라엘이 멸망하기까지 분열왕국의 상황을 보여주고(11:1-17:41), 후반부는 북이스라엘 멸망 이후홀로 남은 유다의 상황을 묘사한다(18:1-25:30). 문학적 특징은 열왕기상과 같이 역사적 이야기체로서 연대기에 충실하려는 의도로써 열왕의 통치기간을 잘 기록하고 있다는 것이다.

역사적 배경

분열왕국의 백성은 열강들이 팔레스타인 진출을 놓고 벌이는 각축전으로 국가의 패망을 맞이하게 되었다. 북 이스라엘은 주전 722년 앗수르에게, 남 유다는 주전 586년 바벨론에 의해서 멸망했다. 여호야긴은 주전 561년에 감옥에서 석방되었다.

구속사적 메시지

본서의 가장 큰 사건은 하나님이 어떻게 자기 백성을 멸하시고 포로로 삼았는가를 보여준 것이다. 그 주된 목적은 이스라엘과 유다 왕들이 모두 예외없이 결함이 있음을 보여주면서 하나님의 호된 결정을 정당화시키기 위함이다. 물론 이것은 왕들에게만 해당되는 것이 아니라 죄성에 대한 고질적인 경향을 지닌 모든 백성에게 해당된다.

한편 열왕기하는 이스라엘에 대한 하나님의 애착과 국가의 정치적인 삶에 관여하시는 것을 보여준다. 하나님은 심판뿐만 아니라 은혜로도 활동하신다는 것을 보여준다. 또한 하나님의 주권과 더불어 인간의 자유와 책임이 한데 얽혀있음을 전반적으로 드러낸다. 인간의 악행과 선행은 모두 하나님이 자신의 궁극적인 목적을 이루는데 사용된다. 하나님은 죄 많은 인간을 통하여도 역사 속에서 자신의 목적을 이루어 가신다.

본서는 언약에 신실하면 복을 받고 신실하지 못하면 저주를 받는다는 사상이 지배적이다. 그래서 왕들은 대체로 소위 '신명기적' 언약에 따라서 평가를 받았다. 북이스라엘의 아합의 집안과 여호아하스, 요아스, 스가랴, 므나헴, 베가, 호세아 그리고 유다의 아하시야, 아달랴, 요담, 아하스 등은 나쁜 평가를 받고, 요시야, 히스기야 등은 좋은 평가를 받았다. 그렇지만 하나님은 언약적 평가와는 달리 그의 자유로운 의지로 의외의 은혜를 베풀기도 하셨다. 예를 들어 여호아하스 때에 왕들이 통치를 잘했기 때문이 아니라 단순히 하나님이 선택하여 이스라엘에게 자비와 은혜를 보여주셨기 때문에 이스라엘이 망하지 않았다(왕하 13:4-6, 22, 23; 14:26, 27). 또 왕들의 범죄에도 불구하고 경제적 정치적 부흥이 이 두 나라에 찾아왔는데 이스라엘은 여로보암 2세(주전 782-753년) 치하에서, 유다는 아사랴(웃시야, 주전 767-740년) 치하에서 이루어졌다. 물론 그런 하나님의 자유는 자비를 베풀 때만 사용된 것은 아니다. 유다를 멸하시기로 하신 하나님의 작정은 요시야의 경건과 종교 개혁에도 불구하고 요지부동이었다. 하나님의 자유는 그 분이 인간들에 의해서 조종받을 수 없다는 것을 의미한다. 역사를 이루는 것은 열왕의 행위가 아니라 주권적인 하나님의 의지다.

부분적이지만 하나님의 자유에 대한 강조는 열왕기하 마지막에서 유다에 대한 희망을 보여주는데서 나타난다. 희망이 있는 것은 저자가 포로들에게 그들이 회개하고 하나님을 찾으면 하나님이 그들을 용서하실 것이고 정복자들이 긍휼을 베풀게 할 것이라고 했기 때문이다(왕상 8:46-51). 열왕기에는 본국으로 돌아올 것에 대한 약속도 없고, 다윗 왕조의 회복에 대한 보장도 언급되지 않았다. 그리스도인은 그 왕조가 둘째 다윗인 예수의 인격안에서 마침내 회복된 것을 알 수 있다. 그런 희망은 열왕기 어디에도 표현되지 않지만 신약과의 관계에서(마 1:12) 여호야긴이 석방된 후 대우를 받는 것은(25:27-30) 곧 구속의 여지를 남겨놓은 것을 알 수 있다.

내용분해

개요	본문	개요	본문
아하시야의 죽음과 엘리야의 승천	1-2장	이스라엘의 멸망과 히스시야 왕의 통치	17-20장
엘리사의 사역	3-8장	므낫세, 아몬의 통치 및 요시야 왕의 종교개혁	21-23장
분열왕국의 역사	9-16장	예루살렘 함락과 유다 왕국의 멸망	24-25장

8. 역대상

주제와 목적

역대기도 전체 하나의 책이기 때문에 두 권으로 나누어서 설명하는 자체가 부자연스럽다. 그래서 역대상을 설명하면서도 역대하를 염두에 두고 말할 수밖에 없다. 역대기가 방대한 역사를 망라하고는 있지만 역대상 부분은 다윗 왕국과 그의 통치에 역점을 두고있다. 본서의 기록 목적은 포로에서 돌아온 유대인들이 나라를 세우고 신실하게 역사를 주관하시는 하나님을 섬기도록 격려하기 위함이다.

구성과 문학적 특징

본서는 아담에서부터 사울의 족보에 이르는 긴 계보(1-9장)와 다윗의 통치(10-29장)에 대한 기록으로 구성되었다. 문학적 특성은 역사적 이야기의 형식을 갖추지만 전개과정에서 다양한 보고서와 목록, 설명을 사용하는

데 가장 큰 특징은 긴 계보가 들어있다는 것이다.

역사적 배경

역대기의 역사적 배경은 사무엘하와 열왕기상 부분과 중복되는데 그 내용은 첫 사람 아담에서부터 시작하여 다윗의 통치까지 다룬다.

구속사적 메시지

역대상은 최초의 인간인 아담에서부터 왕국시대에 이르기까지 하나님의 긴 구속사를 보여준다. 이것은 언약에 신실한 하나님의 구속에 대한 의지를 보여준다. 그 후에 나타난 하나님의 구속사는 사무엘서에 나타난 역사와 내용이 같다.

그러나 역대기 저자의 의도는 다르다. 저자는 이스라엘 백성이 이미 알고 있는 역사를 상기시키며 하나님의 위대성과 능력과 유일성을 부각시킨다(29:11-12). 이것은 역대기 전체를 지배하는 사상이다. 하나님은 유일한 분으로서 다른 모든 신위에 경배를 받아야 할 분이다. 다른 민족의 신들은 우상에 불과하지만 여호와는 하늘을 창조하신 분이시다. 그래서 다윗이 주외에 다른 신이 없다고 한 말이 인용되었다(17:20). 하나님은 열방을 다스리는 분으로서 이스라엘은 애굽에서 인도하시고 가나안 족속을 쫒아내시고 약속의 땅을 주셨다(17:21).

하나님께서 주신 약속의 땅에 왕국을 건설하는 다윗의 행적을 상기시키며 그 나라를 이상적인 국가로 제시한다. 특별히 역대상은 족보가 끝나는 부분에서 시작하는 다윗 왕국의 역사는 법궤를 예루살렘으로 옮기는 것부터 묘사한다(13;1-14). 이 사실은 진정한 신정국가는 하나님의 임재를 상징하는 법궤가 시온에 안치되면서부터 시작되었다는 것을 암시한다. 이것은 이 부분을 길게 서술하는 것으로도 알 수 있다(15:1-16:43). 다윗이 주변 국가를 정복하고 제국을 건설한 것도 언약에 신실한 다윗의 모습을 부각시키고 있다. 그런데 역대상에서는 사무엘서와는 달리 다윗이 밧세바와 더불어 동침한 범죄와 압살롬의 반란과 같은 역경은 생략했다. 그는 하나님을 신실하게 섬기는 존귀한 이상적인 왕으로 제시되었다(29:26-30). 이스라엘에서 다윗의 왕권은 역대기에서 여호와의 나라와 일치하기 때문이다(10:14; 17:1-15; 28:5). 역대상의 마지막은 다윗이 성전건축을 준비하는 것으로 장식한다. 그의 왕국과 성전은 앞으로 도래할 찬란한 메시아 왕국을 대망하도록 하는 것이다.

내용분해

개요	본문	개요	본문
이스라엘 족보와 유다 지파의 계보	1-4장	법궤와 하나님과 맺은 언약	15-17장
시므온, 르우벤, 갓, 레위 지파의 계보	4-6장	확장되는 다윗의 왕국	18-20장
잇사갈, 베냐민, 납달리, 요셉, 아셀 지파의 계보	7-8장	인구조사와 성전을 위한 다윗의 준비	21-23장
예루살렘 거민들과 사울의 계보	9-10장	레위인과 문지기, 국가관리의 정비	24-27장
다윗의 왕위 등극과 초기 치세	11-14장	지도자와 백성을 향한 다윗의 마지막 부탁	28-29장

9. 역대하

주제와 목적

역대하의 대부분의 내용은 솔로몬 성전건축과 성전중심으로 이루어진 예배생활에 관한 것이다. 특히 본서에서 다루는 솔로몬 이후의 분열왕국은 유다 왕들을 중심으로 서술되었고, 그 왕들의 신앙은 하나님의 언약에 근거해서 평가를 받는다. 본서의 기록목적은 하나님이 역사를 주관하심을 보여주면서 죄에 대한 심판은 이미 끝났고, 백성의 미래는 하나님께서 아브라함과 다윗에게 하신 밝은 약속의 성취로 이루어짐을 강조하고 제2성전 건축을 격려하기 위함이다.

구성과 문학적 특징

역대기하는 솔로몬의 통치(1-9장)와 유다 왕들의 통치와 바벨론 포로귀환까지의 기록 (10:1-36:23)으로 구성되었다. 문학적 특성은 역대상과 같이 역사적 이야기의 형식을 갖추지만 전개과정에서 다양한 보고서와 목록, 설명, 그리고 소단락 등을 다양하게 사용했다는 것이다.

역사적 배경

솔로몬의 통치로부터 고레스의 칙령에 의한 포로귀환(주전 538년)까지를 다룬다. 이 포로귀환은 바벨론이 멸망하고 페르시아가 그 제국을 통치하면서 고레스의 문화관용정책의 일환으로 이루어진 것이다.

구속사적 메시지

역대하는 역대상 종반부에서 다윗이 성전 건축을 준비한 것에서부터 시작한다. 솔로몬이 하나님의 복을 받아서 성전을 건축하고 하나님께 영광을 돌린 사건이 7장까지 기록되었다. 이것은 하늘도 품을 수 없는 그 하나님이 그 백성과 영광으로 함께 하신다는 것을 강조한다(6:18). 솔로몬은 사십 년 동안 이십년을 건축사업을 하고(8:1), 국방을 위해서 여러 성을 건축하며

(8:5-6) 모세의 명을 좇아 절기를 지키며(8:13) 하나님께서 주신 지혜가 세상에 알려진 것(9:22-23)이 그의 치적으로 제시되었다(8-9장). 솔로몬이 누린 영화와 풍요는 앞으로 도래할 메시아 왕국의 영광을 예시하는 것이다.

역대하에 기록된 분열왕국의 상황은 열왕기에 기록된 것과는 달리 유다 왕들을 중심으로 기록되었다. 북이스라엘은 여로보암이나 아합과 같이 유다와 접촉이 있을 경우만 언급되었다. 하나님은 유다의 열왕과 열국을 대하는데서 자신의 의로움(12:6)과 자신의 거스릴 수 없는 통치(20:6)와 무한한 자비(30:9)를 보여주신다. 특별히 하나님의 주권이 여러 사건을 통해서 나타났다. 왕국분열에 대한 자신의 계획(10:15), 르호보암의 전쟁을 막으시는 것(11:4), 예후의 손에 아하시야가 죽은 것(22:7), 요아스가 아람군대에 크게 패배한 것(24:24), 웃시야가 블레셋과 아라비아와 마온 사람에게서 승리한 것(26:7) 그리고 아하스가 아람 왕에게 당한 것(28:5)은 모두 하나님께서 주권적으로 하신 일로 기록되었다. 여호와 하나님은 언약 백성과 관련하여 자신의 주권으로 블레셋과 아라비아 사람들을 동원하여 여호람을 치게 하시고(21:16), 바로 느고를 통하여서도 요시야에게 자신의 명령을 알리셨다(35:21). 가장 극적인 하나님의 주권은 페르샤 왕 고레스를 통하여서 칙령을 내리도록 한 것이다: "하늘의 신 여호와께서 세상 만국으로 내게 주셨고 나를 명하여 유다 예루살렘에 전을 건축하라 하셨나니 너희 중에 무릇 그 백성 된 자는 다 올라갈지어다 너희 하나님 여호와께서 함께 하시기를 원하노라"(36:23). 이와 같이 역대하는 하나님의 주권적 역사로 말미암아 새로운 성전 예배를 중심으로 건설된 이상적인 나라를 지향하는 것으로 마친다.

내용분해

개요	본문	개요	본문
솔로몬의 성전건축	1-4장	여호사밧의 통치	17-20장
성전봉헌과 하나님의 약속	5-7장	여호람에서 요아스까지	21-24장
솔로몬의 통치	8-9장	아마샤에서 아하스까지	25-28장
르호보암과 아비야의 통치	10-13장	히스기야의 통치	29-32장
아사의 통치	14-16장	므낫세에서 바벨론 포로까지	33-36장

10. 에스라

주제와 목적

에스라서의 중심주제는 예루살렘과 유대인의 번영을 가져다주는 세 개의 칙령과 관련된다: 고레스의 칙령(1:1), 다리우스의 칙령(6:8), 아닥사스다의 칙령(7:11). 즉 이 칙령의 내용을 따라 포로가 예루살렘으로 돌아와서 성전을 건축하는 것이다(6:14). 본서의 기록목적은 하나님께서 포로에서 돌아온 자들을 어떻게 도우셨는가를 보여주고 나라를 재건하는 어려운 임무를 수행할 수 있도록 믿음을 격려하기 위해서 기록되었다.

구성과 문학적 특징

에스라서는 크게 두 부분으로 구성되었다: 언약의 장소를 재건하는 것(1:1-6:22)과 언약의 관행을 재건하는 것(7:1-10:44)으로 이루어졌다. 본서의 구조는 유다 다윗 왕가 출신인 세스바살과 아론계 제사장 출신인 에스라의 활동과 지도력을 중심으로 형성되었다. 이 모든 사건은 예레미야의 회복과 예언의 관점에서 볼 수 있다(1:1; 렘 29:1-14). 예레미야에 의하면 이 민족이 바벨론에 정착해서 칠십 년을 보낸 후 하나님이 자기 백성을 이스라엘 땅으로 복귀하여 나라를 재건할 것이라는 계획이 성취될 것이라고 약속하셨다. 에스라서는 이 약속에 대한 성취라는 구도 속에서 귀환과 재건에 초점을 두고 있다.

역사적 배경

유대인 포로들은 주전 약 538년 스룹바벨의 인도하에 바벨론에서 일차 귀환이 이루어졌다. 에스라에 의해서 주전 458년, 아닥사스다(주전 464-424년) 통치 7년에 에스라의 예루살렘 귀환이 있었다. 에스라 시대는 페르시아가 황금시대를 맞이하고 번영을 구가하던 시대였다.

구속사적 메시지

창조주시요(1:2), 주권적으로 역사하시는 하나님(1:5; 7:6; 9:8)은 의로우신 분(9:15)으로서 세 가지 언약을 지킴으로써 자기 백성을 인도하셨다. 그것은 땅에 대해서 족장들과 맺은 언약, 다윗 언약, 모세 언약이다. 에스라서는 이스라엘이 고토로 돌아와서 회복될 것을 보여준다. 그러나 땅에 대한 약속은 궁극적으로 온 민족으로 확대되는 새 하늘과 새 땅을 고대하도록 한다. 하나님은 다윗 언약을 통하여 영원한 통치를 약속하셨다. 본서에는 세스바살과 스룹바벨이 다윗의 왕가에 속한 자로 활동한다(대상 3:18-19). 다윗의 계보는 여전히 적소에 있었고 포로귀환을 주도했다. 그렇지만 다윗의 언약의 참된 성취는 그리스도께서 왕으로 오실 때 성취되었다. 다윗에게 약속된 완전한 통치는 주님의 재림 때 이루어질 것이다. 또한 모세의 언약은 율법으로 나타나는데 본서에서는 에스라로부터 여전히 율법을 지킴으로써 하나님의 복을 누리는 것을 보여준다. 여기서도 우리는 율법의 성취는 그리스도에게서 찾을 수 있음을 알고 있다(마 5-7장). 이스라엘 백성이 예루살렘으로 돌아와서 나라를 세우고 율법을 준수하는 모든 것은 언약에 신실하신 하나님의 손길에 의한 것이다.

이 책에서 포로귀환은 두 차례에 걸쳐서 이루어졌는데 첫째는 고레스 원년에 스룹바벨의 인도하에서(1-6, 주전 538년), 둘째는 80년 뒤에 에스라에 의해서(7-10, 주전 458년) 이루어졌다. 본서는 백성을 정착시키는데 에스라의 지도력을 강조한다. 그러나 그의 정치적인 지위에 대해서는 알 수가 없지만 아닥사스다 왕이 성전에 봉헌할 물건에 대해서 그에게 모든 권한을 위임하는 것을 보면 그가 중책을 맡은 것은 틀림없다(7:21-26).

주전 537년에 시작한 성전건축은 반대에 부딪혀(4:23-24) 한 동안 중단되었다가 주전 520년에 다시 시작해서 주전 516년에 완공해서 봉헌했다(6:16-18). 이것은 에스라의 말대로 하나님께서 그 공동체에 대한 사랑의 증거였다(9:8-9). 그러나 그 공동체는 이방인과 결혼한 백성과 제사장으로 인하여 온전한 신앙공동체가 되지 못했다(9:1-2). 에스라는 이 일로 인하여 공적으로 죄를 자복하고(10:1) 회개했다(10:6). 백성은 에스라의 죄의 고백에 대해서 자신의 죄를 청산하고 하나님과 언약을 새롭게 하겠다고 반응했다(10:3). 에스라가 이방여인들과의 관계를 끊으라고 명령하고 백성이 순종하겠다고 대답함으로써(10:11-12) 유대 공동체는 정결한 신앙공동체의 모습을 갖추었다.

내용분해

개요	본문	개요	본문
스룹바벨의 인도 하의 귀환	1-2장	에스라 아래서의 귀환	7-8장
성전 및 예배의 회복	3-6장	에스라에 의해 주도된 개혁들	9-10장

11. 느헤미야

주제와 목적

본서는 호전적인 대적과 신실치 못한 이스라엘 사람들을 대항해서 싸우는 느헤미야와 같은 신실한 사람을 통해서 예루살렘 성 재건을 도우시는 하나님을 보여준다. 이 책은 이스라엘 민족의 포로후의 재건에 관한 이야기를 마무리하기 위해서 기록되었다.

구성과 문학적 특징

느헤미야서는 크게 세 부분으로 구성되었는데, 느헤미야의 사명(1:1-7:73), 에스라의 사역(8:1-9:37) 그리고 느헤미야의 공동체(9:38-13:31)로 분류될 수 있다. 문학적 특징은 에스라서 보다는 좀 더 많은 경우에 역사적 이야기체로서 핵심부분을 부각시키는 대칭구조와 병행법을 썼다는 것이다.

역사적 배경

느헤미야의 책은 에스라의 성전개혁이 있은 지 13년 정도 된 사건을 시작으로 기록되었다. 이 책의 사건은 페르시아 다섯 왕의 통치를 망라한다: 고레스(주전 559-530년), 캄비세스(주전 530-522년), 다리우스 1세(주전 522-486년), 크세르크스 1세(주전 486-465년), 아닥사스다 1세(주전 464-423년).

구속사적 메시지

포로에서 돌아와서 재건한 유대 공동체는 하나님께서 이스라엘과 다윗에게 하신 약속의 합법적인 기업이다. 비록 다윗 계통의 왕은 존재하지 않았지만 다윗 왕조의 주요 기능은 성전을 건축하는 것과 거기서 이루어지는 예배였다. 왕이 없어도 이제 하나님에 대한 예배는 그 공동체에 의해서 효과적으로 이루어지게 되었다. 이 책은 백성의 십일조에 의해서 유지되는 제사장과 레위인과 함께 재건된 성전에서 순수하고 즐거운 예배의 모습을 결론적으로 묘사하고 있다(12:44-47). 하나님의 심판으로 말미암아 겪었던 오랜 기간의 시련이 있은 후에 도래한 본서의 마지막 부분의 내용은 그 공동체에 밝은 미래를 보여준다. 그들이 비록 광대한 이방 제국에 작은 공동체로 존재했다 할지라도 그들은 자신이 이스라엘이 창조된 목적, 즉 하나님을 예배하는 공동체라는 목적을 성취하고 있다는 것과 하나님의 선택을 받은 지도자의 통치를 받고 있다는 것을 아는 것으로 만족할 수 있었다. 여기서 중요한 것은 하나님의 백성은 결코 버림받지 않는다는 것이다. 특히 언약에 인을 치는 것을 볼 때 그렇다(10장).

느헤미야는 영의 사람이고, 성격이 급한 사람으로 묘사되었지만 그는 지도자로서 자기 백성의 복지에 대해서 열정을 가진 사람이었다(12장). 또 가난한 백성의 요청에 대해서 즉각 반응하고(5장), 유대 공동체의 예배의 순결을 지키는데 열심이 있는 자였다(13:4-9). 무엇보다도 그는 항상 하나님의 선한 손길을 의식하고(2:8), 하나님을 경외하는 지도자였다(5:15). 하나님은 예루살렘 공동체 재건을 위하여 그를 수산 궁에서 높이시고 그를 도구로 하여 언약의 말씀을 따라 이상적인 신앙공동체를 세우셨다.

내용분해

개요	본문	개요	본문
성벽의 중수	1-7장	에스라와 느헤미야의 개혁들	8-13장

12. 에스더

주제와 목적

책 제목은 본서가 에스더의 활동을 보여주는 것처럼 보인다. 물론 그녀의 역할이 중요하지만 전체적으로 종족 학살의 위기에 처한 상황에서 모르드개의 전략이 에스더를 통해서 나타나는 것을 묘사하여 하나님의 절묘한 구속역사를 제시하는 것이 본서의 주제다. 유대인들은 에스더서가 부림절의 기원을 설명하기 위해서 기록되었다고 하지만 단순히 그 절기의 기원을 알려주기 위함이 아니라 하나님의 구속의 계획이 위태롭게 된 상황에서 하나님의 극적인 구원의 역사를 보여주기 위해서 기록되었다.

구성과 문학적 특징

본서는 대충 크게 네 부분으로 나눌 수 있다. 그것은 에스더의 등극(1:1-2:23), 에스더의 결심(3:1-9:19), 부림절 제정(9:20-32) 그리고 모르드개의 높아짐(10:1-3)으로 구성되었다. 에스더서는 등장인물이라기보다는 구성 면에서 더 흥미로운 스타일로 쓰였다. 독자는 인물의 행위를 보기는 하지만 왜 그들이 그렇게 행동하는지 또는 그들이 어떻게 느끼는지 잘 알 수가 없다. 이 책의 강조점은 행동을 야기시키는 결정에 있다. 에스더서는 또한 고전적인 해학의 형식을 따른다. 이 책은 번영을 누리는 주인공들로 시작하여 그들을 잠정적으로 비극적 사건으로 이끌고 가다가 마침내 해피앤딩으로 결말을 짓는다. 본서를 드라마로 비긴다면 긴장(5:2; 8:3-4), 아이러니(6:1-6, 12; 7:10), 열정(1:12; 2:1; 2:17; 3:6; 4:1) 그리고 구성의 대립(6:1-10)으로 이루어졌다.

역사적 배경

에스더는 포로귀환 때에 페르시아에 남아있던 가족이었다. 에스더는 크세르크스 1세(아하수에로, 주전 486-465) 때 살았다. 에스더의 사건은 에스라의 성전 재건과 느헤미야의 예루살렘 성벽재건 사이에 일어났다.

구속사적 메시지

이 책에는 하나님이란 단어가 한 번도 언급되지 않았다. 그렇지만 종교적인 요소가 없는 것은 아니다. 물론 금식하는 것(4:16)이라든가 모르드개가 하만에게 굽히지 않는 것(3:5)을 종교적인 것과 관련시킬 수 있을 것이다. 그러나 넓은 의미에서 이스라엘의 역사와 약속이라는 관점은 무엇보다도 종교적이라고 볼 수 있다. 그래서 에스더서도 정경으로서 하나님의 구속역사를 서술한다는 관점에서 읽어야 할 것이다.

인도에서 이디오피아까지 광활한 영토를 통치하던 아하수에로의 제국의 수도는 페르샤의 수산이었다. 그의 왕후 와스디가 왕의 명령을 거절하고 궁중에 나오지 않으므로 말미암아 그녀는 폐위되고 새로운 왕후를 찾는데(1:10-12), 모르드개가 양육한 젊은 유다 처녀 에스더가 왕후로 선발되었다(2:1-18). 모르드개와 에스더는 초기에 서로 도와서 왕의 목숨을 구했다(2:19-23). 왕이 하만을 궁중에서 가장 영향력있는 사람으로 세웠다(3:1). 그러나 모르드개는 그의 지위를 인정하지 않았다(3:2-4). 그가 유대인이라고 할지라도 그의 행위는 정당화될 수 없는 것이었다. 그런 모르드개의 불손한 태도로 인하여 그는 하만의 미움을 받아 그의 음모로 유대민족 전체가 위기에 처하게 되었다((3:6, 12-14). 모르드개는 조복을 입는 특별한 방법으로 에스더와 연결되었고, 그는 망설이는 왕후 에스더를 압박했다(4:11-14). 그의 설득의 효과로 에스더가 죽기로 각오하기에 이르렀다(4:16). 에스더는 왕을 위한 잔치를 열고(5:1-8), 하만은 모르드개를 죽일 음모를 꾸몄다(5:9-14). 그 날 밤 왕은 잠이 오지 않아서 역대 일기를 읽도록 하여 모르드개의 공적을 깨닫고, 하만이 도착했을 때 그를 존귀하게 하라고 명령했다(6장). 결국 하만의 음모는 탄로나고 모르드개를 달려고 준비한 나무에 오히려 그가 달렸다(7장). 왕은 모르드개를 존귀케 하고 각 도에 있는 유대인들을 보호하라는 칙령을 내렸다(8장) 유대인들은 왕의 윤허를 받아 하만의 음모에 연루되었던 그들의 대적을 죽였다(9:1-16). 그 후 이 민족적인 구원을 경축하려고 부림절이란 절기를 제정했다(9:17-32).

하나님이란 단어조차도 언급되지 않은 이 책에서 우리는 하나님의 놀라운 구속역사를 볼 수 있다. 하만의 계획은 하나님 편에서 유대인들 가운데서 그리스도가 오신다는 구속계획에 위협이 되는 것이었다. 그러나 하나님은 제국의 중심에서 인류를 향한 놀라운 구속역사를 이렇게 이루어 가셨다.

내용분해

개요	본문	개요	본문
유대인의 구원자가 즉위함	1-2장	유대인의 원수가 죽임을 당함	5-8장
유대인의 처형이 계속됨	3-4장	유대인의 승리가 절기로 지켜짐	9-10장

✣ 학습 문제

1. 이스라엘이 가나안 땅을 정복하기 위해서 치룬 전쟁의 성격은 어떤 것인가?(참고, 여호수아)

2. 왜 사사시대가 도래했으며 그 시대의 특징이 무엇인가?

3. 이스라엘이 왕을 구한 것이 왜 문제가 있으며, 하나님이 계획하신 왕은 어떤 왕인가? (참고, 사무엘상)

4. 법궤를 예루살렘으로 옮기는 것은 어떤 의미가 있나?(참고, 사무엘하)

5. 다윗의 통치와 솔로몬의 통치의 차이점은 무엇인가?(참고, 열왕기상)

6. 이스라엘은 왜 분열되었으며 하나님께서 왕들을 평가하는 기준은 무엇인가?(참고, 열왕기상)

7. 열왕기하의 주제와 기록목적은 무엇인가?

8. 사무엘, 열왕기와 역대기의 서술방식이 왜 그리고 어떻게 다른가?

9. 포로귀환과 제2성전을 건축하는 과정을 설명하라. (참고, 에스라)

10. 하나님의 사람 느헤미야는 어떤 사람인가?

11. 에스더서에서 하나님의 구속계획은 어떻게 성취되는가?

3장

시가서

시가서는 이 책들이 지니는 시적인 문학적 특성에 근거해서 붙여진 이름이다. 가장 두드러진 문체의 특징은 병행법이다. 이 부분은 욥기, 잠언, 전도서, 아가서를 포함하는데 이른바 지혜문학이라고 하는 장르도 들어있다. 이 책들은 하나님의 언약적 요구와 임무 그리고 구원의 확실성과 성도의 사랑을 보여준다.

1. 욥기

주제와 목적

제목이 보여주듯이 본서의 주제는 욥의 고난을 통한 순수한 믿음의 존재와 하나님이 의로우시다고 하는 신정론을 확증하는 것이다. 본서의 기록목적은 의로우신 하나님의 구원 계획은 견고하며 사탄의 고소에도 불구하고 하나님의 백성이 구원에 이르는 진실한 믿음을 가질 수 있다는 것을 욥의 고난과 회복을 통해서 증명하기 위함이다.

구성과 문학적 특징

욥기의 구성은 이야기의 형태로 볼 때 네 부분으로 구성되었다고 볼 수 있다. 그것은 욥의 고난과 관련된 서막(1:1-2:13), 친구와의 대화(3:1-37:24), 하나님의 말씀(38:1-42:6) 그리고 결말(42:7-17)로 이루어졌다. 문학적 특징으로는 두 가지 문체가 쓰였다는 것이다. 본서의 서막을 장식하는 부분과 결말은 산문체로 쓰였고 그 사이의 39장에 이르는 상당한 분량이 시체로 쓰였다. 시체로 쓰인 부분은 대화가 주종을 이루는데 여기서는 다양한 문학 기법이 쓰인 생동감있는 문장의 보고라고 할 수 있다.

역사적 배경

욥기는 족장시대와 잘 어울린다. 그 제사의 형태(1:5; 42:8), 재산의 유형(1:3), 화폐의 단위(42:11) 등이 그렇다. 그 시대는 아마도 이스라엘이 애굽에 있을 때일 것이다. 그가 살던 우스(1:1)에 대해서는 그 위치가 확실하지 않지만 팔레스타인 동남쪽으로 추측한다.

구속사적 메시지

욥은 세상에서 가장 경건한 자였다(1:1, 8). 그것은 그가 존경받는 부자라는 것과 신실한 아버지라는 데서 확인된다. 그러나 하나님께서 욥의 경건을 사탄에게 말했을 때 사탄은 욥이 그런 경건을 유지하는 데는 이유가 있다(1:9)고 하며 모든 성도의 믿음의 가치를 인정하지 않았다. 그는 욥이 여호와 하나님에 대한 믿음을 유지할 만할 이유를 제거하면 욥도 별수 없이 믿음을 저버릴 것이라고 했다(1:11). 이것은 하나님의 구원사역에 엄청난 도전이었다. 만일 욥의 신앙이 외형적이고 조건적이라고 한다면 이 땅에 진실한 믿음은 존재하지 않는다는 말이 되기 때문이다. 그래서 하나님은 사탄에게 욥의 믿음을 시험할 기회를 주셨다. 그것은 참혹한 것이었다. 욥의 재산, 자녀들, 건강까지도 잃었다. 그래도 욥은 하나님에 대한 믿음을 잃지 않았다(1:21, 22; 2:10).

그에게 친구들이 찾아왔다. 그들은 위로하기 위해서 왔지만 실제로는 자신들의 신학적 논조로 욥을 정죄하는 것이었다. 엘리바스는 인과론을 의존하는 도덕주의자(4:7-8)이자 신비주의적인 요소도 있었다(4:15-17). 빌닷은 근본주의자이자 전통주의자다(8:8). 소발은 잔인하기까지 한 친구였다(11:6). 그리고 친구들의 말은 맞는 말이다. 하나님보다 의로운 이가 없고, 하나님은 죄를 심판하시기 때문이다. 그러나 욥에게는 적용되지 않았다. 그들은 하나님을 잘 안다고 생각하고 스스로 하나님의 편에서 욥의 재난을 평가하고 그가 회개할 것을 권했다. 친구들은 하나님을 선택하고 욥을 버렸다. 이것은 욥의 아내와 다른 관점이다. 아내는 욥을 잘 알기 때문에 그런 욥에게 재난을 주시는 하나님을 이해할 수 없다고 판단하고 남편을 선택하고 하나님을 버렸다(2:9). 그러나 이 둘 다 하나님의 일을 판단할 수 있을 만큼 스스로 지혜롭다고 생각했다는 점에서 공통점이 있다. 그들은 죄와 벌의 관계가 신비라는 점을 몰랐던 것이다.

욥은 자신이 죄로 인해서 재난을 받은 것이 아니라고 항변하며 자신의 의를 주장했다. 더 이상 친구들을 설득할 수 없다고 판단하자 하나님의 판결을 요구하기도 하고, 그는 고통 가운데 죽음 저편에서 자신의 의를 변호할 구속자에게 호소하기 했다(19장). 그는 하나님의 이해할 수 없는 인도에 대해서 항변하기도 했다.

친구와 욥의 대화에 진전이 없자 엘리후가 등장했다(32장). 그는 양쪽을 책망하면서 욥이 절망의 나락으로 떨어질 무렵에 은혜의 낙하산을 발견하도록 했다. 그것은 죽어가던 사람이 '대속물' 을 받고서 다시 살아난 이야기였다((33:19-28). 엘리후의 이야기는 욥에게 복음으로 작용했을 것이다.

하나님은 욥을 부르시고 창조세계에 대한 질문을 하셨다. 그러나 욥은 아무 것도 대답할 수 없었다(38-41장). 이 질문의 의도는 하나님의 창조세계도 모르면서 창조주 하나님의 뜻을 함부로 논하는 것이 얼마나 어리석은가를 지적하기 위함이었다.

하나님은 친구들의 말이 정당하지 못하다고 판결을 내리시고 제사를 통해서 사함을 받도록 하셨다. 욥은 친구들을 위해서 기도했다. 이 순간 욥은 회복되었다(42:10). 욥의 중보기도는 특별한데가 있었다. 그것은 처참한 상황에 있는 자신이 가지지 못한 행복을 남이 갖도록 하는 이타적인 사랑의 기도였다. 이것은 욥의 믿음이 조건적이 않다는 것을 증명하는 것이다. 그래서 사탄에게 이 사실이 증명된 이상 더 고통가운데 있을 이유가 없었던 것이다. 하나님이 의로우시고 욥의 믿음이 참되다고 하는 것은 하나님의 구속을 정당화하는 것이고 우리도 영생에 이르는 참된 믿음을 소유할 수 있다는 메시지를 준다.

내용분해

개요	본문	개요	본문
서론과 욥의 시련	1-2장	욥의 독백	27-31장
첫 번째 변론	3-14장	엘리후의 연설	32-37장
두 번째 변론	15-21장	하나님 말씀과 욥의 회개	38-42:6
세 번째 변론	22-26장	결론	42:7-17

2. 시편

주제와 목적

본서의 제목이 의도하는 바와 같이 시편은 '찬양의 책' 이다. 찬양은 구속받은 백성의 하나님께 대한 마땅한 반응이다. 물론 시편의 내용은 찬양보다는 탄원이 더 많다. 그렇지만 시편 전체의 내용을 살펴보면 뒤로 넘어갈수록 찬양으로 계속되는 것을 볼 수 있다. 그것은 찬양이 탄원을 압도한다는 것이다. 시편의 기록목적은 구속받은 백성이 개인적으로나 공동체로서 찬양과 기도로 하나님을 합당하게 섬기며 경건하게 살아가는 방법을 가르치기 위함이다. 이것은 구약의 성도들에만 한정된 것이 아니라 모든 시대에 다양한 환경에 처한 성도들이 자신의 신앙을 적절하게 표현하는 방법을 알려주기 위함이다.

구성과 문학적 특징

전통적으로 시편은 모세오경과 병행시킬 의도로 다섯 권의 책으로 분류되었다(1-41; 42-72; 73-89; 90-106; 107-150). 시편의 내용은 좀 더 복잡하기 때문에 하나의 기준을 가지고 이 책을 분류하기는 어렵다. 문학적 특징 가운데 가장 두드러진 문체는 병행법이다. 시편저자는 다양한 병행법(동의적, 반의적, 종합적 병행법, 교차대구법 등)을 사용하여 특정주제를 부각시켜서 강조하는 방법을 쓴다. 내용에 따른 분류를 하자면 여덟 가지 정도로 분류할 수 있다: 감사시(9, 18, 30, 32, 34, 40:2-12, 116, 138), 찬양시(8, 19, 29, 33, 103, 104, 111, 113), 탄원시(개인: 3, 5, 6, 등, 민족: 44, 74, 79, 83), 제왕시(2, 18, 20, 21, 45, 72, 89, 101, 110, 144), 회개시(32, 38, 51, 102, 130, 143), 순례자의 시(120-134), 저주시(56, 137), 메시야 시(2, 8, 16, 22, 40, 45, 68, 69, 78, 89, 102, 109, 110, 118, 132).

역사적 배경

시편을 부르고 낭독하는 일반적인 역사적 배경은 예루살렘의 솔로몬 성전이었다. 그러나 대부분의 시편이 성전예배에 초점을 두고 있지만 150편의 특별한 역사적 배경과 환경은 다양하다. 시편은 출애굽시기부터(90편) 바벨론 포로기까지(137편) 펼쳐진 기간동안 특별한 관심과 사건에서 비롯되었다.

구속사적 메시지

시편은 하나님의 구속사에 대한 백성의 반응이다. 그래서 이 시편에 나타난 신학적 주제를 살피는 것이 계시역사의 내용을 효과적으로 이해하는 방법이 될 것이다.

하나님

시편에서는 하나님의 사역과 속성을 나타내는 다양한 이름으로 하나님을 부른다: 거룩하신 주(22:3; 99:3,5, 9), 만군의 여호와(천군 천사를 거느린 군대의 하나님). 이런 이름이 영광, 거룩, 공의, 은혜와 진리 같은 하나님의 속성을 나타낸다. 하나님의 이름과 완전성은 한 단어에 요약되어 있는데 그것은 이름이다. 특별히 75:2절의 "당신의 이름"은 하나님의 계시 또는 계시된 하나님 자신을 나타내고, 여기서 하나님의 계시적 활동을 대하게 된다(당신의 행적). 그래서 이름이 가깝다는 것은 하나님이 친히 가까이 계셔서 우리를 도울 준비가 되어있다는 뜻이다. 이는 백성들이 하나님을 찬양하고 감사할 때 쓰는 말이 시편에 나오는 이름에 속해 있기 때문이다: 나의 구원(18:47; 25:5; 27:9), 나의 힘, 나의 반석(18:3; 31:4; 42:10), 나의 산성(18:3; 31:4; 71:3; 91:2), 나의 하나님, 나의 바위(18:3, 32, 37), 나의 피난처가 되는 바위, 높은 곳(9:10; 18:3; 46:8, 12; 48:4; 59:10, 18; 94:22).

환란의 때에 백성들은 여호와의 옛적 기사, 그 행하신 일을 기억했다(77:12). 그 일은 하나님의 창조 사역과 그 백성을 보호하시고, 인도하신 사역에서 잘 나타난다(8; 19; 66:5f.; 102; 33; 95; 136). 이스라엘은 역사를 통해서 하나님이 온 우주의 창조주이신 것을 잘 알 수 있었다. 하나님의 현현에 대해서 말하는 시편은 18; 29; 50; 68; 77; 97; 144 등이다. 그와 더불어 시편은 하나님의 임재를 증거한다. 하나님은 그 얼굴을 비추시고 드신다(67; 80). 모든 것은 하나님의 영광을 위해서 일어난다.

하나님의 백성

백성이 찬양한다는 것은 하나님과 맺은 관계를 잘 설명해 준다. 또 하나님의 이름 중에서 '이스라엘의 하나님'은 하나님과 이스라엘의 근본적인 관계가 잘 나타나 있다. 이 관계는 족장들부터 이미 형성되어 있었다(47;

105). 이 관계는 하나님의 선택에서 비롯되었다. 이 백성은 하나님이 조성하신 것이요, 그분의 작품이다(95; 100). 하나님은 이 백성을 통하여 자신을 알리신다(59; 14; 76:2): "유다는 여호와의 성소가 되고 이스라엘은 그의 영토가 되었도다"(114:2). 하나님은 야곱에게 그의 율법을 주셨는데(78:5; 99; 147:19) 그것은 단순히 옛날에 받은 법이 아니라 계속되는 현실에서 나왔다고 우리에게 가르친다(50; 81).

하나님의 계시는 언약에서 그 모든 국면이 완전히 나타난다. 물론 이 말은 하나님이 인간을 파트너로서 필요로 하신다거나 부족한 것을 인간에게서 채우신다는 의미가 아니다(50장). 언약은 전적으로 하나님의 일이다. 순전히 은혜로 된 것이다. 그러나 인간은 그의 백성으로서 이 언약이라는 틀 속에서 인간의 본래의 속성인 하나님의 형상을 이룰 수 있다. 하나님은 이 백성이 거할 처소를 주시고(44:3; 78:55; 77:15) 열방의 계략을 깨뜨리셨다(33장). 하나님은 이방 민족 가운데서 이스라엘을 높이신 것은 그의 놀라운 일을 선포하고 찬양하기 위함이었다. 다른 민족들이 여호와를 찬양하도록 하기 위함이었다(9:12; 96:3; 105:1). 이스라엘의 하나님은 또한 열방의 왕이시다(97:8). 이스라엘은 어려울 때 여호와의 옛적 일을 기억했다. 오경에서 이스라엘의 죄와 반항에 대해서 이야기 하듯이 시편도 이스라엘을 칭찬하지 않는다. 여호와는 계속 개입해서 백성의 죄를 심판하신다. 그러나 그 분은 언약을 잊지 않으신다. 시편은 그러한 하나님의 개입을 찬양할 일이라고 한다. 그 행위는 역사 속에서 구원하시는 구원자로 천지를 창조하시고 그 백성에게 은혜를 베푸시는 창조주로 언급한다. 그 큰 행위는 기사와 의로 나타난다. 이스라엘은 하나님을 창조주라고 할 때 결코 추상적인 의미에서 그렇게 말하지 않는다(98편). 이스라엘은 항상 하나님을 창조주로 또 왕으로 고백했다.

고난과 심판은 죄 때문에 오지만 시편 44, 73편은 무고한 자의 고난에 대해서 말하고 있다. 또 백성들이 구원을 간청하는 한 가지의 이유는 여호와의 이름이 이방인들 가운데 모욕을 당하기 때문이다(74; 79; 83; 137). 이스라엘은 과거의 일로 복수를 구하는데 그것은 소심한 인간의 복수가 아니라 하나님의 보상을 구하는 것이다. 이 간구는 구약 시대 뿐만 아니라 신약 시대에도 꼭 같이 적용된다(계 6:10). 이것은 미래의 구원을 향한 전망과 관계가 있다.

이스라엘은 공동체, 회중이다. 그 회중은 여호와의 기이한 일(111:4, 6)을 듣고 "여호와여 복을 주소서"(118:2; 124:1; 129:1)로 응답한다. 하나님의 구원으로 인하여 이스라엘은 회중으로 또 개인적으로 하나님께 찬양을 보낸다.

성소와 경배

성소는 선택받은 백성인 회중의 영적인 센터이다. 그 장소로 말하자면, 시편은 이 성소를 시온 또는 예루살렘을 가리킨다. 전에 실로에 있었던 성막과도 같이 그곳은 하나님이 계시하시는 장소이고 백성을 만나는 장소이다. 하늘에 거하시는 여호와는 예루살렘에도 거하신다고 한다. 그 성소에서는 우리가 종종 설정한 '하늘과 땅' 이라는 상반된 개념이 사라진다. 이사야가 소명받는 사건에서 그것을 잘 알 수 있다(사 6장).

예배

여기에 대한 여러가지 문헌을 대할 수 있다: 기쁨으로 하나님의 도성에 도착(122편), 문에 들어감(118편), 그 성에 들어가는 조건(15, 24편) 등. 시편 24편은 여호와 자신의 입성에 관한 것을 가르치는 것 같다. 예배의 요소는 제의적 경배다: 경배의 시편(99, 100편). 시편은 제사에 대해서 반대하지 않는다. 시편 50편에서 제사는 인격적인 하나님의 장엄함을 존중하지 않는 것을 비난한다. 경배의 절정은 감사에서 나타난다. 찬양의 제사. 하나님이 받으시는 제사는 상한 심령이다. 이것은 우리를 굳건하게 한다(35, 69, 109편).

제의에 관한 사상

이스라엘은 "원시시대로 돌아가자"는 다른 민족과는 다르다. 이스라엘은 하나님의 큰 일로 되돌아간다. 이스라엘은 미래지향적이다. 그래서 그들의 제의적 관행은 이미 행한 행위의 결과가 영향을 미치는 '효력있는 의식' 이 아니다. 하나님의 자유와 은혜는 제의에 의해서 제한되지 않는다. 여호와가 오시는 것은 그 분의 은혜와 진리에 의한 것이다. 그것은 종교적 의식에 의해서 신과 회중의 능력이 증가되는 이방종교와는 다르다. 이스라엘 종교에서는 모든 것이 하나님의 기쁘신 뜻에 달려있다.

왕

시편 21편에서는 왕의 기도를 대할 수 있고, 21편에 그 응답이 나온다. 시 61:7에서 개인기도로서 왕을 위한 중보기도를 들을 수 있고, 시편 72 편은 아들을 위한 왕의 기도다. 시편 45편은 왕의 결혼을 다룬다. 기름부음받은 왕의 임무는 하나님의 통치권을 보여주는 것이다. 그는 의와 공의를 행한다(72편). 거기에 판단의 보좌를 두셨다(122편). 이 시에서 말하는 복(9편)을 받은 결과는 평강이다(6-8편). 왕은 이방인이나 원수들에 대해서 승리자로 묘사된다(2:5, 8; 21:9; 10:2, 5; 144:1). 이것은 세상에 대한 하나님의 통치권을 반영한다. 백성과 왕들은 하나님의 뜻에 복종해야 한다.

원수

원수라고 할 때 우리는 백성의 원수를 먼저 생각한다. 원수들은 기존 질서를 전복하고 파괴한다. 그들은 말과 병거를 의존하는 자들이다. 이와는 반대로 왕과 백성은 기도의 능력만 믿어야 하는데 이것은 시편 2; 89; 132편의 약속에 근거한다.

드물긴 하지만 시편 137편과 같은 경우는 원수가 누구인지 분명하게 지적한다. 원수는 이스라엘의 죄로 인한 하나님의 심판의 도구로서 사용된다. 그러나 도구로 부름받은 이방 민족은 여호와의 소유인 이스라엘을 치고, 여호와의 이름을 능욕한다(74:10, 18). 이때 이스라엘은 여호와의 간섭을 간구한다: "우리를 긍휼히 여기소서"(123편), "우리로 구원을 얻게 하소서"(84:4), "세계를 판단하시는 주여 일어나소서"(94:2). 이렇게 대적의 활동은 범세계적인 성격을 띠는데 하나님의 지고의 장엄함을 대항하는 죄는 엄청난 것이다. 몇몇 시편에서 하나님이 원수를 대적하는 내용이 나온다: 8; 104:35, "불경건한 자들은 땅에서 소멸할지라, 할렐루야" 원수의 현존은 새 창조의 영광을 나타내고, 우상들은 여호와의 능력이 얼마나 넓고 깊은가를 드러내기 위해서 등장한다(93; 96; 97).

개인의 원수는 보다 더 잘 알려져 있다. 왜냐하면 그들은 개인적 시편에서 더 많이 부각되기 때문이다. 이들은 경건치 않은 자, 행악자로서 하나님을 두려워하지 않는 자들인데 하나님은 그들이 계획을 수행하지 못하게 하신다. 그들의 구호는 "나는 흔들리지 않는다", "하나님은 없다", "하나님은 개입하지 않는다"는 것이다. 그들은 각종 악을 비난하는 무고한 자임을 자처한다. 무엇보다도 그들이 불행하고 질병에 시달릴 때 그렇다. 악인은 적군의 모습으로 나타난다: 올무를 가진 사냥꾼과 그물을 치는 어부와 같이 또 숨어서 기다리는 포식동물 같이 말이다. 그러나 의인은 다르다. 그들은 종종 가난한 자, 도움이 없는 연약한 자이기 때문에 여호와께로 피한다. 그들은 하나님께 그 문제를 고소한다. 이때 성소는 그들의 피난처이다(3; 17; 27; 57; 63).

삶과 죽음

시 36:10은 '생명의 근원은 주께 있습니다' 라고 한다. 여기에 여호와 하나님과 이스라엘 주변의 자연신 사이에 첨예한 대립이 있다. 그 신들은 계절에 따라 나오고 들어가고, 죽었다가 부활한다. 여호와는 삶과 죽음을 초월해 계시면서 그 분의 기쁘신 뜻을 따라 생명을 부여하신다.

시편에 나타난 삶은 실존 이상의 것이다. 그것은 하나님과 함께한 삶이고 하나님을 위한 삶이다. 고통과 비참은 사실 삶이라고 할 수 없다. 삶은 영광과 관련된 것이다.

반대 개념인 죽음은 여호와와 관련하여 생명의 개념에서 부과된다. 살아 있을 동안에 인간은 죽음을 이미 맛볼 수 있다. 이때 사람은 음부(셔올)에 가까이 있다고 한다. 사람들이 큰 위험에서 구원받거나 심각한 질병에서 나음을 입은 후 그는 죽음에서 벗어나 일어났다(30:4). 시편 16; 17; 49; 73편은 하나님의 회중의 견고함을 보여준다. 여호와는 전능하신 하나님으로서 모든 것 위에 뛰어나시다. 사망도 여호와 하나님께 속해 있다(68:21).

내용분해

개요	본문	개요	본문
제1권	1-41편	제4권	90-106편
제2권	42-72편	제5권	107-150편
제3권	73-89편		

3. 잠 언

주제와 목적

잠언의 가장 큰 주제는 '여호와를 경외하는 것이 지식의 근본' 이라는 것이다. 잠언은 성도들이 하나님을 경외하고 그 경외심을 일상생활의 다방면에 적용할 수 있도록 돕기 위해서 기록되었다. 다시 말해서 이 책은 백성이 무지와 오류에서 비롯되는 어둠과 사망의 영역에서 구원하여 하나님이 의도하시는 대로 생명의 영역으로 들어가도록 하기 위함이다.

구성과 문학적 특징

잠언은 크게 네 부분으로 구성되었다: 서론(1:1-7), 지혜에 대한 충고(1:8-9:18), 솔로몬의 잠언(10:1-22:16) 그리고 잠언 모음집(22:17-31:31). 잠언서는 지혜문학이라는 장르로 분류된다. 지혜는 지혜자가 가르치고 조언한 것이지만 잠언서는 하나님의 계시가 지혜라는 양식으로 주어졌다.

역사적 배경

잠언의 역사적 배경은 솔로몬의 궁전(1:1)과 히스기야(25:1)시대가 된다. 그들은 각각 주전 970-931년과 주전 71-686년에 활동했다.

구속사적 메시지

애굽에서는 이런 종류의 잠언이 바로의 궁전에서 근무하는 관리들의 소양교육을 위해서 필요했지만 이 책은 구원받은 하나님의 온 백성들이 하나님을 경외하도록 가르친다. 잠언은 지혜서의 형식이지만 하나님의 백성들에게는 율법과도 같이 구속력을 가진 것이다. 즉 잠언은 율법을 일반화한 것이다. 그래서 구속받은 백성이 잠언의 지혜를 따르지 않는다면 곧 언약의 계명을 어기는 것과 같다.

먼저 지혜자는 서문에서 '여호와를 경외하는 것이 지식의 근본' 이라고 강조하는데 이것은 책 전체를 이해할 수 있는 안내서의 역할을 한다. 다음 단락(1:8-9:18)에서는 지혜롭고, 의로운 길 그리고 어리석고 악한 길을 대조하고 그 결과는 생명과 죽음으로 묘사한다. 의인화된 지혜는 여인의 어리석음과 대조되는 것으로 나타난다. 그 다음 단락(10:1-22:16)에서는 375개의 독립된 잠언이 조화를 이루고 있다. 전반부(10-15장)는 의인과 악인의 대조가 자주 나타나고, 후반부(16-22장)는 여호와와 왕의 관계를 나타내며 교훈을 준다.

여러 사람의 잠언을 모아 놓은 단락(22:17-31:31)에서 슬기로운 자들의 말과 악한 행위에 경고하고 선한 행위를 권한다. 히스기야의 신하들의 잠언이라고 하는 부분(25:1-29:27)은 왕에 대한 확대된 잠언과 왕에 대한 적합한 태도를 제시한다. 30장은 아굴의 잠언으로서 지혜와 절제를 가르치고, 31장은 르무엘의 잠언으로서 덕있는 여인을 칭찬하는데 1-9절은 왕후가 왕에게 절제와 자비와 정직을 격려한다. 특히 10-31절 부분은 알파벳 순으로 배열되어 있다.

잠언은 구속받은 백성의 삶의 양식으로서 율법을 구체적인 삶의 현장에 적용하도록 도우는 것이다.

내용분해

개요	본문	개요	본문
여호와를 경외하는 지혜	1-2장	여러 가지 행실에 관한 잠언들	22:17-23장
지혜로 말미암는 삶의 행복	3-4장	여러 부류의 사람들에 관한 잠언들	24장
지혜와 성적인 유혹	5장 6:20-7장	인간 관계	25-26장
지혜의 초청과 어리석음의 초청	6:1-19, 8-9장	처신에 관한 잠언들	27-29장
지혜로운자와 어리석은 자	10-15장	아굴의 잠언	30장
경건한 생활	16장-22:16	르무엘의 잠언	31장

4. 전도서

주제와 목적

전도서의 주제는 인생의 허무를 하나님을 경외함으로써 극복하도록 권고하는 것이다. 전도서의 목적은 백성이 지혜롭고 행복하게 살도록 하기 위해서 기록되었다. 지혜롭게 사는 것은 이 세상의 물질적이고 사회적인 것에 소망을 두는 것이 헛된 일임을 보여줌으로써 이루어지고, 행복하게 사는 것은 하나님을 경외하면서 세상의 것들을 즐기는 것이다.

구성과 문학적 특징

전도서는 다음과 같이 구성되었다: 서언(1:1-11), 만물의 헛됨(1:12-6-21), 지혜의 말(7:1-12:7), 결언(12:9-14). 전도서는 구조적으로 내부의 틀인 '허무'를, 외부의 틀인 '하나님 경외'로 싸고 있다.

역사적 배경

전도서의 역사적 배경은 솔로몬 통치시기다(주전 970-931년). 그의 통치가 최고의 번영을 이룰 때 주변국의 부러움을 샀다. 그의 영화로운 삶과 다양한 경험이 전도서에 배어있다.

구속사적 메시지

전도자는 이 세상의 모든 일이 덧없다고 했다. 전도자는 첫 마디에서(1:2) 이 덧없음을 단어를 반복하여 히브리어 최상급 형태로 표현하고 있다. 전도자는 이 허무를 "사람이 해 아래서 수고하는 모든 수고가 자기에게 무엇이 유익한가?"(1:3)라는 수사 의문문에 대한 답변으로 제시하고 있다. 부귀와 권세, 지혜와 쾌락으로 장식된 그의 호화로운 삶에 대한 자신의 평가는 바람을 잡으려는 것과 같이 허무한 것이었다(1:12-2:26). 전도자는 인생의 참된 의미를 찾으려고 노력하지만 모든 것이 헛됨을 안다. 그래도 삶의 향락을 조언한다. 즉 먹고 마시고 수고하는 가운데 마음으로 낙을 누리는 것이 가장 좋다고 한다. 그는 염세주의자가 아니지만 향락주의자도 아니다. 세상의 낙은 하나님을 경외하도록 하는 길잡이 역할을 한다. 그래서 전도서가 주는 총체적인 교훈은 하나님께서 때를 따라 필요를 채우시며, 인생의 수고와 낙을 허락하시고, 주권적으로 역사를 운행하시는 것은 사람이 하나님을 경외하도록 하는 목적이라는 진술에 집약되어 있다(3:10-15).

전도서의 목적과 본서를 이해하는 열쇠는 결론 부분에 나와있다: "일의 결국을 다 들었으니 하나님을 경외하고 그 명령을 지킬지어다 이것이 사람의 본분(전부)이니라. 하나님은 모든 행위와 모든 은밀한 일을 선악 간에 심판하시리라"(12:13, 14). 이러한 인생의 고상한 최고의 목적은 성경적 표현이며 어떤 주변 철학에서도 찾아 볼 수 없다.

결국 하나님을 떠나서는 아무 것도 의미가 없고 하나님만 삶에 의미를 주실 수 있다는 것이 이 책의 메시지다.

내용분해

개요	본문	개요	본문
인간의 모든 수고가 헛됨	1장	경험적으로 논증하는 결론	7-11장
무엇이 헛된가	1-6장	하나님을 경외하며 즐겁게 살라	11-12장

5. 아가서

주제와 목적

아가서는 구속받은 백성의 남녀 간의 이상적인 사랑을 노래한 것이다. 본서의 해석에 있어서 가장 큰 특징은 알레고리이다. 유대교는 신랑과 신부의 사랑이 여호와 하나님과 택한 백성 이스라엘 간의 사랑을 의미하는 것으로 보고, 기독교는 그리스도와 그의 교회간의 사랑으로 이해한다. 그렇지만 헬라 사상을 반영한 알레고리적 해석 자체가 잘못된 해석법이다. 하나님은 성적인 사랑의 선을 인정하시고, 정당한 결혼관계 속에서 사랑하도록 명하신다.

구성과 문학적 특징

아가서는 다섯 부분으로 구성되었다: 왕과 술람미 여인의 만남(1:1-2:7), 깊어진 사랑(2:8-3:5), 약혼식(3:6-5:1), 기회를 놓침(5:2-6:3), 커지는 사랑(6:4-8:14). 문학적 특징으로는 전체적으로 시적인 문체를 쓰지만 병행법과 고상한 이미지 기법을 주면서 독자가 긴장감을 갖게 하는 특징이 있다.

역사적 배경

남녀가 서로에 대해서 사랑을 묘사하는 이 아름다운 사랑의 노래의 배경은 솔로몬의 후궁으로 볼 수 있다.

구속사적 메시지

아가서의 메시지는 구속받은 남녀간의 이상적인 사랑을 노래한 것이다. '노래중의 노래' 라는 제목은 결혼한 사랑에 관한 노래 중에서 최고의 노래임을 자부한다. 어떤 사랑의 노래나 시보다 우월하다는 것을 말한다. 그래서 이 글은 저속한 연애 소설이 아니라 고상한 시로 사랑을 묘사한다. 이것은 사랑의 관계를 저해하는 기계적 사랑과는 대조된다.

하나님은 육체를 무시하지 않으시고 오히려 육체적 사랑을 허락하셨다. 이 사랑은 삶의 중요한 부분이기 때문에 책 전체가 거기에 대해서 다루고 있다. 그래서 정경의 일부로 포함되었다. 아가서는 인간의 육체에 대해서 논하는 것이 자연스런 것으로 가르친다(4:1-5; 5:10-16; 6:5-7; 7:1-5). 물론 우리가 보기에는 이상해 보이는 표현도 있지만 이것은 특별한 문화적 상황 가운데서 기록되었기 때문이다. 이 결혼한 사랑은 배타적이어서(4:12) 육체적 사랑에서 부부는 각각 '잠근 동산' 과 '덮은 우물' 이 되어야 한다. 각자는 상대에 속한 개인 포도원이 되어야 한다(8:12). 또한 부부관계는 하나님의 때가 있음을 가르친다. 그 사랑은 준비되어야 비로소 가능하다(2:7; 3:5; 8:4). 세상은 '언제라도' 라고 하지만, 하나님은 '나의 때' 라고 하신다. 부부 간의 사랑에 위험이 따르기도 하는데 사랑하는 배우자가 접근하는 것에 적절하게 반응하지 못하고 후회하는 것에 대한 경고도 있다(5:2-8). 또 남녀관계는 당사자간의 문제이지만 가족의 역할도 중요하다(8:8-10). 특히 소녀의 오빠는 그녀가 '성벽' 이 되도록 돌보아 원치 않는 청혼자로부터 보호하고, 아무나 들어와서 삶에 손상을 입히는 '문' 이 되지 않도록 한다. 아무리 사소한 것이라도 건강한 사랑의 관계를 망칠 수 있다(2:15). 부부는 모두 결혼 초기의 꽃망울을 짓밟는 '작은 여우' 를 경계해야 한다. 참된 사랑은 억제할 수 없고 재물과도 바꿀 수 없다(8:6-8). 참된 사랑은 하나님에 주신 것이기 때문이다.

이렇게 고귀한 인간적 사랑의 모습은 이 보다 더 높은 차원의 하나님의 아들 그리스도의 사랑을 생각나게 한다.

내용분해

개요	본문	개요	본문
사랑하는 자 사이의 대화	1-2:7	사랑의 아름다움	5:2-6:9
만남과 헤어짐, 다시 만남	2:8-3:5	아름답고 겸손한 왕비 술람미 여인	6:10-8:4
결혼 예식과 첫날 밤	3:6-5:1	사랑의 언약이 재확인됨	8:5-14

✤ 학습 문제

1. 욥은 왜 고난 받아야 했으며 그 고난의 의미가 무엇인가?

2. 시편의 종류는 어떤 것이 있는가?

3. 시편에 나타난 신학적 주제는 무엇인가?

4. 잠언과 계명은 어떤 관계가 있는가?

5. 전도서에서 인생의 허무를 어떻게 극복하라고 권하는가?

6. 아가서를 알레고리적 관점에서 볼 수 없는 이유는 무엇인가?

4장

대선지서

이 부분은 선지자들의 예언으로 이루어진 부분이다. 대선지서라는 의미는 책의 크기와 관련된다. 대선지서는 이사야, 예레미야, 예레미야 애가, 에스겔, 다니엘로 구성되었다. 이 부분은 유다왕 웃시야시대부터 예루살렘 멸망과 바벨론 포로기까지를 다룬다.

1. 이사야

주제와 목적

이사야의 예언은 세계에 대한 피할 수 없는 심판과 의로운 남은 자에게 주는 위로를 골자로 하고 있다. 하나님의 회복된 세계는 오직 하나님의 자비와 은총에 의해서 이루어진다. 본서는 하나님의 승리가 낮아진 기간을 통하여 자기 백성과 그 종에게 도래할 것이고 이 메시지가 과거와 미래의 심판과 복을 바라보면서 회개할 것을 촉구하기 위해서 기록되었다.

구성과 문학적 특징

이사야서는 대략 네 부분으로 구성되었다: 이사야 당대의 예언(1:1-35:10), 역사적 진술(36:1-39:8), 바벨론 포로에 관한 예언(40:1-55:13), 다양한 예언들(56:1-66:24). 본서의 문학적 특징은 놀라울 정도로 정교한 단위를 이루고 있다는 것이다. 즉 1-35장과 40-66장은 대체로 시체로 쓰였고 그 가운데 교량역할을 하는 역사적 진술 부분(36-39장)이 산문으로 쓰였다는 것이다.

역사적 배경

히스기야의 통치하에 유다는 회개하고 앗수르의 파괴에서 벗어났다(주전 701년). 비록 앗수르의 위협이 줄어들었지만 더 큰 위협이 바벨론으로부터 왔다. 이사야서는 아하스 시대의 시리아와 에브라임 동맹(사 7-12장), 사마리아 멸망(28:1이하), 그리고 산헤립의 유다 공격(사 36-39, 주전 701년)이라는 역사적 사건에 치중한다.

구속사적 메시지

이사야가 역사 속에서 펼쳐지는 하나님의 영원한 계획에 대해서 말하는 부분이 이 책의 특징을 이룬다. 그는 자신의 소명의 환상에서 여호와의 위엄을 아주 인상적으로 묘사하고 있다. 6장 1-13절은 하나님을 위대한 왕이시며, 주이며, 만군의 여호와이시며, 홀로 거룩하신 분으로 묘사한다. 이사야는 특별히 '이스라엘의 거룩한 자' 라는 말을 좋아하는데 그것은 동시에 우주의 하나님이신 '만군의 여호와' 시다. 그래서 하늘과 시온이 특별히 강조되는 부분에 유의할 필요가 있다. 여호와는 세계의 역사 속에서 일하시는 분으로(5:13, 19; 10:5-19; 14:24-27; 18:4; 20; 22:11, 12), 열강들을 통치하는 것에 관한 메시지는 지혜로운 농부의 비유에서 절정을 이룬다(28:23-29).

그러나 백성의 죄는 열강들의 권력구조에 영향을 미쳤다. 그들의 죄는 경제적, 사회적인 영역이나 종교적 관행을 추구하는 것뿐만 아니라 국제정치에서도 범하게 되는데 그것은 믿음이 없이, 여호와를 인정하지 않고 자신의 지혜를 따라 행하며 무지하게도 역사 속에서 행하시는 주님의 일을 깨닫지 못하는데서 비롯된다. 28장(11절)과 22장(11절)은 그들의 경솔한 행위에 대한 전형적인 실례를 보여준다.

이 죄에 대한 하나님의 심판의 특징은 '여호와의 날' 이다. 이것은 정치적인 파국을 의미한다(3:12-15, 3:16-26, 5:8-24). "여호와의 노가 쉬지 아니하며 그 손이 여전히 펴지리라"(9:12b). 심판과 구원의 예언은 나란히 존재한다. 왜냐하면 이 둘은 한 분 하나님 여호와의 선포의 양측 면이기 때문이다. 이 심판의 도구는 바벨론이었다.

심판으로 하나님의 구속사가 끝나는 것은 아니다. 그들은 회개할 때 용서받을 수 있다(1:18). 특히 이사야가 강조하는 것은 믿음이다(7:9; 28:16; 30:15). 남은 자는 회개하고 돌아올 것이다(1:9; 4:2-6; 7:22). 구원의 메시지는 메시아적 예언으로 더욱 빛난다: 임마누엘(7:14), 평강의 왕(9:1-6), 이새의 줄기(11장), 다윗의 장막(16:5), 견고한 기초 돌(28:16), 의의 왕(32장), 높은 곳에 거할 자(33장).

하나님은 실제로 바벨론에 거하던 자기 백성을 위로하시고 되돌리신다(40장). 이 일에 고레스가 구원자로 나선다(41:1-7; 41:21-29; 44:24-45:8; 45:9-13; 48:12-16). 그리고는 자신을 창조주로 계시하시며 "이스라엘의 왕인 여호와, 이스라엘의 구속자인 만군의 여호와가 말하노라 나는 처음이요 나는 마지막이라 나 외에 다른 신이 없느니라"(44:6)고 선포하셨다. 이어서 우상의 무용성에 대한 설교가 풍자적으로 언급되었다(44:8ff.). 특히 하나님의 작정은 계속되는 모티브인데(46:10) 하나님의 일을 나타내는 것은 '창조하다' 란 하나님의 작정을 나타내는데 가장 적절한 표현이다. 이스라엘과 맺은 유대는 그들의 첫 번째 조상 아브라함과 관련해서 존중을 받는다(41:8; 51:2). 이스라엘은 하나님의 종이라 칭함을 받고 임무를 부여받는다. 52장 마지막 부분과 53장에서 여호와의 종에 관한 예언이 나온다. 그는 이스라엘을 통해서 뿐만 아니라 이스라엘과 함께 그리고 이스라엘의 대표로서 고난을 받는다. 백성과 권세를 잡은 세력은 악역을 담당하지만 결국 그를 통해서 공적인 심판을 받을 것이다. 이 백성은 분명히 그 종의 고난을 통한 대속의 성격을 가르쳐준다. 이 모든 일이 있은 후에 그는 높임을 받는다(53:10-12). 이것은 그리스도의 대속의 죽음과 부활에서 성취되었다.

후반부에서 이사야는 하나님의 심판을 선포하면서도 이스라엘의 밝은 미래를 선포하고 있다. 특히 예루살렘은 영광을 받을 것이고(60, 62장), 남은 자의 찬양과 기도에 대한 응답으로 새로운 세계가 도래할 것이다(63:7-65:25). 마지막 66장은 요약형식으로 구원과 심판의 주제를 다루면서 하나님은 예루살렘을 위로하고 복을 주시지만 죄인은 진노의 대상이라고 한다. 하나님을 영화롭게 하는 자는 영원히 서고 대항하는 자는 영원히 버림을 받는다는 언약을 확정한다.

내용분해

개요	본문	개요	본문
남 유다에 대한 심판 예언	1-5장	세상 나라의 멸망과 시온의 회복	32-35장
선지로서의 소명과 선민 보호 약속	6-10장	히스기야 시대 3대 사건	36-39장
앗수르의 파멸 경고	10-12장	선민에 대한 구속 예언	40-48장
세계 열방의 심판	13-23장	구속자 메시아에 대한 예언	49-53장
미래의 심판과 새 왕국	24-27장	하나님의 구원에로의 초청	54-57장
심판과 축복	28-31장	선민의 영광스런 미래 보장	58-66장

2. 예레미야

주제와 목적

본서의 주제는 예레미야의 소명에 나타난 그의 사명에 압축되어있다. 즉 예레미야를 통하여 열방을 뽑고, 파괴하며, 파멸하여 넘어뜨리며, 건설하며, 심게 하는 것이다. 그는 영적인 죄를 전파하면서 기존 종교적 사회적 구조를 파괴시키고 세워야 했다. 이 책은 이 모든 과정을 통하여 새 언약이 옛 언약을 대체할 먼 미래와 죄가 아니라 순종으로 향하는 변화된 백성이 약속된 왕국을 받을 것이라는 것을 알려주기 위해서 기록되었다.

구성과 문학적 특징

예레미야서는 내용에 기초해서 일곱 단락으로 구성되었다: 서론: 예레미야의 소명(1장), 유다에 대한 예언(2-25장), 포위 이전의 역사(26-29장), 포위당시에 기록된 희망의 책(30-33장), 포위 후의 역사(34-45장), 열국에 대한 예언(46-51장), 결론: 예루살렘 성전멸망(52장). 본서는 구성에서 보았듯이 전체적으로 대칭구조를 가지고 있다. 그리고 다양한 문학적 특징을 갖고 있다. 시체로 쓰인 예언형식이 있고(1-20장), 산문으로 된 설교체도 있다. 전기라고는 할 수 없어도 예레미야에 관한 구절도 있다.

역사적 배경

예레미야 시대에 애굽은 바벨론과 두 번에 걸친 중대한 전투에 연루되었다. 첫째가 주전 609년(대하 3520-25)이고, 둘째가 주전 605년에 있었는데 애굽이 패했다(대하 36:1-6; 렘 46:1-26). 바벨론을 저지하기 위해서 애굽과 손을 잡은 앗수르는 실패하고 말았다. 바벨론은 결국 애굽과 앗수르를 장악했다.

구속사적 메시지

예레미야가 하나님의 소명을 받은 때는 요시야 왕이 율법을 발견하고 개혁을 단행하기 5년 전이었다. 이 말은 므낫세 왕의 타락한 통치 유산이 그대로 남아있는 상황에서 예레미야가 부름을 받았다는 말이다. 그래서 그가 하나님의 부름에 부담을 느낀 것도 이해할 만하다(1:6). 그는 의롭고 신실한 왕의 통치기간 동안 선포했음에도 불구하고 유다에 대해서 신랄하게 비판했다. 개혁은 자동적으로 오는 것이 아니다. 그래서 마음으로부터 철저한 변화를 요구했다(4:4).

예레미야는 언약적 표준에 근거해서 유다의 모든 지도자들이 바르게 가르치지도 못하고 올바른 지도력을 발휘하지 못했다고 거침없이 공격했다. 그 대상은 왕들(22장)과 선지자들(23:9-40)과 제사장들(2:7)이었다. 여기서 요시야는 예외였다(22:15-16). 더욱 놀라운 것은 예레미야 자신도 제사장이자 선지자이면서도 그렇게 정죄했다는 것이다(1:1). 이런 메시지의 근거는 언약 백성이 철저히 타락했기 때문이다(9:3-6).

오랜 기간동안 선포된 그의 메시지는 몇 단계를 거쳐서 나타난다. 첫 단계에서 예레미야는 그들이 멸망을 당하지 않도록 하기 위하여 회개를 촉구했다(3:12). 둘째 단계로 그들이 회개하지 않자 하나님의 징계는 불가피했다(21:1-10). 그러나 셋째 단계에서 그는 이 심판이 회복을 위한 것이라고 선포한다. 하나님의 자비로 바벨론 포로는 심판을 받아들이는 사람들에게 생명의 길이 될 것이다(21:9; 24:4-7). 바로 다음 단계에서 새 언약의 소망을 포함하는 약속이 이해될 수 있다(31:31-34). 옛 언약은 의문에 새겨졌지만 새 언약은 마음에 새겨져서 하나님과 인격적인 교제를 할 수 있고 확실한 용서를 보장한다(히 7, 8장). 그러므로 여기서 한때 이스라엘에 의해서 무시당하던 언약이 하나님의 자비로 재건되었다.

예레미야는 그 자신이 그 메시지에 깊이 연루되어 그것 때문에 정상적인 사회생활과 가정생활도 포기한 채 고통을 받았다(15:17; 16:2). 거기다가 살해음모를 당하고(11:18-24; 18:18) 옥에 갇히고 매를 맞기도 했다(20:2; 37:15-16; 38:6). 그는 백성이 당할 고통을 알고 통렬함을 느꼈지만(4:19-21; 10:19-22) 죄를 거스르는 하나님의 열정을 느끼기도 했다(8:21-9:3). 그래서 그는 양쪽에서 오는 거의 견딜 수 없는 고통을 감당해야 했다. 그러나 이 모든 것에서 하나님이 결국 구원하시리라는 확신이 있었다(15:19-21).

예레미야는 하나님이 만국을 다스리시는 주권적인 왕으로 제시한다

(19:6-19). 우선적으로 하나님의 심판이 유다에 미치지만 결국 그 주변과 원방의 국가들도 심판을 받게된다(25:15-38, 47-49). 여호와는 애굽을 심판하여 애굽의 도움이 없이도 자기 백성을 일으킬 것이다(46:27-28). 열국에 대한 하나님의 심판의 절정은 자기 백성을 심판하는 도구로 삼았던 바벨론에서 나타난다(50-51장). 하나님은 보복을 통해서 이스라엘을 회복하신다(51:35). 그것은 하나님께서 자기 백성을 결코 버리지 않으신다는 뜻이다(51:5).

예레미야의 예언의 메시지는 결국 심판을 통한 구원과 새 언약속의 그리스도의 구속사역을 지시한다.

내용분해

개요	본문	개요	본문
예레미야의 소명	1장	시드기야 시대에 주어진 예언	34-38장
유다에 임할 심판 예언	2-25장	예루살렘 멸망과 뒷 이야기들	39-45장
참 선지자와 거짓 선지자	26-29장	열방에 내리신 예언	46-51장
회복에 대한 메시지	30-33장	유다의 멸망과 바벨론 포로	52장

3. 예레미야 애가

주제와 목적

본서는 유다의 지도자와 백성이 죄를 지어 언약을 파기함으로써 예루살렘이 멸망하지만 하나님의 사랑과 자비는 영원하다는 것을 보여준다. 이 책의 기록목적은 예루살렘의 멸망을 애곡하고 생명을 얻을 수 있는 기반, 즉 회개와 하나님에 대한 신뢰를 설명하기 위함이다.

구성과 문학적 특징

예레미야 애가는 각 장이 한편의 시로 구성되었다: 예루살렘의 고난(1장), 여호와의 분노(2장), 하나님의 긍휼(3장), 예루살렘 함락(4장), 남은 자의 기도(5장). 문학적 특징은 각 시가 독특한 대칭구조를 이루고 있다는 것이다. 특히 네 편의 시(1-4장)의 각 절의 첫 철자가 히브리어 알파벳순으로 되었다. 5장은 다르지만 22절까지 있는 것은 알파벳 수와 같다. 이렇게 한 이유는 예술성을 통해서 기억에 도움을 주기 위한 것 같다.

역사적 배경

예레미야 애가의 역사적 배경은 바벨론 군대에 의한 예루살렘 멸망이다.

구속사적 메시지

예레미야 애가의 구속의 메시지는 한 마디로 비극의 반전으로 설명할 수 있다. 과거의 영광과 현재의 붕괴는 파멸과 희망을 신학적으로 대비시키고 있다. 애가의 강조점은 예루살렘의 잿더미 속에서 하나님의 의를 정당화하는데 있다(1:18). 그 도성의 멸망은 우발적인 것이 아니고 하나님의 언약을 거스른 마땅한 결과였다. 그들의 만연한 죄는 명백했다(1:5, 8-9, 18, 22; 2:14; 3:40-42; 4:13, 22, 5:7). 그렇지만 유다의 곤경은 전혀 희망이 없는 것은 아니었다. 비록 그 희망이 강조되지는 않았지만 그 원인은 언약에 대한 신실성이라고 설득력있게 언급되었다(3:1-39). 전에 선지자들이 평안을 예언하던 것과 예레미야가 이 끔찍한 상황가운데서 이 희망을 제공하는 것은 전혀 다른 것이다. 그가 고난을 받으며 하나님의 징계를 인정하는 것(3:25-30)은 설득력있는 증거가 된다.

이 애가는 멸망을 통해 하나님의 구속을 보여주기 때문에 그리스도인은 역경 속에서도 오직 하나님의 구원을 바라보아야 한다는 교훈을 얻는다.

내용분해

개요	본문	개요	본문
첫째 애가	1장	넷째 애가	4장
둘째 애가	2장	하나님께 드리는 기도	5장
셋째 애가	3장		

4. 에스겔

주제와 목적

본서의 주제는 두 가지다. 하나는 전반부(1-32장)에서 재난에 대한 경고가 선언되었고, 또 하나는 후반부(33-48장)에서 희망의 약속을 주제로 삼고 있다. 에스겔의 예언은 유대인들에게 예루살렘 함락의 책임이 있음을 확정하고 동시에 회복된 예루살렘과 성전 그리고 땅을 구체적으로 그려주면서 함락 후의 유대인들을 위로하기 위해서 기록되었다.

구성과 문학적 특징

본서는 크게 네 부분으로 구성되었다: 선지자의 소명(1-3장), 유다 멸망 예언(4-24장), 열국 심판 예언(25-32장), 유다의 회복(33-48장). 마찬가지로 문학적 구조에 있어서 에스겔서는 주제를 따라 글의 분량도 균형이 잘 잡혀있다고 볼 수 있다: 유다 멸망, 열국 심판, 유다의 회복.

역사적 배경

에스겔은 아마도 주전 597년에 바벨론으로 잡혀갔을 것이다. 그는 바벨론에서 주전 586년 예루살렘의 최후 멸망에 대해서 쓰고 하나님께서 자기 백성을 위해 예비하신 미래의 영광을 예언했다.

구속사적 메시지

역사적으로 에스겔은 두 차례의 바벨론 포로이송(주전 605, 597년)이 있은 이후 그리고 예루살렘 멸망 전에 소명을 받았다. 그의 예언은 당대의 선지자들이 불가능하다고 여긴 것을 경험하는 고통받는 남은 자에게 주는 하나님의 말씀이었다. 그는 선지자로서 말씀만 전하는 것이 아니라 상징적인 행위를 통하여서도 예언했다(4:1-4; 5:1-4; 12:3-6; 24:3-5, 15-24; 37:16 등) 에스겔이 환상을 통해서 본 것은 하나님의 초월성을 강조한다. 이것은 그 분의 전능이 자기 백성의 실패에 제한을 받을 수 없다는 뜻이다. 그래서 구약의 이스라엘 역사와 종교의 실체를 가장 적나라하게 묘사했다(16, 20, 23장). 회복에 대한 약속은 더 이상 백성들의 회개에 달린 것이 아니라 회개로 이끄시는 하나님의 은혜의 행위에 달려있었다(36:16-32). 무엇보다도 회복은 하나님의 영광을 입증하는 것이다. 모든 것이 하나님의 은혜에 속하기 때문에 하나님과의 개인적인 관계는 계승되는 것도 아니고 자신의 과거에 달려있는 것도 아니다(18; 33:10-20). 하나님은 그의 영을 부어주셔서 자기 백성을 새롭게 하신다(36:26-27, 37:14). 그리고 그 백성을 중심으로 메시아의 영원한 통치가 이루어진다(37:25). 이 책의 마지막 부분은 회복된 성전예배에 할애하고 있다(40-48장). 이 가운데 나타난 하나님의 영광은 하나님이 자기 백성을 결코 버리지 않으신다는 확정이다. 이 찬란한 메시아 왕국의 예언은 궁극적으로 그리스도를 통하여 영적인 아브라함의 자손에게 돌아오는 혜택이다(갈 3:29; 벧전 1:10-11).

내용분해

개요	본문	개요	본문
에스겔의 소명과 하나님의 환상	1-3장	이스라엘의 회복 예언	33-39장
유다의 범죄와 하나님의 심판	4-24장	메시아 왕국의 영광	40-48장
열방들에 대한 예언	25-32장		

5. 다니엘

주제와 목적

다니엘서는 바벨론 제국이라는 상황 속에서 인간의 역사에 개입하셔서 주권적으로 역사하시며 자기 백성에 대한 약속을 이루어가시는 하나님을 계시한다. 본서는 이스라엘이 하나님 앞에서 거룩한 삶을 살도록 격려하기 위해서 기록되었다. 이것은 세 가지로 나타난다. 그것은 다니엘과 그의 친구들이 목숨을 걸고 하나님에 대한 믿음을 지킨 것과 하나님이 신실한 백성을 보호하기 위해서 모든 상황을 주관하신다는 것, 그리고 미래에 대한 환상을 통하여 하나님의 약속의 성취와 회복이 이루어진다는 것이다.

구성과 문학적 특징

다니엘서는 뚜렷하게 두 부분으로 구성되었다. 첫째 부분은 주로 역사적 서술이고(1-6장), 둘째 부분은 주로 예언으로 이루어졌다(7-12장). 본서의 문학적 장르는 세부적으로 다양하지만 대체로 역사와 예언 그리고 묵시적 메시지로 분류할 수 있다.

역사적 배경

유다의 포로는 세 차례 바벨론에 갔다. 첫째가 주전 605년, 둘째가 주전 597년, 셋째가 예루살렘 멸망에 이은 주전 586년이다. 다니엘은 첫째 그룹에 들어간다(1:1). 그리고 다니엘의 마지막 예언은 고레스 삼년에 있었다(10:1). 이때는 스룹바벨이 팔레스타인으로 돌아간지 이년 후의 일이었다. 그래서 다니엘의 이스라엘의 전 포로기간 동안 예언했다.

구속사적 메시지

다니엘의 메시지에서 구속역사는 하나님의 주권이라는 주제 속에서 펼쳐진다. 막강한 군주들과 제국들도 하나님의 뜻이 허용하는 범위 안에서 권력을 쥘 수 있고, 그 권력의 틈바구니 속에서 자기 백성은 안전하게 보호받았다: 왕궁에서 소년들 보호(1장), 다니엘의 해몽(2장), 세 친구 보호(3장), 느부갓네살의 낮아짐(4장), 벨사살에 대한 심판(5장), 사자굴에서 구원(6

장), 제국에 대한 주권행사(7-12장). 그의 메시지는 하나님에 대한 깊은 경건과 신뢰 그리고 헌신을 보여준다. 그것은 믿음 때문에 고난받는 다니엘과 그의 친구들의 신앙적 절개에서 입증된다. 하나님의 주권은 이렇게 백성에 대한 사랑과 보호로 나타난다. 이 사랑은 이스라엘의 회복의 중요한 요인이 되고 결국 메시아의 도래로 구현된다. 그의 왕국은 특징있는 세 가지 이상의 끝에 항상 나타난다: 네 부분으로 된 형상(2:1-49), 네 짐승(7:1-28) 그리고 칠십 이레에 대한 이상(9:1-27). 그리고 인자로 표현된 인물(7:13-14)과 '칠십 이레'와 관련된 예언에서(9장) 그리스도를 발견하게 된다. 여기서 전통적인 견해로는 장차 그리스도가 오셔서 십자가의 죽음을 당하시고(9:26) 결국 승리하실 것(9:27)에 대한 예언을 대할 수 있다.

내용분해

개요	본문	개요	본문
다니엘서의 역사적 무대 세상나라들의 운명	1장 2-7장	이스라엘의 문명 결론	8-12장

✢ 학습 문제

1. 하나님이 자기 백성을 징계하는 방법은 무엇이었는가? (참고, 이사야)

2. 이스라엘이 멸망하면 하나님의 약속은 어떻게 되는가? (참고, 이사야)

3. 옛 언약과 새 언약의 차이는 무엇인가? (참고, 예레미야)

4. 에스겔이 본 새 성전의 환상의 의미는 무엇이며, 그 영광은 언제 이루어지는가?

5. 다니엘서에서 하나님이 주권자가 되시는 것이 어떻게 나타나는가?

5장

소선지서

선지서 가운데서 적은 분량인 예언서를 기록한 선지자를 소선지서라고 한다. 유대교에서는 이 부분을 한 권의 책으로 분류하지만 기독교는 열두 권으로 분류한다. 소선지서는 분열왕국시대부터 제2성전시대까지 선지자들을 통한 하나님의 메시지를 담고있다.

1. 호세아

주제와 목적

결혼을 통한 비유와 호세아의 예언은 하나님의 언약에 신실하심과 변치 않는 사랑을 상조한다.

구성과 문학적 특징

호세아서는 크게 두 부분으로 구성되었다: 호세아의 결혼과 메시지(1-3장), 심판과 회복 약속에 대한 예언(4-14장). 본서 의 구조는 하나님의 백성에 대한 심판을 선포하는 구절과 그들에 대한 치유를 선언하는 구절 사이를 오가는 복합적인 구조를 이루고 있다.

역사적 배경

호세아의 사역은 주전 753년(여로보암 2세 죽음)경부터 주전 722년의 사마리아 멸망 바로 직전까지 걸쳐있다. 여로보암 2세가 죽은 이후 그를 계승한 왕들은 정치적 혼란 속에서 여섯 명 중에 네 명이 암살당했다. 반면에 앗수르는 강성하여 팔레스타인을 위협했다. 호세아의 사역기간 동안 이스라엘은 영적으로, 도덕적으로 타락했다. 아마도 아모스도 동시대에 사역했을 것이다.

구속사적 메시지

고멜과의 결혼은 여호보암 2세의 마지막 몇 년의 통치기간에 이루어졌다고 볼 수 있다. 그때 예후 왕조가 권좌에 머물러 있었다. 호세아의 아들들 중에 하나인 이스르엘이란 이름과 또 다른 두 아들의 탄생은 외형적인 시대적 번영과 잘 어울린다. 여호와께서 호세아에게 이상한 명령을 하신 원인은 "이 나라가 여호와를 떠나 크게 음행하였기 때문이다"(2장). 이스라엘은 부끄럽게도 여호와를 떠나서 음행한, 가나안화된 하나님의 나라가 되었다. 호세아 아이들의 이름이 그 백성의 타락과 부패를 상징하고 있다. 즉, 이스르엘은 '예후의 피흘림의 죄에 대한 복수', 로루하마는 '긍휼이 없다', 로암미는 '내 백성이 아니다'로 깨어진 언약관계를 각각 나타낸다.

호세아의 심판은 백성의 죄 때문이다. 종교, 정치, 사회 모든 방면에 죄가 만연했다. 그 원인은 하나님을 아는 지식을 잃어 버렸기 때문이다(4:6; 6:6). 그 지식은 하나님에 대한 사랑과 존경이다. 종교적으로 이스라엘은 여호와를 바알처럼 숭배했고, 또 바알도 섬겼다(4:13; 4:14; 8:11; 10:1). 정치적으로는 혼란스러웠다. 예후는 아합의 집을 처단할 때 하나님의 명령을 따른 것이 아니고 지나쳐서 자신의 기분을 따랐다. 여호보암 2세 이후 반란과 왕의 살해가 있었다(7:3-7). 이것을 가마와 빵굽는 자의 모습으로 비유한다(8:4). 외교적 부분에서 이스라엘은 환자가 의사에게 가듯이 앗수르에게 우정과 원조를 구했다(5:13; 7:11). 살인, 간음, 폭행, 강도로 인한 사회적 불안도 만연했다(4:1; 7:1; 6:8). 선지자와 제사장 같은 지도자들도 타락했다(4:5ff.; 9:15).

이 죄에 대한 심판은 당시의 선지자들의 말씀을 통하여 수행되었다(6:5). 하나님은 1장에서 이미 그 타락에 보응하시고, 그것은 미래에 이루어질 것도 가리킨다. 나라와 왕권의 멸망(10장)으로 심판이 나타난다.

그러나 그 심판이 끝이 아니었다. 구원에 대한 표적은 2장에 이미 나와 있다. 그 구원은 여호와께로 돌아가는 백성을 위해 마련된 것이다(6:1, 2). 죄 용서와 삶에 활기가 약속을 보장되었다(14:5-7). 결혼을 통한 비유와 호세아의 예언은 하나님의 언약에 신실하심과 변치 않는 사랑을 강조한다

(11:9). 그래서 하나님의 백성은 구속의 언약 안에서 항상 소망을 가진다.

내용분해

개요	본문	개요	본문
호세아 선지자의 시련	1-3장	이스라엘의 임박한 심판과 파멸	9-10장
교만과 우상숭배	4-8장	하나님의 사랑과 자비	11-14장

2. 요엘

주제와 목적

본서는 임박한 여호와의 날을 더 철저한 심판으로 묘사하는 메뚜기 재앙에 근거하여 이스라엘의 회개를 촉구하기 위하여 기록되었다. 물론 이 예언은 대적의 파멸과 이스라엘의 구원의 날에 미래의 구원과 번영에 대한 약속으로 그 백성을 위로하기 위한 의도도 있다.

구성과 문학적 특징

요엘서는 표제를 제외하고 네 부분으로 구성되었다: 1장, 2:1-17, 2:18-32, 3장. 본서의 구조는 이 문단 안에서 재앙과 회개, 심판과 약속을 골격으로 대략적인 대칭구조를 갖고 있다.

역사적 배경

요엘의 역사적 배경은 알기 어렵다. 여러 가지 정황을 볼 때 포로 전으로 보는 것이 유력하고 또 장로가 지도자로 나와 있는 것은 요아스 때와 잘 어울린다(주전 835-796). 그가 아직 어렸기 때문이다(왕하 11:21). 유다의 멸망을 연상케할 만한 구절(3:1-3)인데 포로전에도 여러 차례의 침략과 약탈이 있었고(왕상 14:26; 왕하 8:20-22; 역대하 21:16, 17), 또 기록되지 않는 침략도 생각할 수 있을 것이다.

구속사적 메시지

다른 선지서와 마찬가지로 요엘도 오경의 언약을 근간으로 선포한다. 요엘의 메시지가 담고 있는 재앙은 언약의 하나님이 내리시는 저주와 심판인데, 이것은 국가적인 불순종의 결과로 밖에 볼 수 없다(요아스 시대로 본다). 실로 메뚜기 재앙은 농사가 나라의 번영과 부의 원천이었던 유다에 치명적인 것이었다. 그래서 장로와 농부, 제사장, 모든 백성이 애통한다. 심각한 기근과 메뚜기의 침입으로 인하여 소산이 줄어든 결과 소제와 전제가 여호와의 전에 끊어졌다(1:9). 선지자는 메뚜기 재앙이 단순한 자연적 재해가 아니기 때문에 그 전례없는 재난을 대대로 전하라고 한다(1:2, 3). 선지자는 부와 풍요로 도취되어 하나님을 떠나 범죄한 백성을 향해서 영적 각성과 회개를 촉구한다(1:5). 가시적인 메뚜기 재앙과 구체적인 기근으로부터 자연을 통치하시는 하나님의 손길을 보라고 외친다. 그래서 백성은 애곡하고(1:8), 제사장은 금식일을 정하고 성회를 선포하여 온 백성을 성전으로 모으고 회개함으로써 하나님과의 언약관계를 회복하도록 해야 했다(1:14).

선지자는 심각한 메뚜기 재앙과 기근을 언급하면서 임박한 여호와의 날의 공포와 멸망을 언급하고 있다(1:15, 2:1). 이 파멸은 파괴적인 전투 무기를 가진 강한 군대에 의한 것이다(2:2-11). 이 모든 것은 백성들의 죄의 결과로 인한 것이기 때문에 선지자는 여호와의 날에 당할 환난을 피하기 위하여 회개하라고 촉구했다(2:12-17). 하나님의 백성이 진심으로 하나님께 돌이킬 때 그 백성에게 놀라운 복이 임한다(1:12; 2:19, 21-23).

하나님의 회복은 그들이 입은 경제적 손실을 보상해 주시는 데서 그치지 않는다. 더 나아가 그의 영을 만민에게 부어주심으로써 마음을 새롭게 하신다(2:28, 29).

그리고는 열국의 심판을 통하여(3:2) 자기 백성을 학대한 보복을 하신다(3:2-6). 여기서 아브라함에게 하신 하나님의 약속이 적용된다(창 12:3). 역사는 자연론적 인과론에 근거한 것이 아니라 구속을 향한 하나님의 주권에 달려있다.

내용분해

개요	본문	개요	본문
여호와의 날이 임하리라	1-2:11	열방에 대한 심판	3:1-13
회개에 따른 복의 선포	2:28-32	축복의 선포	3:14-21
하나님의 신이 임하리라	2:28-32		

3. 아모스

주제와 목적

본서는 북왕국의 사회적 불의와 도덕적 타락 그리고 영적인 배교에 대한 심판을 선포하기 위해서 기록되었다. 여기서 언약의 임무를 따라야 할 국가의 책임을 보여주고 윤리적인 행위를 떠난 외적인 종교형식은 하나님 앞에 인정되지 않음을 강조한다.

구성과 문학적 특징

이 책은 네 부분으로 구성되었다: 열국에 대한 심판(1-2장), 이스라엘에 대한 심판(3-6장), 심판에 대한 다섯 가지 환상(7:1-9:10), 회복과 축복의 약속(9:11-15). 아모스의 문체는 기본적으로 시체로 쓰였지만 예언문학 형식, 찬미형식, 환상과 자서전적인 요소도 있다.

역사적 배경

아모스가 활동하던 시대는 여로보암 2세의 통치로서 북 이스라엘이 지중해 동부 연안을 따라 막강한 지위를 행사하는 시대였다(왕하 14:25-28). 남쪽의 웃시야 왕과 함께 솔로몬 이후의 최대의 영토를 확장했다. 앗수르의 위협은 없었고, 남북 간의 관계도 좋았다. 그러나 아모스는 반항적인 자기 백성에 대한 하나님의 임박한 심판을 보았다(5:27; 7:11, 16-17).

구속사적 메시지

하나님은 시온에서 심판하시는 자(1:2)로 묘사하는 아모스의 예언은 열국에 대한 심판과 자기 백성에 대한 심판으로 가득 차 있다. 열국에 대한 심판은 아브라함의 약속에 근거를 둔 것이고(창 12:3), 자기 백성에 대한 비판은 선택에 기초를 두고 있다(3:2).

아모스 시대의 경제는 전례없는 번영과 태평세월을 누리고, 전반적인 사회생활의 특징은 극단적인 대조를 이루는 것이다(2:6; 3:12-15; 4:1-3; 5:11; 8:4f). 그리고 부조리한 사회를 바로 잡아야할 법정마저도 부패했다(5:10). 사람들은 물질적 번영을 하나님의 은혜로 착각했다. 사태의 근저에는 거짓된 신적 제시가 만연했다(5:14).

부자는 사치스런 선물로써 그의 신의 은혜를 샀다. 아모스가 한 역할을 담당했던 역사는 이스라엘을 부끄럽게 하기 위해서 블레셋 사람들과 아람 사람들의 예를 든다(2:9, 아모리 사람들). 이스라엘 사람들은 공중에 구름을 보지않고 여호와의 날에서 찬란한 것을 제시하고 있지만(5:18-20), 아모스는 심히 진노하실 수 있는, 그리고 자기 백성을 심판하실 수 있는 언약의 하나님을 선포한다. 그 심판의 선포는 또한 정치적인 파멸을 가리킨다(3:11; 5:3; 7:9; 4:1ff). 아모스는 다섯 가지의 환상을 통해서도 하나님의 백성에 대한 징계를 선포했다(7:1-9; 8:1-3; 9:1-6). 뿐만 아니라 그는 구원으로 돌이키라고 부르짖었다(5:4-6, 14). 여기서도 그는 언약의 하나님을 섬겼다.

결론적으로 그는 끝에서 미래의 구원에 대해서 예언한다. 그것은 다시 세워지게 될 다윗의 무너진 천막에 관한 언급이다. 다윗의 왕가가 한 때 받았던 약속의 수행자로 남아있다. 이것은 계속적인 정치적 위대함으로, 그리고 경제적으로 영복의 기쁨으로 인도한다. 그래서 궁극적인 하나님 나라를 바라보도록 한다.

내용분해

개요	본문	개요	본문
이스라엘 주변 국가들에 대한 심판	1-2장	세 가지 환상	7:1-9
이스라엘의 죄악과 심판	2-3장	아모스와 아마샤	7:10-17
하나님이 재앙을 내리시리라	4장	네 번째 환상과 기근의 선포	8장
여호와를 찾으라	5장	심판과 회복의 선포	9장
이스라엘의 지도자들의 죄악	6장		

4. 오바댜

주제와 목적

본서의 주제는 하나님께서 에돔을 심판하심으로써 자기 백성을 회복시킨다는 것이다. 예루살렘 침공으로 말미암아 심각한 좌절을 겪고 있는 유다 백성을 위로하기 위한 목적으로 기록되었다. 즉 왕이신 하나님이 공의로 심판하신다는 것이다.

구성과 문학적 특징

오바댜서는 세 부분으로 구성되었다: 에돔에 대한 경고(1-14), 우주적인 심판(15-16), 이스라엘의 회복(17-21). 본서의 문체는 시체(1-18절)와 산문체(19-21)로 되어 있지만 그 가운데 이미지 기법, 병행법에다 간결체가 두드러진다.

역사적 배경

오바댜는 여호람 시대에 예언한 것으로 본다(주전 845). 그때 에돔이 독립을 하고(대하 21:8-10) 예루살렘은 블레셋과 아라비아 동맹군의 침략을 받았다. 그 당시의 상황을 통쾌하게 여기는 에돔이 심판의 대상이 되었다.

구속사적 메시지

이스라엘 전 역사에 걸쳐 지속되었던 에돔과의 불편한 관계는(삼상 14:47; 삼하 8:13-14; 시 137:7) 헤롯과 예수 그리스도의 관계까지 이어진다. 에돔은 혈맹의 관계를 무시하고 예루살렘과 유다를 파괴하는 대적의 편에 서서, 원수를 도왔다(여호람 때로 추정된다, 대하 21:8-17). 형제의 환란을 방관하고, 기뻐하고, 피신하는 것을 방해함으로써 남보다 못한 관계에 있었다(12-14절). 또한 그들은 교만했다(3절).

에돔의 죄에 대한 심판은 그들이 자랑스럽게 여기던 것에 내려진다. 난공불락의 요새(3절)와 그들의 지혜(8절)가 그것이다. 여러 나라들이 연합군을 형성하여 에돔을 대적할 것이며 (1절 후반부) 이 연합군의 공격은 교만한 에돔이 아무것도 남지 않고 멸망당할 정도로 대단한 것이므로 에돔은 열국으로부터 철저히 멸시당할 것이다(2절). 하나님의 심판은 철저해서 그들에게 남는 것이 없다(5, 6절). 동맹군도 없고 나라도 구원의 소망도 사라질 것이다 (7-9절). 그리고 "유다에 행한 포학을 인하여 수욕을 입고 멸절될 것이다"(10절). 그가 행한 대로 보응을 받게 되었다(15절). 하나님은 왕으로서 그렇게 하신다.

하나님께서 에돔을 멸하시고 야곱을 높이셨다(말 1:2, 3). 에돔의 멸망과 함께 이스라엘이 회복되어 이방나라를 다스릴 것이다. 시온에 거하시는 왕의 통치권아래 이방세계로부터 한 민족이 형성될 것이고, 그 왕권에 굴복하지 않는 민족은 완전한 멸망을 맞을 것이다. 이 왕권은 여호와, 즉 스스로 존재하시는 언약의 하나님의 것이다(21절).

내용분해

개요	본문	개요	본문
에돔에 대한 심판	1:1-16	이스라엘의 승리의 날	1:17-21

5. 요나

주제와 목적

본서는 선지자 요나의 사역을 통해서 하나님은 열방의 하나님이시지만 이스라엘에 대한 애착과 함께 회개 촉구를 보여준다. 이 책은 니느웨의 회개를 통한 하나님의 사랑을 보여주면서 그들의 회개를 촉구하기 위해서 기록되었다.

구성과 문학적 특징

요나서는 다섯 부분으로 구성되었다: 하나님의 사명에 대한 요나의 반항과 폭풍으로 막으심(1:1-16), 하나님의 은혜에 대한 요나의 감사(1:17-2:10), 요나의 선포와 니느웨의 회개 결과(3:1-10), 니느웨 사람들이 구원받은 것에 대한 요나의 불평(4:1-4), 요나가 니느웨 멸망을 바라고 있을 때 주는 교훈(4:5-11). 문학적 구조는 하나님의 말씀이 임하는 것으로 시작하는 1, 3장과 요나의 반응으로 시작하는 2, 4장이 병행을 이룬다는 것이다.

역사적 배경

요나는 여로보암 2세 때 영토확장을 예언한 선지자로서 앗수르 제국의 가장 큰 도시인 니느웨로 가야 했다. 이스라엘은 주전 841년부터 앗수르에 조공을 바치고 있었다.

구속사적 메시지

요나서가 주는 구속사적 메시지를 한마디로 이방민족에 대한 하나님의 사랑이 아니라 이스라엘에 대한 하나님의 사랑이다. 그것은 요나의 사역을 통한 니느웨의 회개에 근거해서 이스라엘에 대한 회개 촉구를 통해서 나타난다.

그가 도피한 것은 하나님의 긍휼이 앞선다고 보고 선포의 말씀이 실현되지 않을 것으로 생각했기 때문이다(4:2). 그는 도피하면서 바다의 폭풍을 만나고 이방인들에게 부끄러움을 당하게 된다. 요나는 죽게 된 상황에서 하나님의 은혜로운 보살핌을 받아서 물고기 뱃속에 거하는데, 거기서 감사의 노래와 시를 하나님께 드린다. 물론 회개가 있었을 것이다.

결국은 순종하여 하나님의 말씀을 선포하는데, 그것은 심판의 메시지였다: "사십일이 지나면 니느웨가 무너지리라" 이 메시지를 듣고 제국의 백성들이 회개의 반응을 보인다는 것은 현실적으로 기대할 수 없는 일이다. 그러나 니느웨 백성들은 자기들의 관습을 따라 즉각적으로 회개했다(3:8). 그들의 회개는 하나님 보시기에 충분한 것이었다. 이것이 이스라엘 백성에게 경고가 된다. 그들도 회개하면 용서받는다는 실제적인 사건을 선지자의 선포로 전했다. 예수님은 니느웨 백성의 회개를 그 세대 사람을 심판하는 기준으로 삼으셨다(마 12:41).

니느웨는 구원받았지만 요나는 그것을 못마땅하게 여긴다. 이 책은 여호와께서 식물과 인간과 동물의 창조주와 주가 되신다는 교훈으로 끝맺는다.

내용분해

개요	본문	개요	본문
하나님 명령에 대한 불순종	1장	니느웨 백성들의 회개	3장
요나의 기도	2장	요나의 불평과 하나님의 교훈	4장

6. 미가

주제와 목적

미가서는 심판의 위협과 아브라함과 다윗 왕에게 하신 하나님의 약속에 대한 궁극적인 승리의 약속에 의해서 회개를 권하기 위해서 기록되었다.

구성과 문학적 특징

본서는 세 부분으로 구성되었다: 백성의 심판과 회복(1-2장), 지도자의 고소와 미래 희망(3-5장), 하나님의 비난과 왕국의 궁극적 승리(6-7장). 문학적 구조는 '들어라' (1:2; 3:1; 6:1)의 반복이 인상적인데, 책 전체는 심판(1:2-2:11; 3:1-12; 6:1-7:6)과 구원(2:12-13; 4:1-5:15; 7:7-20)의 층으로 이루어졌다.

역사적 배경

미가는 이스라엘이 멸망할 즈음에 두 왕국에 대해서 그 길을 돌이키라고 경고를 발했다. 그의 경고는 진지하게 받아들여졌고, 히스기야의 개혁에 기여했다(렘 26:18-19). 그는 북쪽의 호세아와 아모스 그리고 남쪽의 이사야와 동시대 사람이다.

구속사적 메시지

미가의 선포는 여호와와 이스라엘 간의 유대를 출발점으로 삼는다. 하나님은 인상적인 현현을 통하여(1:3, 4) 그의 백성과 변론을 요청하며(2:8; 6:2) 은혜의 역사를 상기시키고(6:3; 7:20) 진노를 발하셨다(1:5). 그들의 죄는 거짓 평안(3:11)과 그릇된 제의(1:5; 5:12ff)와 사회생활의 죄(2:1ff; 2:9; 3:1; 3:9) 전반에 나타났다.

미가를 통한 하나님의 심판은 여호와의 날로 나타나는데 공의의 보응의 성격을 띤다(2:5; 3:6; 6:14). 사마리아에 대한 심판에 이어서 유다의 심판도 선포한다. 미가는 그 방법에 있어서, 주전 701년에 산헤립이 유다를 침략하여 포위할 것을 예언한 이사야와 꼭 같이 예언했다. 미가서에도 예루살렘 멸망에 관한 예언이 있다(3:12). 이것은 예레미야 시대에도 잘 기억할 수 있었다(렘 26:18). 그는 바벨론 포로에 대해서 4:9이하에서 아주 많은 말로 이야기했다.

동일한 하나님은 또 친절하시다(2:7; 6:3; 7:5, 6, 18-20). 그 하나님은 공법을 세우기를 요구하신다. 미가 또한 공의를 요구한다. 미가의 전형적인 것은 '선한 것' 이란 말에 요약되어 있다(3:2; 6:8). 이것은 하나님과 더불어 사는 법률적-윤리적-종교적인 삶을 뜻한다.

구원에 대한 미가의 예언은 시온 중심으로 나타난다(4:1-5). 이와 관련하여 포로귀환에 대해서도 언급되었다(2:12, 양떼, 4:8; 남은 자, 7:11). 구원의 메시지는 메시아가 베들레헴에서 탄생하실 것이라는 예언에서 절정을 이룬다(5:1).

내용분해

개요	본문	개요	본문
임박한 하나님의 심판	1장	주께서 보이신 선한 것	6장
유다의 죄악	2-3장	오직 하나님만 바라리라	7장
메시아 왕국과 이스라엘의 회복 예언	4-5장		

7. 나훔

주제와 목적

본서의 주제는 주권적이시고, 공의로우신 하나님께서 죄악이 관영한 앗수르를 심판하시는 것이다. 따라서 나훔서의 기록목적은 이스라엘의 대적인 니느웨에 대한 임박한 심판을 선언함으로써 유다를 위로하기 위함이다.

구성과 문학적 특징

나훔서는 세 부분으로 구성되었다: 인내와 능력(1장), 니느웨에 대한 하나님의 공격(2장), 니느웨의 포로에 대한 원인과 확실성(3장). 본서의 문체는 전체적으로 시문으로 되어있는데, 두운법과 대칭구조와 구조를 감싸는 기법을 통해서 의미를 부각시킨다.

역사적 배경

나훔의 예언은 니느웨가 바벨론과 메대의 군대에 멸망당하기 전에 선포되었다. 나훔 선지자는 므낫세 통치기간(주전 697-642)에 예언했나. 앗수르 왕 아슈르바니팔은 므낫세를 애굽원정을 지원하는 유다의 봉신으로 세웠다. 므낫세는 공식적인 앗수르 종교의식과 다른 이교적 의식을 유다에 끌어들였다(왕하 21:1-18). 앗수르는 고대근동의 패권을 잡고 아슈르바니팔은 잔인한 군사적 만행을 감행했다.

구속사적 메시지

나훔은 하나님을 열방의 하나님으로 제시한다. 그 하나님께서 죄악이 관영한 앗수르를 심판하신다는 것이다. 선지자는 처음부터 질투하시며, 보복하신다는 하나님의 속성과 관련된 심판의 근거를 강하게 제시한다. 그 하나님은 공의로 정당하게 보복하신다(신 32:43).

나훔은 니느웨가 철저하게 멸망당하는 모습을 생생하고도 박진감있게 묘사한다. 한때 열국들을 먹이로 삼던 사자 앗수르가 이제는 신세가 뒤바뀌었다(2:11, 12). 실제로 앗수르는 주전 612년 멸망했다. 억압받던 유다는 회복될 것이다(2:2).

열국에 대한 니느웨의 죄(3:1-4)는 돌이킬 수 없는 것으로 하나님의 심판을 초래했다. 그 도성은 음녀가 당하는 형벌에 처해지며(3:5-7), 이 멸망은 역사적으로 상 이집트의 수도 테베스가 무너진 것을 상기시키는데 더욱 분명해진다(3:8-10). 이것은 피할 수 없는 심판임을 강조한다.

하나님은 이 세계에 관심을 가지시고 죄를 심판하신다. 하나님의 관점은

공의에 있다 : "여호와는 노하기를 더디하시며 권능이 크시지만 죄인을 결코 사하지 아니하시느니라"(1:3). 하나님은 역사의 주관자이시며 역사는 하나님의 활동무대이다. 나라의 운명은 공의로우신 하나님의 장중에 달려 있다.

내용분해

개요	본문	개요	본문
니느웨의 멸망의 선포 니느웨의 비참한 패배	1장 2장	니느웨에 임할 저주	3장

8. 하박국

주제와 목적

본서의 예언은 도덕적 악에 대한 하나님의 공의로운 심판을 통하여 세상의 악의 존재에 대해서 경건한 사람의 태도가 어떠해야 하는지를 보여준다. 하박국서는 이스라엘이 죄로 말미암아 가장 암울했던 한 시기에 위로와 희망을 주기 위해서 기록되었다.

구성과 문학적 특징

본서는 두 부분으로 구성되었다: 하나님과의 대화(1-2장)와 찬송과 찬양(3장). 대화는 하박국이 하나님께 하는 두 질문과, 각각에 대한 하나님의 응답으로 이루어졌다. 하박국서의 문학장르는 예언서이지만 선지자의 예언은 시편과 같이 탄원(1:2-4, 12-17)과 찬양(3:17-19)을 포함한다.

역사적 배경

북이스라엘은 이미 앗수르에게 망하고 남유다는 바벨론에 의해서 나라의 반은 잠식을 당한 상태에 있었다. 주전 605년 바벨론은 남쪽의 진군을 막던 애굽 군대도 파괴해버렸다. 이런 상태에서 하박국 선지자는 요시아, 여호아하스와 여호야김 시대에 예언한 것으로 본다(주전 640-597년).

구속사적 메시지

하박국이 백성 중의 악인들에 대한 하나님의 징계가 지연되는 것을 호소하자(1:2~4). 하나님은 바벨론이 행악하는 자들에 대한 심판을 곧 가져올 것으로 대답하셨다(1:5-10). 그렇지만 이 답변은 악한 자와 하나님의 징계에 대한 의문을 남겼다(1:12-17). 그러나 하나님은 바벨론의 야만성도 심판받을 것이라고 하셨다(2:2-20). 악의 현존 가운데서 의인의 태도는 믿음으로 사는 것이다(2:4). 이것은 바울을 통해서 잘 알려졌다(롬 1:17, 갈 3:11).

하박국은 주의 일이 수년 내에 나타날 것을 기도하며(3:2), 하나님의 계획을 찬양하고, 그를 신뢰할 수 있었다(3:17-18). 하박국은 하나님의 의를 깨달아 하나님께서 물질적인 복을 허락지 않으신다고 해도, 그 분은 여전히 찬양받기에 합당하신 분이라는 것을 알았다. 이것은 하나님의 주권적인 행위를 인정하고 그 분을 의지하는 것이 중요하다는 메시지를 준다.

내용분해

개요	본문	개요	본문
하박국의 첫 번째 질문 하나님의 첫 번째 응답 하박국의 두 번째 질문	1:1-4 1:5-11 1:12-2:1	하박국의 두 번째 응답 하박국의 찬양	2:2-20 3장

9. 스바냐

주제와 목적

스바냐서의 주제는 불순종한 유다에 대한 임박한 심판과 언약에 신실한 하나님의 자비로 참된 남은 자의 구원을 예언하는 것이다. 본서의 목적은 여호와의 날이란 임박한 우주적 심판을 경고하고 하나님의 백성중 남은 자가 회개하고 보호받도록 하기 위함이다.

구성과 문학적 특징

본서는 크게 두 부분으로 구성되었다: 여호와의 날의 심판(1:1-3:8), 여호와의 날의 회복(3:9-20). 이 예언은 다양한 문학적 기법을 통해서 선포되었다. 과장법(1:2), 대칭구조(1:2-3:8), 재담(2:4), 첫 어구 반복(1:3, 5-6; 2:2, 3; 3:2), 하나님의 말씀은 일인칭, 선지자의 말은 삼인칭으로 바뀌는 현상 등이 수사기법으로 쓰였다.

역사적 배경

히스기야(주전 728-686년)가 죽은 이후 요시아의 통치까지(주전 612년) 유다 왕국의 영적인 상태는 악화일로를 걸었다. 주전 627년 요시아는 유다와 예루살렘에서 종교개혁을 시작했다(대하 34:3). 이 사역은 스바냐, 예레미야와 나훔 선지자의 사역의 영향이었다. 이 시기에 유다는 외국의 간섭을 받지 않았지만 신속한 바벨론의 팽창에 직면할 수밖에 없었다. 이 바벨론의 침략의 위협은 스바냐의 심판예언의 정치적인 배경이 되었다.

구속사적 메시지

스바냐는 요시아 시대에 사역했지만 요시아의 개혁 이전이었다. 그의 선포는 므낫세와 아몬의 악한 통치의 결과로 도덕적 종교적 상황이 어찌나 심각했던지 마치 노아 시대의 타락을 연상케 하는 심판으로 시작한다(1:2-3). 심판의 설교(1:2~6)는 선지자로 하여금 궁극적인 심판 즉 여호와의 날(1:7~3:20)로 이끌어 가는데, 이 날은 '마지막 날'에 인간들의 행위들에 의해 촉발될 것이다. 비록 스바냐서가 그 날을 다루는 유일한 책은 아니지만(cf. 사 2; 렘 46~51; 겔 7, 욜 2), 다른 어디서도 여기서처럼 책을 하나로 묶는 신학적 주제로 사용하고 있지는 않다.

스바냐는 이 날의 두 가지 측면을 보여주는데, 복된 희망으로서 뿐만 아니라 징계하는 심판의 때로도 나타난다. 언약을 지키지 못한 유다에 그 징계가 임할 것이다. 우상숭배(1:4-6), 유다의 지도자(3:3-4). 유다의 안일함(1:12-13)과 교만(2:3)이 특별히 정죄된다.

이 날은 열방도 심판으로부터 자유롭지 못하다(2:4-15). 특별히 나라들은 교만하여 하나님의 백성을 훼방했기 때문이다(2:10, 15).

만일 이스라엘이 스스로 겸비하고 교만에서 돌이킨다면 희망이 주어진다

(3:12). 이스라엘(3:13-17)과 열방(3:9)을 향한 미래의 복 뿐만 아니라, 이스라엘을 향한 즉각적인 축복도 있다(2:3). 17절에 나타난 하나님의 일방적인 사랑의 표현은 최고의 복음이라고 할 수 있다. 국가적이고 사회적이고 개인적인 희망은 단지 겸손이라는 맥락에서만 주어질 수 있다. 교만과 희망은 결코 공존할 수 없는 것이다. 스바냐의 결말(3:20)은 그의 메시지의 신적인 권위와 더불어 자기 백성에 대한 하나님의 위로의 확실성을 강조하기 위한 것이다.

내용분해

개요	본문	개요	본문
여호와의 날이 가깝다	1:1-2:3	예루살렘에 대한 심판	3:1-7
열방에 대한 예언	2:4-15	남은 자들이 돌아오리라	3:8-20

10. 학개

주제와 목적

본서의 주제는 성전건축에 무관심한 백성을 격려하여 전을 건축함으로써 하나님을 기쁘게 하는 것이다. 이 메시지의 목적은 게으른 유다 지도자와 백성이 자신의 영적 책임을 일깨워주기 위함이다.

구성과 문학적 특징

학개서는 두 부분으로 구성되었다: 성전건축을 위한 권고(1장), 재건에 대한 확신(2장). 이 예언의 문체의 특징은 단순하고 직설적이다. 세부적 구조의 특징 중의 하나는 반복이 잦다는 것이다: '소위를 살피는 것' (1:5, 7; 2:15,18); 하나님의 집과 백성의 집 비교(1:4, 9), 재앙의 복록(1:6, 10-11; 2:16-17, 19) 등. 이 반복은 강조를 위한 것으로 보인다.

역사적 배경

학개의 역사적 배경은 에스라 1-4장이다. 포로 귀환한 자들이 주전 536년에 성전을 다시 재건하기 시작했지만(스 3:8), 그 지역의 반대로 공사를 중단했다(스 4:1-5, 24). 다리우스 2년 (주전 520년)에 다시 공사를 시작했는데, 이것은 학개를 통한 하나님의 말씀에 의해 촉발된 것이다(1:14-15). 공사는 516년에 끝났는데(스 6:15), 이것은 이전의 성전이 주전 586년에 파괴된 지 약 70년 만의 일이다(렘 25: 11, 29:10).

구속사적 메시지

주전 520년 4개월 동안 3일간 하나님의 말씀이 선지자 학개에게 다섯 번 임했다. 이 모든 예언은 학개를 통해 왔고, 각각의 경우 특정한 사람에게 선포되었다. 이 예언의 말씀에서, 하나님은 성전건축에 관심이 없는 백성들의 눈을 열어, 그들이 회개하고 순종하도록 격려하시며, 그리고 그 결과로 복을 약속하셨다. 하나님께서는 환경적이고 정치적인 변동으로 인해 그의 성전이 하나님의 영광으로 가득 채워질 것이며, 그의 지도자들은 다가오는 소동 중에서도 안전히 보호될 것을 약속하셨다(2:6-7, 22-23). 특별히 스룹바벨을 택하셨다는 하나님의 확정적 선택은 하나님의 영원한 계획 속에 있던 구속사를 이어가는 중요한 맥이 된다(2:23).

내용분해

개요	본문	개요	본문
성전 재건의 명령 성전 재건 작업의 재개	1:1-11 1:12-15	새 성전의 영화와 축복의 선포	2장

11. 스가랴

주제와 목적

본서의 가장 큰 주제는 정상적인 기능을 가진 성전의 필요성과 백성의 마음이 모세의 언약으로 돌아오는 것이다. 이 두 주제를 중심으로 희망과 심판에 대한 다양한 환상이 주어졌다. 스가랴서는 택한 백성을 다루시는 하나님의 미래의 상세한 그림을 제공하기 위하여 기록되었다.

구성과 문학적 특징

본서는 글의 양식을 따라 세 부분으로 구성되었다: 여덟 개의 환상(1-6장), 네 개의 메시지(7-8장), 두 개의 예언(9-14장). 스가랴서의 문학적 특징은 여덟 개의 꿈같은 환상인 묵시문학적인 것과 두 개의 예언양식이 있다는 것이다.

역사적 배경

스가랴는 학개와 함께 성전재건을 위해서 백성들을 격려했다(스 5:1-2). 선지자는 그리스를 페르시아에 위협적 존재로 보았고, 그 예언은 스가랴 시대와 잘 어울린다. 주전 520년부터 그리스는 다리우스에게 지속적인 화근이 되었고 주전 500년에는 이오니아 대반란이 일어났다. 주전 490년에 다리우스는 이오니아 폭동을 진압하지만 이후에 마라톤(주전 490년)과 살라미스에서 패했다(주전 480년).

구속사적 메시지

스가랴는 아마도 주전 538에 바벨론에서 예루살렘으로 돌아왔을 것이다. 그는 학개(주전 520년)보다 몇 달 늦게 예언을 했는데(스 4:24-5:2; 6:14), 스가랴는 스룹바벨의 지도 아래 성전이 완성되는 것에 대해 많은 강조를 하였다(4:9-10, 6:12).

그 과정에서 스가랴는 귀환한 유대인들을 향해서 조상들을 본받지 말고 하나님의 언약으로 돌아오라고 외쳤다(1:3-6). 그는 여덟 개의 환상을 통하여 남은 포로가 돌아오고(1:7-17), 열국의 권세가 꺾일 것이며(1:18-21), 예루살렘이 다시 선택되고(2:1-5), 여호수아가 정결케 되어 대제사장이 될 것이고(3:1-5), 스룹바벨이 성전을 완공할 것(4:1-14)과 그 땅을 정결케 하며(5:1-11), 세상의 만국을 심판하는 하나님의 왕권을 보여주면서(6:1-8) 하나님의 뜻을 전달했다. 즉 하나님께로 돌아와서 언약에 신실한 삶을 살면 이 모든 것이 이루어진다는 것이다. 역사적 인물인 스룹바벨(통치자)과 여호수아(대제사장)는 성전과 그 예배를 회복시키는 인물로 언급되었다. 스룹바벨은 메시야를 묘사하는 단어로 쓰인 '순' (3:8; 6:12)에 해당하는 인물이다.

스가랴의 나머지 예언도 형식은 다르지만 같은 내용을 표현하고 있다. 즉 하나님은 예루살렘과 유다를 열방을 통치하는 본부로 삼으실 것과 메시아가 자신의 통치권을 쥐기 위해서 하나님의 도성으로 승리의 입성을 할 것이라는 것을 다시 생생하게 선포했다(9:9-10; 14:16-19).

내용분해

개요	본문	개요	본문
돌아오라는 외침	1:1-6	열방에 대한 심판과 메시야 도래	9장
여덟 가지 환상	1:7-6:8	유다의 구속과 불충성한 목자들	10-11장
여호수아에게 관을 씌우라	6:9-15	장래의 이스라엘의 구속	12장
금식에 대한 교훈	7장	예루살렘의 정결과 메시아의 고난	13장
새날에 대한 언약	8장	궁극적인 하나님 나라의 양상	14장

12. 말라기

주제와 목적

이 책의 주제와 기록목적은 유대인들의 영적 침체의 원인을 드러내면서 또 그 공동체가 거듭날 수 있다는 것을 알리면서 하나님과 그들의 바른 관계를 회복하도록 하기 위함이다.

구성과 문학적 특징

본서는 네 부분으로 구성되었다: 의심받는 하나님의 사랑(1:1–5), 타락한 제사장직(1:6–2:16), 정화된 레위 자손(2:17–4:3), 의로운 자에게 회복된 언약적 순종(4:4–6). 말라기 예언의 문학적 특성은 변증법적이고 논쟁적인 문체를 썼다. 구조적으로는 전체 내용을 대칭구조 속에 배열했다: A(하나님의 사랑)–B(정죄)–C(하나님의 증언)–C(하나님의 증언)–B(정죄)–A(하나님의 사랑).

역사적 배경

아닥사스다 삼십 이년(주전 432)에 느헤미야는 예루살렘을 떠나 페르시아 왕을 방문했다(느 13:6). 유대인들은 정치적 공백상태에서 영적으로 해이해졌다(느 13:6–31). 말라기 선지자는 주전 515년 성전이 완공된 지 약 75년 후에 예언했다. 유대인들은 고국에 돌아온 지 백년이 되었다. 우상숭배의 습관은 고쳤지만 그들은 귀환과 합당한 예배의 재설립에 대한 열정을 잃어버렸다. 말라기 선지자는 이런 분위기가 만연한 가운데 사역했다.

구속사적 메시지

말라기 시대의 제사장과 백성들은 종교의식에 있어서 크게 문제될 것이 없었다. 그렇지만 그들의 예배는 형식적이었고 제사장은 하나님의 이름을 멸시하며(1:6), 하나님의 언약을 저버렸다(2:8). 백성들도 무성의한 제물을 바치고(1:7–14), 온전한 십일조도 드리지 않았다(3:8–9). 이런 상황에서 말라기의 메시지는 언약의 복은 언약에 대한 신실성을 요구한다는 것이다.

그의 예언은 모세의 언약을 포로에서 돌아온 이스라엘의 문제에 적용시켰다. 그 문제는 태만과 편법과 노골적인 불순종이었다. 이런 문제의 근저에는 언약의 신실성에 대한 그릇된 관점이 있었다. 이런 잘못된 관점이 성전에서 백성의 예배(1장)와 가정의 결혼관계(2:14)에 영향을 주었다. 말라기는 그들의 관점을 새롭게하고, 희망을 재정립하고 그들이 신실하게 정당한 언약으로 돌아가도록 하기 위해서 이스라엘을 다루시는 하나님의 과거와 현재와 미래를 지적했다.

마지막 부분의 예언(4:4-6)은 전체 예언의 요약으로서 모세의 법을 기억하고, 엘리야의 약속과 주님의 오시는 날을 기억하라는 것이다.

내용분해

개요	본문	개요	본문
야곱을 사랑하시는 하나님	1:1-5	온전한 십일조와 감사	3:7-15
죄악과 불충성	1:6-2장	주의 날에 대한 약속	3:16-4장
심판의 날에 대한 예언	3:1-6		

✤ 학습 문제

1. 이스라엘 백성이 심판을 받는 이유는 무엇인가? (참고, 호세아)

2. 여호와의 날은 어떤 날이며, 어떻게 그 날에 생존할 수 있는가? (참고, 요엘)

3. 아모스를 통해서 하나님께서 열국을 심판하시려는 근거가 무엇인가?

4. 오바댜서의 주제와 기록 목적은 무엇인가?

5. 요나서가 주는 구속사적 메시지는 무엇인가?

6. 나훔은 니느웨를 향한 하나님의 심판을 선포하면서 하나님의 어떤 속성을 근거로 제시하는가?

7. 미가서에서 메시아의 탄생과 관련된 본문은 무엇인가?

8. 학개 선지자의 책망의 내용은 무엇인가?

9. 말라기 시대의 제사장과 백성들의 죄악은 무엇인가?

| 제3부 |

신약 각권

1장

복음서 및 역사서

사복음서와 사도행전을 묶어서 우리는 '역사서' 라고 부른다. 이는 보통의 일반 역사가 아니라 예수 그리스도에 대한 역사를 기록한 것이다. 예수 그리스도는 유일무이한 하나님의 아들이시기 때문에 복음서는 세상의 인물들을 다룬 자서전과는 판이하게 다르다. 뿐만 아니라 그 기록 목적이 단순히 사실들을 나열하는 것이 아니라 그를 믿고 영생을 얻도록 하는 데 있기 때문에 그 기록 방식 또한 다를 수밖에 없다. 따라서 우리는 마태, 마가, 누가, 요한에 의한 복음을 '복음서' 라고 부른다. 하나님의 아들 예수 그리스도의 복음을 기록한 책이란 뜻이다. 하지만 그렇다고 해서 이 책들이 이 세상에서 실제로 일어난 역사를 기록한 것이라는 사실에는 변함이 없다. 예수 그리스도의 탄생과 성장 과정을 간단히 기록하고 있고, 그의 사역의 시작과 활동을 기록하고 있으며, 특히 그가 당하신 고난과 죽음, 그리고 부활을 집중적으로 기록해 주고 있다. 따라서 복음서는 이 세상 한 가운데서 일어난 참된 역사를 기록하고 있는 것이다. 단지 평범한 역사가 아니라 특별한 역사, 이 세상에 그 유가 없는 독특한 역사를 기록하고 있을 따름이다.

우리가 복음서를 역사서로 보아야 할 또 다른 이유가 있다. 그것은 누가복음의 속편이라 할 수 있는 사도행전이 역사시로서의 면모를 충분히 갖추고 있기 때문이다. 그렇다면 사도행전의 전편인 누가복음도 역사서로 보지 말아야 할 이유가 없다. 누가복음과 사도행전은 사실 두 권으로 된 하나의 책으로서 예수 그리스도의 역사를 다루고 있다. 누가복음은 예수께서 부활, 승천하시기까지의 역사를 다루고 있고, 사도행전은 승천하신 그리스도께서 성령으로 행하신 일들을 다루고 있다.

마태복음과 마가복음과 누가복음, 이 세 권의 책을 우리는 편의상 '공관복음'(共觀福音, Synoptic Gospels)이라고 부르고 있다. 이 세 책이 비슷한 내용을 담고 있어서 '함께(비교하면서) 볼 수 있다'고 해서 그렇게 부르는 것이다. 그러나 이 이름은 18세기 말에 비로소 붙여진 이름이며, 그 이전에는 요한복음을 포함해서 그냥 '사복음서'라고 불렀다. 요한복음에 대해서는 '제 4복음서(Fourth Gospel)'라는 명칭도 함께 사용된다. 사복음서 중에서 네 번째 나오는 책이라는 뜻에서 그렇게 불렀다면 별 문제는 없지만, 신학자들 사이에 이러한 명칭이 많이 사용되는 이유는 이 복음서의 저자에 대해 사도 요한임을 믿지 않기 때문이다. 사도 요한이 아니라 그 제자들 그룹이 썼다거나 또는 그들의 교회 공동체 또는 다른 사람이 썼다고 보기 때문에 '요한복음'이라고 부르기를 꺼리는 것이다. 그러나 우리는 요한복음은 사도 요한이 기록했다고 믿기 때문에 전통적으로 부르고 있는 요한복음이란 명칭을 꺼릴 이유가 없다.

1. 마태복음

저자와 저작 연대

마태복음의 저자는 예수님의 열두 제자 중 하나였던 마태였다. 그는 레위라고도 불리는 세리였다(막 2:14, 마 9:9). 그는 갈릴리 호수 북쪽 항구 도시인 가버나움의 세관에 앉아서 세금을 거두던 사람이었다. 그가 거두던 세금은 오늘날 일종의 간접세에 해당하는 것으로서 물품세, 통관세 등과 같은 것이었다. 그는 세리장 삭개오처럼 거부(巨富)는 아니었고, 다른 세리 밑에 고용되어서 일하는 말단 세리였을 것이다. 그러던 어느 날 그는 나사렛에서 오신 예수님의 부르심을 받고 그의 제자가 되었다(마 9:9-13, 막 2:14-17, 눅 5:27-32).

마태는 예수님의 부활, 승천 후에 (팔레스타인의) 히브리인들 가운데서 복음을 전하였다. 그러다가 그는 복음 전파를 위해 다른 지역으로 떠나가게 되었는데, 그 때 그가 떠나고 나서 생기게 될 공백을 메우기 위해 복음서를 기록했다고 한다(유세비우스, 《교회사》 III,24,6). 그 때 그는 '히브리 방언으로' 기록하였는데 그것을 각자 능력대로 번역하였다고 한다(《교회사》 III,39,16). 여기서 히브리 방언' 이라 함은 당시 히브리(유대)인들이 쓰던 언어를 말하는데 히브리어일 수도 있고 아람어일 수도 있다. 당시의 구어체는 아람어였기 때문에 아람어일 가능성이 커 보인다. 히브리어든 아람어든 그 차이는 크지 않으며, 아람어도 통상 히브리어로 불렸다. 제롬은 히브리어로 된 마태복음을 한 권 발견해서 필사했다고 말한다(《유명한 사람들에 대하여》 3). 판타이누스는 인도의 그리스도인들에게서 바돌로매가 남겨둔 히브리어본 마태복음을 한 권 발견했다고 한다(《교회사》 V,10,2-3). 따라서 마태는 원래 '히브리어' 로 기록한 것이 분명하다.

그런데 그것을 사람들이 능력대로 번역하였다고 한다. 그 이유는 당시에 유대 지역 밖에서는 일반적으로 헬라어가 통용되었기 때문이다. 그래서 즉시 헬라어로 번역되어서 디아스포라에 있는 유대인들과 이방인들에게 보급되었는데, 오늘날에는 히브리어본 마태복음은 사라지고 헬라어본만 남아 있다. 이것은 하나님의 섭리 가운데 그렇게 된 줄로 믿는다. 그리고 이 헬라어본 번역에 문제가 있었다면 당시에 살아 있던 마태가 이의를 제기했을 터이나 그런 것이 없는 것을 보니 아무런 문제가 없었다고 할 수 있다. 그뿐만 아니라 하나님은 처음부터 헬라어본 마태복음을 정경으로 삼으시기로 작정하고 섭리하셨다고 볼 수 있다.

마태복음의 기록 시기는 그렇게 늦지는 아니하였을 것이다. 마태가 다시 다른 지역으로 사역지를 이동하려면 그렇게 고령은 아니었을 것이다. 그리고 사람들이 이 복음서를 앞다투어 번역했다는 사실도 이런 복음서에 대한 수요가 많았다는 것을 보여준다. 그리고 고대의 전승들은 한결같이 사복음서 중에서 마태복음이 제일 먼저 기록되었다고 한다(알렉산드리아의 클레멘트, 오리겐, 어거스틴 등). 이레네우스의 책(《이단논박》 III,1,1)에 베드로와 바울이 로마에서 복음을 전하며 교회를 세우고 있을 때 마태복음이 기록되었다고 한 것을 보아 대략 60년대 전반에 기록되었다고 볼 수 있다.

기록 목적과 특징

마태복음은 원래 팔레스타인에 거주하던 유대인들을 위해 기록된 책이다. 따라서 예수는 유대인들이 기다리던 메시야임을 증거하는 데 많은 노력을 기울이고 있다. 이를 위해 마태는 예수와 관련된 사건이나 말씀이 구약에 예언된 성경의 성취임을 말하는 방식을 많이 취하고 있다. 예를 들어, 예수께서 동정녀 마리아에게서 나신 것은 이사야 7:14의 성취이며(마 1:18-23), 아기 예수가 애굽으로 피신하게 된 것은 호세아 11:1의 말씀을 이루려 함이다(마 2:13-15). 또한 헤롯 대왕이 베들레헴과 그 인근의 두 살이하 아기들을 다 죽인 것은 예레미야 31:15의 말씀이 성취된 것이다(마 2:16-18).

그리고 마태복음에는 유대의 관습이 설명되어 있지 않고 독자들이 이미 알고 있다고 전제하고 있다. 예를 들어, '장로들의 유전' 에 대해 별다른 설명이 없으며(마 15:2; cf. 막 7:2-4), '예비일' 에 대해서도 아무런 설명없이 말해지고 있다(마 27:62; cf. 막 15:42). 이런 것은 마태복음이 원래 유대인 독자들을 염두에 두고 기록된 것이기 때문이다.

그러나 우리는 마태복음이 물론 일차적으로 유대인들을 위해 기록되었지만, 이것은 또한 모든 시대의 모든 그리스도인들을 위해 주어진 것으로 이해해야 한다. 단지 그 시대의 유대인들뿐만 아니라 이 세상의 모든 사람들이, 그리고 모든 세대의 사람들이 읽어서 유익을 얻어야 할 하나님의 말씀이다.

마태복음에서 두드러진 또 다른 특징은 예수님의 교훈을 주제별로 묶어서 기록해 주고 있다는 점이다. 곧, 산상보훈(5-7장), 제자도에 관한 교훈(10장), 천국 비유(13장), 교회 생활에 관한 교훈(18장), 종말에 관한 교훈(24,25장) 등이 그것이다. 따라서 마태복음에 기록된 사건들은 그것들이 꼭 시간적 순서에 따라 일어났다고 볼 수는 없고 다른 시기에 있었던 것들을 주제에 따라 묶었다고 볼 수 있는 것들이 많다. 물론 그런 가운데서도 예수님의 탄생으로부터 시작해서 갈릴리와 유대에서의 사역, 마지막 수난과 죽음, 부활로 이어지는 사건의 큰 흐름이 진행되고 있다. 특히 예수님의 마지막 한 주간 동안의 사역과 수난, 죽음, 그리고 부활에 이르기까지는 대체로 시간의 진행을 따라 기술되고 있다.

하나님의 나라

원래 유대인들을 위해 기록된 마태복음에서는 '하나님의 나라' 또는 '천국' 에 대한 언급이 다른 복음서에 비해 두드러지게 많이 나타난다. 그러나 '하나님의 나라' 라는 표현보다는 '하늘 나라' 곧 '천국' 이란 표현을 많이 사용하고 있다. 이것은 유대인들이 '하나님' 이란 말을 직접 사용하는 것을 꺼렸기 때문에 '하늘' 이란 우회적인 표현을 사용한 것으로 생각된다.

어쨌든 중요한 것은 이 세상의 나라와는 구별되는, 전혀 다른 성격의 하늘 나라(천국) 곧 하나님이 다스리시는 나라가 존재한다는 사실이다. 예수님은 이 하나님 나라를 선포하셨으며, 회개하고 믿는 자는 그리로 들어간다고 전파하셨다(마 4:17, 11:12, 막 1:15 등).

이 천국은 미래적인 것인 동시에 현재 이 세상에 이미 도래한 것이었다. 이것을 분명히 보여주는 말씀은 마태복음 12:28의 "내가 하나님의 성령을 힘입어 귀신을 쫓아내는 것이면 하나님의 나라가 이미 너희에게 임하였느니라"는 말씀에 있다. 성령으로 귀신이 쫓겨나는 곳에는 하나님의 나라가 이미 임하였다. 또한 하나님의 나라는 "너희 안에 있느니라"고도 말씀하셨다(눅 7:21). 이것은 현재의 하나님 나라의 내적, 영적 성격을 말씀하신 것이다. 이처럼 하나님의 나라는 지금 이 세상에서 성령의 역사를 통해 확장되고 있다. 성령의 역사로 복음이 전파되는 곳에 하나님의 나라가 임하고 하나님의 통치가 실현되고 있다.

예수님은 이러한 하나님 나라의 왕으로서 이 세상에 오셨다. 그리고 우리로 하여금 이 하나님 나라의 백성이 되게 하기 위해 우리의 죄를 짊어지고 십자가를 지셨다. 왜냐하면 이 나라에는 죄 사함 받은 거룩한 사람들만 들어갈 수 있기 때문이다. 따라서 예수님을 믿어서 죄 사함 받은 사람들, 깨끗한 백성들만 이 나라에 들어갈 수 있으며 천국의 복을 누릴 수 있다.

내용분해

개요	본문	개요	본문
예수님의 탄생과 유년기	1-2장	천국 비유	13장
메시야 사역의 시작	3-4장	갈릴리와 여러 지역에서의 사역	14-20장
산상보훈	5-7장	예루살렘에서의 사역	21-23장
갈릴리에서의 사역	8-9장	종말에 대한 가르침	24-25장
제자도에 대한 가르침	10-11장	수난과 죽음	26-27장
바리새인들과의 충돌	12장	부활	28장

2. 마가복음

저자

2세기 전반에 살았던 히에라볼리의 감독 파피아스(Papias)의 증언에 의하면, 마가복음은 베드로의 '추종자(헤르메뉴테스)'로서 베드로를 따라다녔던 마가가 기록한 것이라고 한다(유세비우스, 《교회사》 III,39,16). 파피아스는 "마가가 그 일어난 순서대로 기록하지는 않았지만 베드로의 가르침을 빠짐없이 정확하게 기록하였다"는 점을 강조한다. 마가는 예수님을 직접 따라다닌 제자가 아니었기 때문에 일어난 사건들의 순서를 정확하게 알 수는 없었다. 그리고 베드로는 로마에서 복음을 전할 때, 일어난 사건들의 순서를 따라 전한 것이 아니라 필요에 따라 말씀을 전했기 때문에 마가가 그 순서를 정확히 알 수 없었다. 그러나 마가는 베드로가 말한 것을 정확하게 빠뜨리지 않고 다 기록하였다고 한다.

여기서 말하는 마가는 요한이라고도 하는 마가이다(행 12:12, 25, 15:37, 39, 골 4:10, 딤후 4:11, 몬 24, 벧전 5:13, 행 13:5,13). 그의 어

머니는 마리아인데 예루살렘에 넓은 집을 가지고 있었다(행 12;12). 그는 또한 바나바의 사촌이었다(골 4:10). 여기서 '사촌'에 해당하는 원어는 '아넵시오스(anepsios)'인데, 이는 조부모 또는 외조부모가 동일한 사람을 뜻한다. 개역한글판 및 개역개정판의 '생질'이라는 번역은 오역이다. 그는 또한 베드로의 '아들'이라고 불리고 있는데(벧전 5:13), 이것은 영적 의미에서의 이들이라는 의미이다. 그만큼 베드로가 아끼고 사랑하는 동역사란 의미이다.

마가는 바나바와 바울과 함께 1차 선교여행에 따라나섰으나 중도에 포기하고 돌아가고 말았다(행 13:13). 아마도 예루살렘의 부유한 집안에서 자란 마가로서는 선교 현장의 여건들이 너무 힘들었을 것이다. 그러나 2차 선교여행을 떠날 때 이 문제로 인하여 바나바와 바울 사역에 적지 않은 다툼이 일어났다. 곧 자기의 잘못을 뉘우치고 회개한 마가를 용서하고 데리고 가자는 바나바와, 영적 군대의 탈영자를 다시 데리고 갈 수 없다는 바울의 주장이 맞서서 결국 그 둘은 헤어지고 말았다. 그러나 이것은 바울이 마가를 미워하여서 그리한 것은 아니었고 어디까지나 원리적인 문제요 후세에 교훈을 주기 위한 것이었다. 그래서 바울은 나중에 "마가를 데리고 오라. 저가 나의 일에 유익하다"고 하였으며(딤후 4:11), '나의 동역자'라고 불렀다(몬 24절).

저작 연대와 장소

이레네우스에 의하면 마가는 베드로와 바울이 '떠난 후'에 베드로가 설교한 것들을 기록하여 전해 주었다고 한다(《이단논박》 III,1,1). 여기에 사용된 '떠남(exodos)'이란 단어가 '죽음'을 의미하는지 아니면 로마를 '떠난 것'을 의미하는지에 대해서는 논란이 있다. 그러나 알렉산드리아의 클레멘트에 의하면, 마가는 베드로가 살아있는 동안에 복음서를 기록했다고 한다(《교회사》 VI,14,6f. 참조). 따라서 후자의 해석이 옳다고 생각된다. 그렇다면 마가가 복음서를 기록한 것은 베드로와 바울이 살아 있던 60년대의 어느 시점으로 생각된다(대략 64~68년 경). 근래에 '마가우선설' 에 근거하여 마가복음의 기록연대를 이른 시기로 잡는 것은 역사적 근거가 없으며, 순전히 현대 신학자들의 사변에 기초한 것이다.

알렉산드리아의 클레멘트에 의하면, 베드로는 로마에서 가이사의 기병대 앞에서 공개적으로 복음을 전하였다고 한다. 그 때 많은 사람들이 마가에게 베드로가 말한 것을 기록해 달라고 요청하였다고 한다(《교회사》 II,15,1). 그래서 마가는 베드로와 바울이 로마를 떠난 후에 복음서를 기록하여 그들에게 주었다. 나중에 베드로가 이것을 알게 되었을 때, 그는 이것을 금지하지도 않았고 추천하지도 않았다고 한다(《교회사》 VI,14,6f.). 제롬도 "마가는 … 로마에서 형제들로부터 요청을 받고서 복음서를 간단히 기록하였다."고 말한다(《유명한 사람들에 대하여》 8). 따라서 마가복음은 마가에 의해 로마에서 기록된 것이 분명하다.

마가복음의 특징

마가복음이 베드로의 설교에서 기원한 것이라는 역사적 사실은 이 복음서의 성격에도 큰 영향을 미친다. 우리는 마가복음에서 베드로의 설교를 보게 되며 그의 성격과 체취를 느낄 수 있다.

우선 마가복음은 짧고 간결하다. 탄생 기사가 없고 족보도 없다. 세례 요한의 등장은 간단하게 기록하고 있으며, 예수님의 교훈도 다른 복음서들에 비해 분량이 적다. 예수님의 비유도 한 장뿐이며(4장) 종말 강화도 한 장뿐이다(13장). 그리고 마가복음에서는 하나님의 복음이 힘 있게 전파되고 있음이 거듭 역설되고 있다. 이를 위해 '곧(euthus, eutheos)' 이란 단어가 총 40번 사용되고 있다. 그리고 마가복음에는 생생한 표현들, 목격자에게서 온 표현들이 많다. 현장에 있었던 사람이 아니면 알기 어려운 구체적 사실들이 많이 기록되어 있다(1:20, 35, 43, 2:2, 4:38, 6:39 등). 이런 것들은 마가복음이 베드로의 설교에서 온 것이라는 사실을 반증해 준다.

마가복음은 또한 히브리식 표현을 설명하고 있는 것이 더러 있다. '달리다굼'에 대해 "소녀야, 내가 네게 말하노니 일어나라"고 번역한 것이라든가(5:41), '부정한 손'에 대해 '씻지 아니한 손'이라고 설명한 것이라든가(7:2), '고르반'에 대해 '하나님께 드림'이라고 설명한 것과(7:11), '예비일'에 대해 '안식일 전날'이라고 설명한 것(15:42) 등은 이 복음서가 히브리어(아람어)와 유대의 관습을 모르는 로마인들에게 주어진 것임을 증거해 주고 있다.

또 하나 마가복음에서 특이한 것은 이상하게도 베드로가 칭찬받은 것은 침묵하고 있다는 사실이다. 베드로의 생애 중에서 아주 극적이고 중요한 사건인, 자기가 물 위로 걸은 사건에 대해 마가복음은 침묵하고 있다(막 6:50 다음; cf. 마 14:28-31). 이것은 아마도 베드로가 자기의 용감한 행동에 대해 말하지 않았기 때문에 마가가 듣지 못해서 그랬을 것이다. 마가가 들어서 알고 있었는데도 불구하고 이 부분을 생략했다고 보기는 어렵다. 또한 가이사랴 빌립보에서의 신앙고백 사건에 있어서도 베드로가 칭찬받은 말씀은 마가복음에 빠져 있다(막 8:29 다음; cf. 마 16:17-19). 반면에 그가 책망받은 것은 그대로 기록하고 있다(막 8:33). 따라서 베드로는 의도적으로 그가 칭찬받은 부분은 빼고 말하지 않았다고 볼 수밖에 없다.

이것은 오늘날 우리에게 중요한 교훈을 준다. 곧 베드로는 설교자는 자기 자신을 자랑하면 안 된다는 좋은 모범을 보여준다. 오늘날의 설교자들은 자기 자신을 자랑하기를 좋아한다. 만일 어느 누가 물 위를 걸은 것과 같은 이적을 체험했다면, 아마도 가는 곳마다 그것을 떠벌리고 자랑했을 것이다. 하나님의 능력을 증거한다는 미명하에 가는 곳마다 자기의 용맹을 자랑했을 것이다. 실제로 있었던 것보다 더 과장해서 부풀려 말하기도 했을 것이다. 그러나 베드로는 자기가 칭찬받은 것, 자기에게 조금이라도 영광이 돌아올 수 있는 것에 대해서는 아예 말을 하지 않았다. 자기 아들처럼 데리고 다니던 마가에게조차 그것을 말하지 않았다. 이 사실에서 우리는 베드로의 참된 겸손과 오직 하나님의 영광만 구하는 자세를 볼 수 있다.

마가 우선설에 대해

요즘 학계에서는 기록 연대와 관련해서 대개 마가복음이 제일 먼저 기록되었다고 보는 마가우선설이 거의 정설(定說)처럼 받아들여지고 있으나, 이것은 어디까지나 가설(假說)에 불과하며 근거가 없다. 알렉산드리아의 클레멘트와 유세비우스에 의하면 마태가 제일 먼저 기록되었다고 하며, 19세기 말까지 이것은 의심할 여지없는 오랜 전통이었다. 그러나 20세기에 들어와서 성경에 대해 비평적 입장을 취하는 학자들은 고대의 역사적 증거들을 무시하고 자신의 사변적 논리들에 기초하여 마가복음이 제일 먼저 기록되었다고 주장한다.

그러나 오늘날 비평학자들은 고대의 역사적 증거들보다도 자기의 이성적 사변을 더 신뢰하고 있다. 그들이 내세우는 논리는 역사적 근거가 없는 것이며, 학자들의 여러 반대논거에 부딪히고 있다. 예를 들어 1984년 예루살렘에서 전세계의 유수한 공관복음 학자들이 모여 개최된 '복음서들의 상호관계에 대한 심포지움(Symposium de Interrelatione Evangeliorum)' 에서는 마가우선설에 대해 강한 반론이 제기되었다. 여기서는 각 주장들이 팀을 이루어 개진되었다. 1) 두 자료설(Two Source theory)은 프란스 네이링크(Frans Neyrinck)가 인도하는 팀에 의해; 2) 두 복음서 가설(Two Gospel hypothesis)은 파머(W. R. Farmer)가 인도하는 팀에 의해; 3) 다단계 가설(Multiple Stage hypothesis)은 브와마르(M. E. Boismard)가 인도하는 팀에 의해 발표되고 옹호되었다. 따라서 세계 첨단의 신약학자들 사이에서는 마가우선설이 더 이상 '정설'이 아니라 하나의 도전받는 '가설'에 불과하다는 사실이 드러나게 되었다.

내용분해

개요	본문	개요	본문
공생애 사역을 위한 준비	1:1-13	예루살렘 입성과 충돌	11-12장
갈릴리 사역	1:14-7:23	종말 예언	13장
갈릴리 주변 사역	7:24-9장	그리스도의 수난과 죽음	14-15장
예루살렘으로 올라감	10장	그리스도의 부활	16장

3. 누가복음

저자

누가복음을 기록한 자는 바울의 동반자였으며 사랑받는 의원이었던 누가이다(골 4:14). 그는 2차 선교여행 중 드로아에서부터 바울 일행과 동행한 것으로 생각된다(행 16:10 이하). 그리고 누가복음 서두(1:1-4)과 사도행전 서두(1:1,2)에 보면 이 두 책은 동일한 사람이 쓴 것이며 데오빌로 각하에게 바치는 것임을 알 수 있다. 따라서 누가복음과 사도행전의 저자는 동일인으로서 바울의 선교여행에 동참한 자임을 알 수 있다. 빌레몬서에 보면 누가가 바울과 함께 있으며(24절), 디모데후서에 보면 누가만 바울과 함께 있다고 한다(4:11).

2세기 후반의 이레네우스의 증거와 그 외 모든 교회 전승이 누가가 세 번째 복음서의 저자라고 말한다. 2세기의 이단인 말시온(Marcion)도 누가복음은 바울을 따라다녔던 누가가 기록한 것이라고 인정하였다. 주후 200년경의 무라토리 정경(Canon Muratori)은 의사 누가가 세 번째 복음서를 기록했다고 한다. 유세비우스는 누가에 대해 그의 종족은 안디옥 사람이었으며, 학문적으로는 의사였으며, 주로 바울과 함께 하였다고 한다(《교회사》 III,4,6). 그래서 사람들은 대개 누가에 대해 안디옥의 이방인으로서 예수를 믿은 자로 본다.

기록 연대 및 장소

누가복음의 기록 연대와 장소는 정확히 알 수 없다. 사도행전의 끝부분을 보면 바울이 로마에서 죄수로 갇혀 있는 상태에서 끝이 난다. 바울이 로마에 2년 동안 구류되어 있었는데 그 시기는 대략 59-63년 사이의 어간으로 본다. 어쨌든 64년의 로마의 대화재 사건이 기록되어 있지 않은 것으로 보아 사도행전은 그 이전에 기록된 것으로 생각된다. 그렇다면 누가복음은 그보다 약간 이른 시기에 기록되었을 것이다. 물론 사도행전이 꼭 바울의 생애 전체를 기록하는 자서전이 아닌 것은 사실이지만, 누가가 바울의 로마에서의 연금 상태에 대해서만 말하고 그 후의 풀려남에 대해 말하지 않은 점, 그리고 그 후의 활동과 순교에 대해 말하지 않은 점 등을 생각할 때 아무래도 바울이 로마의 옥중에 있을 때 기록했다고 보는 것이 좀 더 그럴 듯해 보인다.

누가복음의 특징

누가복음은 예수님의 구원 사건이 단지 유대 민족만 위한 것이 아니라 온 세계 민족을 위한 세계사적인 사건임을 강조하고 있다. 물론 다른 복음서들에서도 이방인들의 구원에 대한 것들이 나오지만, 누가복음에서 그것이

한층 더 강조되어 있다고 할 수 있다. 예수님의 탄생에 대해서도 단지 유대 역사의 차원에서만 보는 것이 아니라 로마 제국 전체의 차원에서 보고 있다(눅 2:1,2). 세례 요한의 사역의 시작 시점에 대해서도 로마 황제와 유대 총독, 유대 주위의 분봉왕들에 대해 자세히 말해 주고 있다(눅 3:1,2). 이러한 것은 교육받은 의사인 누가가 예수 그리스도의 사건을 역사적으로 정확하게 조명하고자 했을 뿐만 아니라, 또한 그것이 세세사적 의미를 가지는 사건임을 보여주고자 했기 때문일 것이다.

누가복음은 사회적으로 소외된 자들에 대해서도 많은 관심을 보여주고 있다. 사마리아인들에 대한 관심과(눅 9:51-56, 10:30-37, 17:11-19 등), 세리들과 죄인들에 대한 배려(눅 5:27-32, 7:34, 36-50, 15:1,2, 19:1-10 등) 등이 눈에 띈다. 특히 누가복음은 여인들에 대해 많은 관심을 기울이고 있다. 다른 복음서에는 없는 나인성의 과부(7:11-17), 죄인인 한 여자(7:36-50), 자기의 소유로 예수님을 섬긴 여인들(8:2-3) 등의 이야기가 포함되어 있다. 또한 예수님께서 바리새인들과 식사하신 사건이 세 번 기록되어 있다(7:36-50, 11:37-44, 14:1-4). 바리새인들은 '돈을 좋아하는 자들' 이며(6:14) '스스로 옳다 하는 자' 라고 (6:15) 대체로 부정적으로 묘사되고 있지만, 다른 한편으로 예수님은 바리새인들의 식사 초청을 거절하지 아니하셨으며, 오히려 그것을 그들에게 복음을 전하는 기회로 삼으셨음을 알 수 있다.

누가복음은 또한 기도와 인내를 강조하고 있다. 물론 다른 복음서들에서도 기도가 강조되어 있지만, 누가복음에서는 이것이 한층 더 강조되고 있다. 우선 다른 복음서들에는 기록되어 있지 아니한 기도에 관한 기록이 여섯 있다. 예수님이 세례 받으실 때 기도하셨고(3:21), 제자들을 택하시기 전에 산으로 가셔서 밤이 맞도록 기도하셨다(6:12). 또 가이사랴 빌립보에서의 신앙고백이 있기 전에 따로 기도하셨으며(9:18), 변화산에서 기도하실 때에 용모가 변형되셨다(9:29). 칠십 명의 전도자들이 돌아와서 보고할 때에 예수님은 성령으로 기뻐하시며 기도하셨으며(10:21-24), 제자들이 기도에 대해 가르쳐 달라고 부탁하기 직전에 예수님은 한 곳에서 기도하셨다(11:1). 이처럼 누가복음에는 기도에 대한 기록이 많은데 특별히 인내심을 가지고 끈질기게 기도할 것을 강조한다. 불의한 재판관의 비유와(18:1-8) 밤중에 벗에게 찾아가서 강청하는 기도 이야기는(11:5-8) 누가복음에만 있는 독특한 것으로 우리가 낙심하지 말고 끈질기게 기도해야 함을 강조한다.

내용분해

개요	본문	개요	본문
기록 목적	1:1-4	예루살렘으로 가는 길의 사역	9:51-19:27
예수의 탄생과 유년 시절	1:5-2장	예루살렘 입성과 수난	19:28-23장
공생애를 위한 준비	3-4:13	예수님의 부활과 승천	24장
갈릴리 사역	4:14-9:50		

4. 요한복음

저자

네 번째 복음서의 제자는 사도 요한이다. 우선 외적 증거를 살펴보면, 2세기 후반의 이레네우스는 이렇게 말한다. "그 후에 주의 품에 안겨 있던 주의 제자 요한은, 그가 아시아의 에베소에 머물고 있을 때에, 자신이 직접 복음서를 출판하였다."(《이단논박》 III,1,1) 이레네우스는 어렸을 때 서머나에서 폴리갑(Polycarpus)의 설교를 듣고 자랐는데, 폴리갑은 사도 요한에게서 직접 듣고 배운 제자였다. 따라서 이레네우스의 증거는 그만큼 신뢰성이 높다고 할 수 있다. 폴리갑은 나중에 에베소의 감독이 되었는데, 주후 190년경에 다음과 같이 쓰고 있다. "또한 주의 품에 누웠던 요한이 있었다. 그는 흉대(胸帶)를 입은 제사장이었으며 순교자이며 교사이었다. 그는 에베소에 잠들고 있다."(유세비우스, 《교회사》 V,24,3) 그리고 알렉산드리아의 클레멘트는 다음과 같이 말한다. "마지막으로 요한은, 다른 복음서들에는 주님의 육적인 것들이 말해지고 있는 것을 보고서, 그의 지식들에 의해 고무되고 성령에 이끌려서 주님의 신성이 충분히 드러나는 영적인 복음을 기록하였다."(《교회사》 VI,14,7-8) 오리겐도 "복음서 기자들 중 어느 누구도 요한만큼 분명하게 그의 신성을 드러내지 못했다"고 말한다(《요한복음 주석》, 4).

뿐만 아니라 요한복음 자체가 사도 요한의 저작임을 간접적으로 증거한다. 요한복음 20:2에 보면 '예수의 사랑하시던 제자'가 베드로와 함께 예수의 무덤으로 달려갔다. 이 제자는 베드로와 함께 잘 다녔으며 그냥 단순히 '그 다른 제자'라고 말해지고 있다(요 20:3, 18:15,16 등). 그는 대제사장과 아는 사람이었으며 대제사장의 집에도 쉽게 출입할 수 있었다(요 18:15). 21:20에서는 베드로와 함께 주를 따르는 '예수의 사랑하시는 그 제자' 곧 "만찬석에서 예수의 품에 의지하여 주여 주를 파는 자가 누구오니이까 묻던 자"라고 밝히고 있다(요 13:23-25). 그리고 21:24에는 "우리는 그의 증거가 참인 줄 아노라. 이를 기록한 제자가 이 사람이라"라고 하였다. 21:22-23은 이 제자가 가장 오래 살았던 제자임을 암시한다.

뿐만 아니라 이 제자는 목격자였으며(1:14), 팔레스타인 지역을 잘 알고 있었으며(2:1, 3:23, 4:5) 예루살렘도 잘 알고 있었다(5:2). 그는 또한 제자들의 내적 상태도 잘 알고 있었다(2:11,22, 13:23). 또한 유대인들의 관습과 생각들을 잘 알고 있었다(2:6, 4:9, 7:22-23, 40이하, 52; 또한 19:35과 21:24 참조). 뿐만 아니라 요한복음 곳곳에 현장에 직접 참석하지 않고서는 알 수 없는 상세한 내용들과, 예수님을 따라다녔던 제자가 아니고서는 기록할 수 없는 구체적 내용들이 많이 있다.

이러한 내적 증거들과 2세기 이후의 일치된 외적 증거를 살펴볼 때 우리는 이 제자가 세배대의 아들 사도 요한이었다고 결론지을 수 있다.

기록 시기와 장소

요한복음의 기록 시기에 대해서는 정확한 자료가 없으나 대개 1세기 말 곧 90년대로 추정한다. 이 시기에 요한 서신들과 요한계시록이 기록되었을 것이다. 그러나 어느 것이 먼저 씌어졌는지는 알 수 없다. 기록 장소는 사도 요한이 활동하고 있었던 아시아의 에베소였을 것이다.

기록 목적

요한복음 자체가 이 복음서의 기록 목적에 대해 분명히 말하고 있다. "오직 이것을 기록함은 너희로 예수께서 하나님의 아들 그리스도이심을 믿게 하려 함이요 또 너희로 믿고 그 이름을 힘입어 생명을 얻게 하려 함이니라." (20:31) 이 구절에 의하면 기록 목적은 둘로 나눌 수 있다. 첫째는 예수께서 하나님의 아들 그리스도이심을 믿는 것이다. 당시 영지주의자들의 주장처럼 예수와 그리스도가 나뉘는 것이 아니고, 예수께서 곧 그리스도이시며 또한 하나님의 아들이심을 믿는 것이 중요하다(요일 2:24, 4:2, 5:1,5 참조). 둘째는 믿어서 생명을 얻는 것이다. 이 생명은 영원한 생명 곧 영생을 의미한다. 예수님을 믿는 자는 자기 안에 이미 영생을 가지고 있다(요 5:24, 17:3; cf. 요일 5:12).

요한복음의 특징

요한복음의 문체는 아주 간결하고 쉬운 단어들로 구성되어 있다. 빛과 어두움, 사랑과 미움, 생명과 사망, 진리와 거짓과 같은 단순한 단어들을 대비적으로 사용하여 심오한 진리를 드러내고 있다. 이를 통해 믿는 자와 믿지 않는 자, 하나님의 자녀와 마귀의 자녀 사이의 뚜렷한 구별을 보여준다.

그리고 요한복음은 예수님의 긴 강화(講話)를 많이 수록하고 있다. 오병이어 이적에 이은 생명의 떡 강화(6장), 날 때부터 소경된 사람을 고치신 사건과 그에 이은 논쟁(9,10장), 특히 예수님께서 죽으시기 하루 전에 있었던 다락방 강화(13-17장)는 아주 길고 상세하다. 이런 긴 강화를 통하여 예수 그리스도의 신성을 잘 드러내고 있으며, 또한 제자들이 서로 사랑할 것이 강조되어 있다.

요한복음은 또한 하나님의 아들이 자기 땅에 왔으나 자기 백성이 영접하지 않았다는 주제가 많이 나타난다(1:10,11, 3:11,32, 5:43 등). 그래서 요한복음에 나타나는 '유대인들' 이란 표현은 거의 다 예수님에 대해 적대적이고 복음을 받아들이지 아니하는 유대인들을 가리킨다(1:19, 5:10,18, 6:52, 7:1,11 등).

그리고 요한복음에는 '유월절' 이 세번 분명히 나타난다(2:13, 6:4, 13:1). 그러나 분명히 드러나 있지는 않지만 또 한 번의 유월절이 있었음을 알 수 있다. 5:1에 보면 "유대인의 명절이 있어 예수께서 예루살렘에 올라가셨다"고 한다. 이 '명절' 이 유월절인지 오순절인지 초막절인지, 아니면 다른 명절인지는 우리가 알 수 없다. 그러나 4:35에 보면 예수님은 사마리아에 계실 때 "너희가 넉 달이 지나야 추수할 때가 이르겠다 하지 아니하느냐?" 고 말씀하셨다. 유대 지역에서는 유월절이 지나고 나서 추수를 시작한다. 유월절이 대개 3월 말에서 4월 중순 사이에 있게 되므로 그로부터 넉 달 전은 대략 11월말에서 12월 초 사이쯤으로 볼 수 있다. 그리고 나서 5:1에

'유대인의 명절' 이 나오므로 이것은 '유월절' 일 가능성이 높다. 유월절이 아니라 오순절이나 초막절이나 다른 명절이라고 해도 어쨌든 유월절을 한 번 지나게 된다. 따라서 요한복음에 의하면 예수님은 공사역 기간 중에 네 번의 유월절을 지나셨다고 할 수 있다. 그렇다면 예수님의 공사역 기간은 3년이 조금 넘는 '만 3년' 이라 할 수 있다. 구체적으로는 대략 주후 26/27년-30년경으로 추정된다.

내용분해

개요	본문	개요	본문
서론	1:1-18	고별 강화	14-16장
초기 유대 사역	1:19-4:45	제자들을 위한 기도	17장
갈릴리 사역	4:46-7:9	예수님의 잡히심과 심문	18장-19:16
후기 유대 사역	7:10-10:39	예수님의 죽으심과 장사	19:17-19장
베레아 및 베다니 사역	10:40-12장	예수님의 부활	20장
최후의 만찬	13장	부활 후 나타나심	21장

※베뢰아는 마게도냐 지역에 있고 베레아는 요단 강 동쪽에 있음.

5. 사도행전

누가복음의 후편

사도행전은 누가복음의 후편이다. 누가가 데오빌로에게 써 보낸 두 편의 글 가운데 전편이 누가복음이고 후편이 사도행전이다(행 1:1-2). 따라서 사도행전을 사복음서와 더불어 '역사서' 로 분류하는 것은 타당성이 있다.

사도행전은 예수의 승천으로부터 로마에서의 복음 전파까지, 예수 그리스도의 복음이 어떻게 예루살렘과 온 유대와 사마리아와 로마 제국 전역에 이르기까지 전파되는가를 간략하게 기술해 준다. 사도 바울이 로마의 어느 가택에서 연금된 상태로 2년 동안 복음을 전하는 것으로 사도행전이 끝나는 것을 볼 때, 사도행전은 그 무렵에 기록되었다고 보는 것이 자연스러울 것이다. 대략 63년 전후로 볼 수 있으며 기록 장소는 알 수 없다.

사도행전의 주제와 구조

사도행전의 주제는 1장 8절에 잘 드러나 있다. "오직 성령이 너희에게 임하시면 너희가 권능을 받고 예루살렘과 온 유대와 사마리아와 땅 끝까지 이르러 내 증인이 되리라." 이 말씀에서 우리는 복음 전파와 관련하여 두 가지 원리를 알 수 있다. 첫째는, 복음 전파 사역은 성령의 주도적인 역할 하에 진행된다는 사실이다. 승천하신 그리스도께서 보내 주신 성령을 통해 사도들이 능력 있게 복음을 전한 내용을 기록한 것이 바로 사도행전이다. 이런 점에서 어떤 이들은 '성령행전' 이라고 부르기도 한다.

둘째로 우리가 알 수 있는 것은, 이러한 복음 전파는 예루살렘과 온 유대와 사마리아 그리고 땅 끝까지의 순서로 진행된다는 것을 말해 준다. 여기서 '온 유대와 사마리아' 는 원어상 하나의 전치사로 묶어져 있다. 따라서 사마리아에서의 복음 전파는 유대에서의 복음 전파와 분리되는 별개의 것이 아니라 서로 밀접히 연결되어 있으며 함께 진행되는 것이라고 볼 수 있다. 즉, 이방인들이 많이 살고 있는 사마리아를 포함해서 유대 온 지역에 복음이 전파될 것이라는 의미이다. 마지막으로 "땅 끝까지 이르러 내 증인이 되리라"고 하셨는데, 여기서 '땅끝' 이 어디냐에 대해서는 논란이 많다. 티벳의 오지라든가 이슬람권이라든가, 아니면 지구를 한 바퀴 돌아서 다시금 '예루살렘' 에게 복음이 전파되는 것이라고 하는 것은 옳지 않다. 지구는 둥그니까 '땅끝' 이란 것은 과학적, 지리적 개념이 아니다. 그것은, 마가복음

16:15의 "너희는 온 천하에 다니며 만민에게 복음을 전파하라"는 말씀에 비추어 볼 때, 온 세상 어디든지 가서 복음을 전하라는 뜻이다.

예루살렘에서의 복음 전파

복음 전파는 먼저 적진의 한복판이라 할 수 있는 예루살렘에서 시작되었다. 오순절 날에 성령이 임하였을 때 약 120명의 제자들은 성령의 충만을 받아서 담대히 복음을 전하게 되었다(행 2장). 그 때 회개하고 예수를 믿은 사람이 3천 명이나 되었다고 한다(행 2:41). 이처럼 예루살렘 교회는 처음부터 대형 교회로 출발하게 되었다.

예루살렘 교회는 날마다 성전에 모이기를 힘쓰고 집에서 떡을 떼고 음식을 나누어 먹었다. 또한 물건을 서로 통용하고 가난한 자들에게 필요를 따라 나누어 주었다(행 2:43-46). 믿는 무리가 한 마음과 한 뜻이 되어 모든 물건을 서로 통용하고 제 재물을 조금이라도 제 것이라도 하는 이가 하나도 없었다(행 4:32). 이것은 인위적으로 된 것이 아니라 성령의 역사로 자발적으로 된 것이다. 성령의 역사 없이 인위적으로 이러한 사회를 이루려 할 때 많은 부작용과 무리가 따르게 된다. 그러나 성령의 감동으로 사람의 마음이 움직여질 때, 자연스럽게 참된 사랑의 공동체가 실현될 것이다.

예루살렘 교회는 또한 사도들의 가르침을 받는 것과, 떡을 떼며 교제하는 것과, 기도하기를 전혀 힘썼다(행 2:42). 초대 교회 성도들은 사도들의 가르침을 받아 예수님과 또한 그에 관한 말씀을 열심히 배웠다. 단지 예배만 드리고 끝나는 것이 아니라 배우기를 힘쓰는 교회였다. 그리고 '떡을 떼는 것'과 '교제하는 것'은 별개의 것이 아니라 하나의 접속사로 묶어져 있다. 곧 교제하는 것의 구체적인 방법이 떡을 떼는 것이었다는 의미이다. 그들은 모여서 함께 식사하는 것을 통해 성도의 교제를 실천하였다. 그리고 마지막으로 초대 교회는 기도에 전혀 힘썼다. 집에서나 성전에 모여서나 합심하여 기도에 힘썼다.

이처럼 초대 교회는 '말씀'과 '교제'와 '전도'에 전혀 힘쓰는 교회였다. 이것은 그 후의 신약 교회가 계속적으로 본받아야 할 참 교회의 모습이라고 할 수 있다. 따라서 오늘날 예배만 드리고 흩어지는 교회, 성도들 사이에 교제가 없는 교회는 참된 교회의 모습이라 할 수 없다.

유대와 사마리아에서의 복음 전파

복음이 예루살렘의 경계를 넘어 유대와 사마리아 지역으로 퍼지게 된 것은 유대인들의 핍박 때문이었다. 특히 스데반의 순교는 예루살렘 교회에 큰 충격을 주었다(행 7장). 그리하여 사도들 외에는 다 유대와 사마리아 지역으로 흩어지게 되었는데, 이처럼 하나님은 핍박을 통하여 복음이 주위로 퍼져 나가도록 역사하셨다.

사마리아에 복음을 전한 사람은 전도자 빌립이었다(행 8장). 그는 성령과 믿음이 충만한 사람이었는데, 그가 사마리아에 내려가서 복음을 전하였을 때 많은 이적이 일어났다. 많은 병자들이 고침 받고 귀신들이 떠나갔다. 그리하여 많은 사람이 세례를 받게 되었다. 예루살렘에 있는 사도들이 사마리아도 하나님의 말씀을 받았다 함을 듣고서 베드로와 요한을 파송하니, 그들이 내려가서 기도하고 안수할 때 그들도 '성령'을 받게 되었다(행 8:17). 예루살렘 교회가 받았던 것과 동일한 성령을 사마리아 교회도 받은 것이다. 이로써 사마리아 교회도 예루살렘 교회와 마찬가지로 동일한 하나님의 백성이 되고 신약 교회의 구성원이 된 것을 공포하게 되었다.

이방 지역에서의 복음 전파

이방인들에게 최초로 복음을 전한 사람은 베드로였다(행 10장). 지중해 해안에 위치한 항구 도시 가이사랴에 주둔해 있던 로마 군대의 백부장 고넬료는 하나님을 경외하는 이방인이었다. 그는 아마도 유대인들을 통해 여호와 하나님을 알게 되었을 것이며, 안식일마다 회당에 가서 예배에 참석하였을 것이다. 그는 또한 기도와 구제에도 힘쓰는 경건한 사람이었다. 어느 날 베드로는 하나님의 지시를 받아 가이사랴로 가서 고넬료와 그의 친척들과 친구들에게 복음을 전하였다. 그래서 이방인들도 성령을 받고 세례를 받게 되었다(행 10:44-48). 이것은 복음이 유대인들의 경계를 넘어서서 이방인들에게 전파되는 의미 있는 사건이었다.

그러나 본격적인 이방인 선교는 바울에 의해 행해졌다. 그의 본명은 사울이었으며 길리기아 다소 출신이었다. 그의 부모는 경건한 유대인으로서 바리새파에 속하였다. 그들은 사회적으로 성공을 거두었는지 아니면 로마 국가를 위해 기여하였는지 모르지만, 로마 시민권을 획득하게 되었다. 그래서 나면서부터 로마 시민권을 가졌던 바울은 히브리어와 헬라어, 히브리 문화와 헬라 문화에 둘 다 익숙했다. 하지만 그는 어려서 예루살렘에 와서 당대 최고의 랍비인 가말리엘 문하에서 엄격한 율법 교육을 받았으며, 장차 유대 랍비를 꿈꾸고 있었다. 하나님과 조상의 유전에 대하여 열심이 있었던 바울은 처음에는 기독교를 나사렛 이단으로 생각하고, 이 무리를 박멸하려고 노력하였다.

그러나 다메섹으로 가던 도중에 부활하신 예수님을 만나고 나서 그의 인생은 180도 바뀌게 되었다. 그는 다메섹에서 즉시 예수는 그리스도시요 하나님의 아들이라고 전파하였다. 그러자 그는 가는 곳마다 유대인들에게 반대와 핍박을 받았다(행 9장). 그러다가 회심 후 한 10년쯤 지나서 안디옥 교회에서 성경을 가르쳤을 때 큰 부흥이 일어났으며(행 11:25,26), 그 후에 그는 바나바와 함께 선교사로 파송받게 되었다(행 13:1-3).

바울의 선교여행은 3차로 나뉘는데, 1차 선교여행(행 13:4-14:27; 주후 47-48년경)과 2차 선교여행(행 15:40-18:22; 주후 49-53년경)과 3차 선교여행(행 18:23-21:16; 주후 53-58년경) 모두 다 큰 성공을 거두었다. 아시아와 브루기아와 갈라디아와 그 주변 지역들과 마게도냐와 헬라 반도에서 복음을 전하고 교회를 세웠다. 그 후에 그는 예루살렘에 올라갔다가 유대인들에게 붙잡혀 로마로 압송되었다. 거기서 그는 어느 셋집에서 연금되어 있었다. 그의 몸은 사슬에 매이고 로마 병사 한 명이 지키고 있었지만 그의 활동은 비교적 자유로웠다. 그래서 바울은 로마에서도 계속 복음을 전파할 수 있었다(행 28장).

내용분해

개요	본문	개요	본문
성령강림과 교회의 시작	1-2장	바울의 2차 전도	16:6-18:17
예루살렘 전도	3-6:7	바울의 3차 전도	18:18-20장
스데반의 순교	6:8-8:3	예루살렘에서 체포된 바울	21:1-22:29
사마리아 전도와 바울의 회심	8:4-9:31	거듭되는 심문과 변론	22:30-26장
첫 이방인 전도	9:32-12:24	로마까지의 전도	27-28장
바울의 1차 전도와 예루살렘 회의	13장		

✤ 학습 문제

1. 오늘날 사람들이 마태, 마가, 누가 복음을 공관복음이라 부르는 이유는 무엇인가?

2. 마태는 어디에서 복음을 전하다가 어떤 연유로 복음서를 기록하게 되었는가?

3. 마가는 누구의 설교를 기록한 것인가? 마가복음을 통해 우리는 베드로에 대해 어떤 것들을 알 수 있는가?

4. 누가복음은 누가 언제쯤 기록한 것인가?

5. 누가복음의 특징은 무엇인가?

6. 요한복음이 다른 복음서들과 다른 점은 무엇인가?

7. 요한복음을 기록한 목적은 무엇인가?

8. 사도행전의 주제는 무엇인가?

2장

바울서신

사도 바울은 우리에게 모두 13개 또는 14개의 편지를 남겼다. 히브리서를 바울의 저작으로 보느냐 보지 않느냐에 따라 한 개의 차이가 난다. 우선 히브리서를 제외한 열세 개의 서신 중 에베소서, 빌립보서, 골로새서, 빌레몬서는 옥중에서 썼다고 하여 '옥중서신'으로 분류된다. 그리고 디모데전·후서와 디도서는 특별히 목회자들에게 준 서신이라 하여 '목회서신'으로 분류된다. 그 외에도 로마서, 고린도전·후서, 갈라디아서, 데살로니가전·후서도 바울이 쓴 편지이다. 히브리서에 대해서는 나중에 별도로 취급하도록 하겠다.

1. 로마서

서론

로마서는 사도 바울이 아직 한 번도 가본 적이 없는 로마에 있는 성도들에게 보낸 편지이다. 바울은 당시 로마제국의 수도였던 로마에 가서 복음 전하기를 간절히 원하였지만 길이 막혀서 갈 수 없었다. 그래서 우선 편지로써나마 복음의 진리를 간단히 써서 보낸 것이 로마서이다. 따라서 로마서는 다른 서신들과는 달리 교회 안의 당면한 문제에 대해서는 비교적 초연한 가운데 복음의 진리를 체계적으로 기술하고 있다. 이 점에 있어서 우리는 하나님의 섭리를 볼 수 있다. 로마로 가는 길이 쉬 열리지 아니하므로 바울은 한 동안 답답해하였겠지만, 이런 역경을 통해 하나님께서는 로마서라는 귀중한 서신을 허락해 주셨던 것이다.

로마서는 사도 바울이 3차 선교여행이 끝나갈 무렵 고린도에서 기록하였다. 바울은 그 때 가이오의 집에 머물고 있었는데(롬 16:23), 이 가이오는 바울이 세례 준 고린도의 가이오로 생각된다(고전 1:14). 바울은 그 때 마게도냐와 아가야 사람들이 헌금한 것을 가지고 예루살렘으로 올라가게 되었다고 말한다(롬 15:25,26). 여기서 '아가야'는 고린도가 있는 지역 일대를 말한다.

바울은 이 편지를 써서 겐그레아 교회의 일꾼(집사)으로 있는 자매 뵈뵈(Phoebe) 편에 부쳤다(롬 16:1). 겐그레아는 고린도 도시에 딸린 항구이다. 따라서 바울이 로마서를 기록한 장소는 고린도임이 거의 확실하다. 그렇다면 기록 시기는 3차 선교여행이 거의 끝나가는 56-57년경으로 볼 수 있다.

기록 목적

사도 바울이 로마를 방문하고자 했던 목적은 "무슨 신령한 은사를 너희에게 나눠 주어 너희를 견고케 하려 함"이라고 말하고 있다(롬 1:11). 이러한 그의 방문 목적은 또한 이 편지의 기록 목적과도 통한다고 볼 수 있다. 그렇다면 여기서 '신령한 은사(카리스마 프뉴마티콘)'를 나눠 준다는 것은 무슨 뜻일까? 요즈음 사람들은 '은사(恩賜)'라고 하면 외적이고 가시적인 은사를 주로 생각하지만, 신약에서는 아주 넓은 의미로 사용되고 있다. 하나님께서 주시는 모든 좋은 선물이 다 '은사'이다(cf. 고전 7:7). 많은 경우에 '은사(카리스마)'는 '은혜(카리스)'와 동일한 의미로 사용되고 있다(cf. 롬 6:23).

따라서 여기서 '신령한 은사'라고 하는 것은 무슨 방언이나 신유, 이적 같은 은사들을 뜻하는 것이 아니다. 바울은 로마에 가서 무슨 '신유 집회'를 하려고 한 것이 아니다. 로마서에 보면 '방언'이나 '신유'라는 말이 한 번도 나타나지 않는다. 이런 은사들이 성도의 신앙생활에 그렇게도 중요한 것이었다면 로마서에 왜 그런 단어가 한 번도 나타나지 않는 것일까? 따라서 여기서 '신령한 은사'라고 하는 것은 하나님께서 우리 인간들에게 베풀어주신 선물을 의미한다. 이것은 곧 바울이 로마서에서 설명하고 있는 하나님의 복음을 뜻한다. 바울은 로마에 있는 성도들에게 예수 그리스도의 십자가에 나타난 하나님의 은혜의 복음을 전해 주고자 했던 것이다.

로마서의 주제

로마서의 주제를 무엇으로 볼 것인가에 대해서는 논란이 있다. 대개는 믿음으로 의롭다 함을 받는다는 '이신칭의(以信稱義)'로 이해해 왔다. 물론 이것이 로마서의 중요한 주제임에는 틀림없다. 인간의 행함으로가 아니라 예수 그리스도를 믿음으로 하나님의 의가 우리에게 끼쳐진다는 진리는 복음의 핵심이다. 그러나 로마서는 이것뿐만 아니라 '이스라엘의 문제' (9-11장)와 '성도의 생활' (12-14장) 등 여러 주제들을 다루고 있다. 따라서 이신칭의를 로마서 전체의 주제로 삼는 데에는 약간의 무리가 따른다.

따라서 우리는 어떤 하나의 주제를 너무 강제하지 말아야 한다. 로마서에는 여러 주제들이 있다(이신칭의, 그리스도와의 연합, 죄 문제, 율법 문제, 성령의 역사, 선택과 이스라엘의 구원, 성도의 생활 등). 따라서 로마서는 하나의 신학 논문이 아니라 여러 주제들을 다룬 '편지' 라는 사실을 잊으면 안 된다.

내용분해

개요	본문	개요	본문
인사 및 서론	1:1-17	선택과 남은 자의 문제	9:1-11장
하나님의 진노	1:18-3:20	그리스도인의 생활	12:1-15:13
그리스도 안에 있는 구속	3:21-8장	결어 및 문안	15:14-16:27

2. 고린도전서

고린도의 지리와 역사

고린도는 헬라 반도 남단에 자리잡은 항구 도시로서 국제 무역이 성행하였다. 고린도는 세 항구를 가지고 있었는데 그 중의 하나는 동쪽의 겐그레아였다(행 18:18, 롬 16:1). 고린도는 로마에서 아시아로 가는 중간 항구로서 중요한 도시였다. 고린도는 주전 146년에 뭄미우스(L. Mummius)에 의해 파괴되었다가 주전 46년(또는 49년)에 율리우스 카이사르(Julius Caesar)에 의해 재건되어 로마의 해방 노예들이 거주하였다. 고린도에는 많은 종족들이 있었으며, 이들은 자기들의 종교를 가지고 들어왔다. 그리하여 고린도는 향락과 타락의 도시였으며 많은 민족과 종교의 도시였다. 그리고 고린도는 다른 항구 도시에서와 마찬가지로 빈부격차가 심하였다.

항구 도시의 또 다른 특징으로서 고린도는 가능한 한 모든 영역에서 자유로웠으며 종교 생활도 자유로웠다. 그래서 고린도에는 '핍박'에 대한 말이 없다(물론 바울의 고린도 체류 말기에 유대인들에 의한 소요가 있었기는 하지만). 그리고 고린도에는 많은 유대인들이 살고 있었다(필로, 순교자 저스틴의 기록). 그래서 고린도에는 유대인들의 회당이 있었다(행 18장). 그리고 고린도는 아가야 주의 수도였다. 행정적으로 아가야는 원로원 관할의 속주였다.

사도행전 18:12에 보면 "갈리오가 아가야의 총독 되었을 때에" 유대인들의 소요가 있었다고 말한다. 이 표현을 보면, 여태까지 일어난 일들은 갈리오(Gallio)가 아가야의 총독이 되기 전의 일임을 알 수 있다. 곧 바울이 고린도에 1년 6개월 동안 머무르면서 하나님의 말씀을 가르쳤을 때 이 일이 일어났다고 볼 수 있다. 그런데 세네카의 동생인 갈리오는 51년 5월에 아가야에 부임하였다. 그렇다면 바울은 아마도 주후 51년 하반기에 고린도를 떠났다고 볼 수 있다. 그런데 글라우디오(Claudius) 황제의 유대인 추방 칙령은 주후 49년(49.1-50.1)에 있었다. 이 칙령 때문에 로마에 살던 유대인 부부인 아굴라와 브리스길라가 고린도에 와서 살게 되었는데, 이들은 거기서 바울을 만나게 되었다(행 18:1-4). 이런 상황들을 종합해 볼 때, 바울은 주후 50년 상반기에 고린도에 도착했다고 볼 수 있다.

고린도 교회의 형편

사도 바울은 2차 선교 여행 때 이곳에 와서 1년 반 동안 거하면서 복음을 전하였다(행 18:1-11). 바울이 떠난 후에 알렉산드리아 출신의 아볼로가 와서 복음을 전하여 성황을 이루었다(행 18:24-28). 그러자 바울을 따르는 자들(바울 파)과 아볼로를 따르는 자들(아볼로 파) 사이에 분쟁이 생기게 되었다. 그러자 또 다른 파들이 생겨나게 되었다(게바 파, 그리스도 파). 이처럼 고린도 교회는 파당이 심한 교회였으며, 음행과 결혼 문제 등 복잡한 문제들이 많이 있었다. 그럼에도 불구하고 바울은 그들을 가리켜 '하나님의 교회' 라고 부르고 있으며, '그리스도 예수 안에서 거룩하여지고 성도라 부르심을 입은 자들' 이라고 부르고 있다(고전 1:2). 이처럼 하나님께서는 자신의 피로 값 주고 사신 교회를 사랑하시고 아끼시는 것을 알 수 있다.

저자와 기록 장소, 연대

고린도전서의 저자는 사도 바울이며(1절), 기록 장소는 에베소이다(고전 16:8). 기록 연대는 바울이 에베소에 머무르고 있을 때였다. 아마도 에베소에서 소요(행 19:23-41)가 일어나기 전에 이 편지를 썼을 것이다(고전 16:8,9). 만일 바울이 고린도를 51년 하반기에 떠났다면 고린도전서는 대략 54년 상반기경에 기록하였을 것이다.

내용분해

개요	본문	개요	본문
서두	1:1-9	송사와 결혼의 문제	6-7장
분쟁에 대한 책망	1:10-17	우상 제물의 문제	8-10장
하나님의 지혜	1:18-2장	여자의 수건 문제와 성찬의 문제	11장
사람을 자랑하지 말라	3장	신령한 은사의 문제	12-14장
그리스도의 일꾼	4장	부활의 문제	15장
음행의 문제	5장	연보 문제와 결어	16장

3. 고린도후서

서론

고린도후서는 고린도전서의 후편으로 쓴 편지이다. 사도 바울은 첫 번째 편지를 써 보낸 후에 자기가 너무 심하게 책망하지는 않았는지, 고린도 교회가 어떤 반응을 보일 것인지에 대해 심히 염려하였으나 하나님께서 선하게 역사하셔서 이 모든 환난 가운데서 바울을 위로하셨다. 그래서 큰 안도와 기쁨으로 쓴 편지가 바로 고린도후서이다. 이 서신에는 어느 서신보다도 바울의 인간적인 정서가 물씬 풍기고 있다. 사도 바울의 인간적 고뇌와 고통에 대해 깊이 알 수 있으며, 그의 목회 자세에 대해서도 많이 배울 수 있다.

기록 연대는 고린도전서를 기록하고 얼마 지나지 않은 55년경으로 생각된다. 기록 장소는 마게도냐의 어느 지점으로 생각되나 정확한 장소는 알 수 없다.

내용분해

개요	본문	개요	본문
서두	1:1-11	바울의 사도직	10-13:10
바울과 고린도 교회와의 관계	2-7장	결어	13:11-13
가난한 성도들을 위한 연보	8-9장		

4. 갈라디아서

갈라디아의 위치와 역사

갈라디아는 현재 터키의 중부 내륙에 위치한 지역이다. 아시아와 브루기아 동쪽에 위치해 있으며, 페시누스(Pessinus)와 앙키라(Ancyra)와 타비움(Tavium)을 주요 도시로 한다. 그런데 19세기에 들어와서 전통적인 견해와는 다른 견해가 나타나기 시작했다. 곧 현재 터키의 남부 지역 일대도 로마 제국의 행정구역인 '갈라디아 주(Province Galatia)'에 속했으므로, 남부 지역에 있는 비시디아 안디옥, 이고니온, 루스드라, 더베 지역을 가리킨다고 보는 견해이다(남갈라디아설). 이렇게 '남갈라디아설'을 취하는 주요한 이유는 사도 바울이 갈라디아 내륙 지역에 갔다는 구체적인 정보가 없다는 것이다.

그러나 사도행전 16:6,7에 보면 "성령이 아시아에서 말씀을 전하지 못하게 하시거늘 브루기아와 갈라디아 땅으로 다녀가 무시아 앞에 이르러 비두니아로 가고자 애쓰되"라고 말한다. 지도를 펴놓고 살펴보면, 만일 '갈라디아'가 남갈라디아설에서처럼 현재의 터키 남부 지역을 가리킨다면 북서

쪽에 있는 '무시아'로 갈 수 없다. 그러나 전통적인 견해(북갈라디아설)대로 중부 내륙 지역을 가리킨다면 서쪽으로 바로 '무시아'에 연결된다. 따라서 현대의 남갈라디아설의 주장은 옳지 않음을 알 수 있다.

갈라디아는 인종적으로 켈트(Celt) 족에 속한다. 켈트 족은 다르게는 '갈리(Galli)' 족이라고도 불리는데 유럽의 원주민이라 할 수 있다. 머리가 노랗고 눈이 파란 인종으로 헬라와 로마 사람들에 의해 야만인 취급을 받았다. 이처럼 마게도냐 지역 일대에서 서러움을 받고 살던 켈트 족에게 좋은 기회가 왔으니, 곧 비두니아 왕국에 형제간의 내분이 생겨서 서로 다툴 때에 켈트 족에게 원병을 요청한 것이다. 그래서 주전 280년경에 약 2만 명의 켈트 족이 비두니아 왕의 요청으로 마게도냐와 데살리아 지역에서 소아시아로 건너와서 비두니아 왕을 도왔다. 그러나 전쟁 후에도 돌아가지 않고 그냥 눌러 앉아서 살았다.

그러다가 나중에 버가모 왕 알탈루스 I세(주전 241-197년경)에 의해 정복되었다. 그래서 갈라디아인들은 브루기아의 한 구석으로 밀려나서 브루기아 족의 일부를 쫓아내고 거기에 거주하게 되었다. 그래서 갈라디아는 일종의 '인종의 섬'을 이루게 되었다. 양사방에 머리가 검은 동방계 종족들이 살고 있었는데, 그 가운데 머리가 노란 켈트 족들이 살게 된 것이다.

갈라디아인들은 정복된 브루기아인의 종교인 퀴벨레(Cybele) 종교를 곧 물려받았다. 이 종교의 신전은 옛 브루기아 땅인 페시누스에 있었는데, 이제는 갈라디아인들이 이 종교의식에 열심히 참여하였다. 이 종교는 정열적이고 관능적인 의식을 가지고 있었다. 사람을 흥분시키는 빠른 음악과 정열적인 춤과 관능적인 축제가 뒤따랐다. 이것은 갈라디아인들의 감정적이고 정열적인 성격과 잘 맞았다.

그래서 갈라디아인은 처음에 복음을 듣고서 사도 바울을 천사와 같이, 그리스도 예수와 같이 따뜻하게 환영하였다. 할 수만 있었더라면 눈이라도 빼어 주려고 하였다(갈 4:14,15). 그러나 감정적인 사람이 그러하듯이 이들은 쉽사리 바울을 잊어버리고 이단의 유혹에 빠져서 복음을 떠나려고 하였다. 그래서 바울은 "그리스도의 은혜로 너희를 부르신 이를 이같이 속히 떠나 다른 복음 좇는 것을 내가 이상히 여기노라"고 말하였다(갈 1:6). 냄비처럼 쉽게 끓었다가 쉽게 식어지는 것이 갈라디아 사람들의 기질이었던 것이다.

갈라디아의 교회들

갈라디아서는 어느 한 교회에 보낸 편지가 아니라 갈라디아의 여러 교회들에게 보낸 편지이다. 이 교회들은 사도 바울이 49년경 2차 선교여행 중에 설립하였으며(행 16:6), 3차 선교여행 때 다시 방문하였다(행 18:23). 구체적인 선교활동에 대해서는 기록이 없어 우리가 알 수 없다. 다만 2차 선교여행 중에 바울은 '육신의 약함을 인하여' 그들에게 복음을 전하였다고 한다. 이것이 무엇을 뜻하는지는 분명하지 않다. 어떤 사람은 바울이 병 치료를 위해 요양차 그곳으로 갔다고 본다. 또는 병 때문에 그곳에 붙잡혀서 오랫동안 머물며 복음을 전했다고 본다. 그러나 우리는 사도행전이나 갈라디아서에서 그런 것에 대해 듣지 못한다. 아마도 위 표현은 '육신의 약함에도 불구하고' 라는 의미일 것이다. 비록 바울이 육체의 연약함을 가지고 있었지만, 그런 가운데서도 복음을 전하였다는 뜻일 것이다.

그럼 바울은 무슨 병을 앓고 있었던 것일까? 정확히 알 수는 없지만 갈라디아서 4:15에 "너희의 눈이라도 빼어 나를 주었으리라"는 표현을 볼 때, 아마도 바울은 눈에 약함을 가지고 있었던 것 같다. 우리는 헬라어 표현에서 '눈을 빼어 준다' 는 것이 마음을 준다, 사랑한다는 것에 대한 비유적 표현으로 사용된 경우를 알지 못한다. 따라서 우리가 이 표현을 문자적인 의미로 받아들인다면 바울의 눈에 이상이 있었다고 짐작할 수 있다. 갈라디아서 6:11에서 "내 손으로 너희에게 이렇게 큰 글자로 쓴 것을 보라"고 말한 것도 바울의 눈이 좋지 않아서 직접 큰 글자로 쓴 것이라고 볼 수 있다.

기록 시기와 장소

갈라디아서의 기록 시기는 대략 50-60년 사이로 볼 수 있는데 정확히는 알 수 없다. 그 기록 장소도 알 수 없다. 그러나 우리가 전통적인 견해를 따라 갈라디아의 위치에 대해 중부내륙지역이라고 본다면, 바울은 2차 선교여행 때 잠깐 들르고(행 16:6), 3차 선교여행 때에 다시 방문하였다(행 18:23). 그렇다면 갈라디아서는 아마도 3차 선교여행 중에 에베소에서 기록하였다고 볼 수 있다(행 19:1-22). 그렇다면 그 시기는 대개 54-57년경이 될 것이다.

기록 계기

바울이 갈라디아서를 기록하게 된 계기는 다른 복음을 전하는 미혹자들 때문이었다(1:6-9, 5:2-3, 6:12-13). 이들은 교회 안에 들어온 유대주의자들이었다. 이들은 사람이 구원받기 위해서는 할례를 받아야 한다고 주장하였다(갈 5:2-3, 6:12-13). 할례와 더불어 안식일과 절기와 음식법 등의 율법도 강요하였다(갈 4:10, 21, 5:3). 이들의 동기는 '육체의 모양'을 내기 위해서였다. 곧 그들의 육체로 자랑하기 위해서였다(갈 6:12,13).

이들의 이러한 주장에 대해 사도 바울은 예수 그리스도의 십자가 외에는 결코 자랑할 것이 없다고 말한다(갈 6:14). 우리가 구원을 얻는 것은 율법을 지켜 행함으로써가 아니라 오직 그리스도를 믿음으로써임을 강하게 주장한다(갈 2:16). 율법 안에서 의롭다 함을 얻으려는 자는 그리스도에게서 끊어지고 은혜에서 떨어진 자라고까지 말한다(갈 5:3). 바울이 할례와 율법의 행위를 강하게 반대한 이유는, 그것은 하나님의 은혜를 폐하고 그리스도의 십자가를 무력화하기 때문이다(갈 2:21, 3:1).

내용분해

개요	본문	개요	본문
서두	1:1-5	바울의 호소	4:8-20
그리스도의 복음	1:6-12	두 자녀	4:21-5:1
바울의 간증	1:13-2:14	할례의 무익	5:2-12
율법의 행위와 믿음	2:15-3:14	성령을 좇아 행함	5:13-26
율법과 약속	3:15-29	윤리적 권면	6:1-10
유업을 이을 자	4:1-7	결어	6:11-18

5. 에베소서

서론

에베소서는 사도 바울이 로마의 옥중에 있을 때 에베소 교회의 성도들에게 보낸 편지이다. 에베소서의 내용을 보면 그 교회에 긴급한 사정이 있어서 써 보낸 것은 아니었음을 알 수 있다. 오히려 일반적인 교리와 교회 생활, 성도의 윤리 등에 대해 체계적으로 서술해 주고 있다. 따라서 에베소서는 특별한 계기가 있어서 썼다기보다 다른 기회에 함께 써 보낸 것이라고 생각된다. 곧 바울이 골로새 교회에 편지를 써 보내면서 에베소 교회에 보내는 편지도 써서 함께 보내었을 것으로 짐작된다. 왜냐하면 두기고가 골로새서를 가지고 골로새로 갈 때에(골 4:7), 에베소를 지나서 가야 하기 때문이다. 따라서 바울이 3년 동안 가르쳤던 중요한 교회인 에베소에 따로 편지 한 통을 써서 두기고편에 부쳤다고 볼 수 있다(엡 6:21,22).

골로새서 4:16에 보면 "이 편지를 너희에게서 읽은 후에 라오디게아인의 교회에서도 읽게 하고 또 라오디게아에서 오는 편지를 너희도 읽으라"고 말한다. 여기서 라오디게아에서 오는 편지란 아마도 에베소서를 가리킬 것이다. 에베소에 보낸 편지를 에베소 교회가 읽은 후에, 그 편지를 라오디게아 교회가 받아서 읽고, 또한 그것을 골로새 교회도 읽으라는 의미이다. 여행 루트를 보면 에베소에서 골로새로 갈 때에 라오디게아를 지나서 가게 되어 있다. 따라서 에베소 교회에 보낸 편지를 골로새로 가지고 갈 때에는 먼저 라오디게아를 거쳐서 가게 되어 있다. 이런 점에서 에베소서는 단지 에베소 교회만을 위한 것이 아니라, 애초부터 라오디게아와 골로새에 있는 교회에게 회람되도록 씌어진 성격을 지니고 있었다고 생각된다. 따라서 에베소서의 내용도 그리스도의 모든 교회에 해당되는 일반적인 교리와 생활을 다루고 있다.

그렇다면 에베소서는 골로새서, 빌레몬서와 마찬가지로 바울의 첫 번째 투옥 기간(약 60-62년 사이) 중에 기록되었을 것이다. 기록 장소는 로마의 감옥(셋집)이었을 것이다.

에베소 교회의 설립과 형편

에베소 교회는 바울의 2차 선교여행 말기에 세워졌으며(행 18:19), 3차 선교여행 중에 다시 와서 2년 6개월 가량 머물면서 복음을 전하였다(19:1-41). 처음에는 관례대로 유대인의 회당에 들어가서 복음을 전하였으나, 유대인들의 방해로 인하여 나와서 두란노 서원에서 하나님의 말씀을 날마다 강론하였다. 이같이 2년 동안을 계속하니 아시아에 사는 자는 유대인이나 헬라인이나 다 주의 말씀을 들었다고 한다. 그래서 에베소 교회는 아시아의 중심 교회로 성장하였다.

핍박을 인하여 바울이 떠난 후에 디모데가 와서 목회하였다(딤전 1:3). 그 후 유대인의 전쟁(66-70년) 발발 후에 사도 요한이 와서 목회하였다. 에베소와 그 주위 지역에서는 영지주의 이단들이 많이 활동하고 있었으며, 그래서 이런 이단들과 영적인 싸움을 벌였다. 그래서 진리는 지켰으나 처음 사랑을 버렸다고 책망을 받기도 하였다(계 2:1-7).

내용분해

개요	본문	개요	본문
문안	1:1-2	개인의 생활의 변화	4:17-24
하나님 찬송	1:3-14	이웃과의 관계	4:25-32
바울의 감사와 기도	1:14-23	빛의 자녀로서의 생활	5:1-14
죽었던 우리를 살리심	2:1-10	지혜 있는 자	5:15-21
그리스도 안에서 가까워짐	2:11-22	부부 윤리	5:22-33
은혜의 경륜	3:1-13	부자 윤리	6:1-4
바울의 기도와 송축	3:14-21	주종 윤리	6:5-9
교회 안에서의 생활	4:1-16	영적무장과 결말	6:10-24

6. 빌립보서

빌립보 도시의 역사적 배경

빌립보는 원래 트라키아에 속한 마을로서 네아폴리스 만으로부터 내륙으로 약 16 km 정도 떨어진 곳에 위치하고 있었다. 이 도시의 이전 이름은 크레니데스(Krenides)로서 '우물들' 또는 '샘물' 이라는 뜻을 가지고 있었다. 인근 산맥에 금과 은 광산들이 있었는데, 오래 전부터 페니키아인들과 타시아인들에 의해 개발되었다. 고원 지대에 건설된 빌립보는 두 강 사이에 위치하고 있어서 그 비옥함을 자랑하고 있었다. 뿐만 아니라 빌립보는 유럽과 아시아를 연결하는 도로를 지배하고 있어서 지정학적으로 중요한 위치에 있었다. 사도행전은 빌립보를 '마게도냐 지경 첫 성' 이라고 말한다(행 16:12). 여기서 '첫 성' 이란 주요한 도시, 첫째가는 도시라는 의미로 볼 수 있다. 또는 지리적으로 네아폴리스에 상륙하여 마게도냐 지역에 들어가면 첫 번째로 나타나는 도시라는 의미로 볼 수도 있다.

빌립보의 역사

주전 356년에 알렉산더 대왕의 아버지인 필립포스 2세가 이 주위에 있는 금, 은 광산들에 관심을 가지고 이 지역을 점령하여 마게도냐에 편입시켰다. 그의 이름을 따라 이 도시를 '필립푸스(Philippus)' 라고 명명하였으며, 오늘날에는 '필립피(Philippi)' 라고 불리고 있다. 그는 이곳을 요새화하고 마게도냐의 군대를 주둔시켰다. 그 후 주전 168년에 로마의 장군 아이밀리우스 파울루스가 퓌드나에서 마게도냐 왕 페르세우스를 패배시킴으로써 빌립보는 로마의 지배하에 들어가게 되었다. 그는 마게도냐를 네 구역(district)으로 나누었다. 하지만 주전 148년에야 비로소 공식적으로 로마의 속주가 되었다.

주전 42년에 안토니우스와 옥타비아누스가 이곳에서 브루투스와 카시우스의 연합군을 물리쳤다. 승리자들은 상당수의 퇴역군인들을 이곳에 정착시켰으며, 빌립보를 로마의 식민지로 건설했다. 그 후 주전 31년의 악티움 해전에서 승리한 옥타비아누스는 그의 대적이었던 안토니우스 추종 군인들을 퇴역시켜 이곳에 정착하게 함으로써 로마 식민자들의 수가 크게 증가하였다. 그리하여 이 도시는 '콜로니아 아우구스타 율리아 필리펜시스(Colonia Augusta Julia Philippensis)' 라 불리게 되었다. 누가는 사도행전에서 빌립보에 대해 '로마의 식민지' 라고 말하고 있으며(행 16:12), 빌립보 사람들도 자기 자신에 대해 '로마 사람들' 이라고 말하고 있다(행 16:21).

이런 연유로 빌립보는 로마시의 축소판이라고 할 수 있었다. 그들은 라틴어를 사용하였으며 로마인의 의복을 입고 다녔다. 정치적으로는 로마의 정치 제도를 본떠서 '두 집정관' 을 두었는데, 사도행전에서는 이들을 '상관들' (행 16:20,22,35)이라고 표현하고 있다. 빌립보는 로마의 식민지로서 또한 '특권' 을 가지고 있었다(빌 3:20). 구체적으로는 채찍 형벌의 면제, 극단적인 범죄를 제외하고는 불체포 특권, 황제 직상소권, 세금 면제, 그리고 자치권 등이 있었다.

빌립보에는 유대인들이 많지 않았던 것으로 생각된다. 왜냐하면 그 곳에 유대인들의 회당이 없었기 때문이다. 그래서 바울과 그 일행은 안식일에 '기도처' 가 있는가 하여 성문 밖 강가에 나갔다(행 16:13). 거기서 그들은 거기에 모인 어떤 여인들을 만나 복음을 전하였는데, 그 중에서 두아디라 성의 자주장사인 루디아가 듣고 예수를 믿었다고 한다(행 16:13-15).

빌립보 교회의 설립과 형편

바울이 빌립보를 처음 방문한 것은 주후 49-51년경으로 추정된다. 왜냐하면 로마의 클라우디우스(Claudius)가 유대인들에게 로마를 떠나라는 칙령을 내린 때(행 18:2)는 49년 1월에서 50년 1월 사이이기 때문이다. 이 칙령으로 인하여 로마를 떠난 아굴라와 브리스길라 부부를 바울이 고린도에서 만나게 되었다. 그렇다면 바울이 고린도에 도착한 연도는 49년 이후가 되며, 늦으면 51년 쯤 될 것이다. 그렇다면 바울이 빌립보를 방문한 때는 그보다 조금 빠른 49년에서 51년 사이가 될 것이다.

저자와 기록 시기와 장소

빌립보서의 저자는 우리가 다 알고 있는 대로 사도 바울이다. 1장 1절에서 이 편지의 발신인을 스스로 '바울과 디모데' 로 말하고 있다. 이것은 바울이 이 편지를 쓸 때에 디모데가 같이 있었음을 말해 준다.

바울이 본 서신을 기록한 장소에 대해서는 에베소설과 가이사랴설과 로마설 세 가지가 있으나 1:13의 '시위대(프라이토리온)' 란 표현과 4:22의 '가이사 집 사람들' 이란 표현을 볼 때 로마에서 기록되었다고 보는 것이 타당하다고 생각된다.

본 서신의 기록 시기는 기록 장소와 밀접한 관련이 있게 된다. 만일 가이사랴 저작설의 경우라면 주후 57-59년 사이가 될 것이고, 에베소 저작설의 경우라면 대략 주후 54-55년경이 될 것이다. 그러나 전통적인 견해를 따라 로마 저작설을 취한다면 로마의 옥중 기간(60-62년) 중에 기록했을 것이다. 아무리 늦어도 주후 64년 7월 이전이 될 것이다.

기록 계기

본서를 기록하게 된 계기는 몇 가지로 생각해 볼 수 있다. 빌립보 교회는 에바브로디도를 선물과 함께 바울에게로 보내었다(빌 2:25). 그런데 이 에바브로디도가 바울을 섬기다 병이 들어 죽게 되었으나 하나님이 그를 살리셨다(빌 2:26,27). 그래서 바울은 빌립보 교회의 염려를 덜어주기 위해 에바브로디도를 급히 돌려보내었다. 그 때 바울은 편지를 써서 그의 손에 함께 보내었을 것이다(빌 2:28-30).

다음으로 바울은 빌립보 교인들이 자기에게 보내준 선물에 대해 감사의 표시를 할 필요가 있었을 것이다(빌 4:14-18). 뿐만 아니라 바울 자신의 옥중 형편에 대해 소식을 전함으로써 빌립보 교회의 염려를 덜어주고 위로하고자 하였을 것이다(빌 1:12-26). 또한 이와 함께 빌립보 교회에 대한 권면과 이단에 대한 경계를 할 필요를 느꼈을 것이다.

내용분해

개요	본문	개요	본문
너희가 내 마음에 있음	1:1-11	디모데와 에바브로디도의 헌신	2:19-30
전파되는 것은 그리스도	1:12-21	가장 고상한 지식	3:1-11
그리스도 복음에 합당한 생활	1:22-30	푯대를 행하여 좇아감	3:12-21
그리스도 예수의 마음	2:1-11	하나님의 평강	4:1-9
두렵고 떨림으로 구원을 이룸	2:12-18	풍성한 하나님	4:10-23

7. 골로새서

골로새 교회의 형편

골로새서는 사도 바울이 골로새 교회에 써 보낸 편지이다. 골로새는 브루기아의 도시들 중 하나인데 뤼쿠스(Lycus) 강 양안에 위치하고 있었다. 골로새 교회는 에바브라가 설립해서 돌보고 있었는데(1:7), 인근에 있는 라오디게아 교회와 히에라볼리 교회도 함께 돌보고 있었다(4:13).

그런데 골로새 지역에 이단이 들어와서 성도들을 미혹하고 요동케 하였다. 에바브라는 이 문제를 스스로 해결할 수 없어서 그의 영적 아버지인 사도 바울을 찾아 로마로 갔다. 그는 골로새 교회의 형편을 다 이야기하였고, 이에 바울은 편지를 써서 두기고 편에 보내었는데, 이것이 바로 골로새서이다.

골로새 교회에 들어온 이단

골로새 교회에 들어온 이단들은 그리스도인들에게도 할례를 행할 것을 요구하였다(2:11). 이와 아울러 유대의 음식법과 절기들, 월삭과 안식일을 지켜야 한다고 주장하였다(2:16). 뿐만 아니라 이들은 환상을 의지하고(2:18), 천사를 숭배하였으며(2:18), 금욕주의적 경향을 가지고 있었다(2:21-23). 바울은 이들을 향하여 철학과 헛된 속임수로 노략하는 자들이라고 말하며(2:8), 세상의 초등학문을 좇는 자라고 말한다(2:8, 20).

이들 이단들은 단순히 예수 그리스도를 믿는 것을 유치하다고 보고, 자기들은 더 높고 더 깊은 것을 추구한다고 주장하였다. 그래서 그들은 비밀과 지혜, 지식을 강조하고 충만을 자주 말하였다. 그래서 이들에게는 단지 유대주의적 요소뿐만 아니라 여러 요소들이 복합되어 있었다. 그래서 이들은 '유대 기독교적 바탕을 가진 하나의 혼합주의적 종교 모습' 이라 고 말할 수 있다(Feine-Behm).

사도 바울은 이들의 주장에 대해 그리스도의 '위대함' 과 '높으심', '충만함' 과 '완전성' 을 강조하고 있다. 그리스도는 보이지 아니하는 '하나님의 형상' 이요(1:15), '만물보다 먼저 나신 자' 이며(1:15), '만물의 으뜸'(1:18)이며, '교회의 머리' 이시다(1:18). 그리고 하나님은 "모든 충만으로 예수 안에 거하게 하셨으며"(1:19), 그 안에는 "신성의 충만이 육체로 거하신다."(2:9) "지혜와 지식의 모든 보화"가 그 안에 있으며(2:3), 그리스도는 '하나님의 비밀' 이시다(2:3).

이런 맥락에서 사도 바울은 골로새 교회 성도들에게 '감사' 를 강조하고 있다(1:3, 12, 2:7, 3:15, 17, 4:2). 왜냐하면 그리스도 밖에 무슨 지혜나 지식이 있는 것이 아니며, 그리스도 외에 다른 보화나 충만이 있는 것이 아니라, 바로 그리스도가 우리의 충만이 되고 만족이 되고 모든 보화가 되시기 때문이다. 이런 그리스도를 믿고 있는 우리는 "믿음에 굳게 서서 감사함을 넘치게" 해야 하는 것이다(2:7). 우리가 감사하는 사람이 될 때 모든 불만족과 결핍 의식이 사라지고 그리스도의 은혜로 충만하게 되는 것이다.

내용분해

개요	본문	개요	본문
서언	1:1-12	이단에 대한 경계	2:8-23
기독론	1:13-23	실제적인 교훈	3:1-4:6
교회를 위한 바울의 노력	1:24-2:7	결어	4:7-18

8. 데살로니가전서

데살로니가

데살로니가전서는 사도 바울이 고린도에 있을 때(행 18:5) 데살로니가에 있는 교회에 보낸 편지이다. 데살로니가 도시는 주전 315년에 카산더(Cassander)가 세웠는데, 그의 아내의 이름을 기념하여 '데살로니카' 라고 이름하였다. 주전 146년 이후에 로마의 마게도냐 속주의 수도가 되었다. 테르마이(Thermae)만에 위치한 데살로니가는 '비아 에그나티아(via Egnatia)' 가 지나가는 교통의 요로였으며 크게 발전하였다. 여러 민족이 섞여 살았으며 유대인들도 많이 거주하였고, 거기에 유대인의 회당이 있었다(행 17:1). 로마는 이 도시에 자치권을 주었으며 많은 특권을 주었다.

데살로니가전서의 특징

데살로니가전서는 사도 바울이 은혜와 성령이 충만한 가운데 쓴 편지이다. 우리는 데살로니가전서를 통해 아직도 진정되지 않은 바울의 감격과 흥분을 읽어볼 수 있다. 그 이유는 데살로니가 교회가 믿음에 굳게 서 있다는 소식을 듣고서 바울이 크게 안도하였기 때문이다(살전 3:6-8).

바울은 빌립보에서 핍박을 받아 감옥에 갇혔다가 하나님의 특별한 능력으로 풀려나서 그 도시를 떠나게 되었다(행 16:19-40, 살전 2:2). 그래서 사도 바울과 그 일행인 디모데와 실라는 암비볼리와 아볼로니아를 거쳐 데살로니가에 들어가게 되었다. 따라서 이들이 데살로니가에 들어갈 때에는 은혜와 성령이 충만하였다. 왜냐하면 그리스도와 복음을 인하여 핍박을 받는 자에게는 하나님의 영이 강력하게 함께 하시기 때문이다(벧전 4:14). 그래서 바울은 이렇게 말한다. "이는 우리 복음이 말로만 너희에게 이른 것이 아니라 오직 능력과 성령과 큰 확신으로 된 것이니"(살전 1:5).

뿐만 아니라 데살로니가의 사람들이 복음을 받을 때에도 순수하게 잘 받아들임으로 말미암아 바울에게 큰 위로와 기쁨이 되었다. 이것을 바울은 그의 편지 여러 곳에서 표현하고 있다. "또 너희는 많은 환난 가운데서 성령의 기쁨으로 도를 받아 우리와 주를 본받은 자 되었으니"(살전 1:6). "이러므로 우리가 하나님께 쉬지 않고 감사함은 너희가 우리에게 들은 바 하나님의 말씀을 받을 때에 사람의 말로 아니하고 하나님의 말씀으로 받음이니 진실로 그러하다."(살전 2:13) 이것은 사도행전에 기록된 바와 같이, 바울이 데살로니가에서 복음을 전할 때에 "그 중에 어떤 사람 곧 경건한 헬라인의 큰 무리와 적지 않은 귀부인도 권함을 받고 바울과 실라를 좇았다"(행 17:4)는 말씀과 일치한다. 바울이 비록 3주 남짓한 짧은 기간 동안 복음을 전하다가 핍박을 인하여 그곳을 떠나게 되었지만(행 17:2), 데살로니가인들이 어찌나 순수하게 복음을 받아들이고 잘 믿었던지 그 믿음의 소문이 온 마게도냐와 아가야 지방과 다른 곳에까지 퍼지게 되었다(살전 1:8).

특히 데살로니가 성도들의 신앙은 믿음과 사랑과 소망이 겸비한 균형 잡힌 신앙이었다(살전 1:3, 살후 1:3,4). 물론 그들 중에는 소망에 있어서 좀 지나친 생각을 가진 자들도 있었지만, 전체적으로 보면 데살로니가 교회는 믿음과 사랑과 소망에 있어서 균형 잡힌 모범적인 신앙이었다. 그래서 데살로니가전 · 후서에 보면 감사와 칭찬과 기쁨이 많이 나타나고 있다(살전 1:2, 7-10, 2:19,20, 3:9, 살후 1:3-4).

그러나 바울과 그의 일행이 데살로니가를 너무나 급히 떠나게 된 사실에 대해 바울은 늘 마음에 아쉬움과 염려가 있었다. 그래서 베뢰아를 거쳐 아덴에 도착했을 때에 바울은 더 이상 참지 못하고 디모데를 보내어 데살로니가 교회의 사정을 알아보도록 하였다(살전 3:1-3). 이는 혹 미혹하는 자가 들어와서 데살로니가의 어린 성도들의 믿음을 해치고 유혹할까 염려하였기 때문이다(살전 3:5). 그러나 디모데가 다녀와서 바울에게(이 때 바울은 고린도에 있었다), 그들의 믿음과 사랑의 기쁜 소식을 전하므로, 바울이 크게 안도하고 위로를 받고 기뻐하게 되었다. 이것을 바울은 이렇게 표현하고 있다. "이러므로 형제들아, 우리가 모든 궁핍과 환난 가운데서 너희 믿음으로 말미암아 너희에게 위로를 받았노라. 그러므로 너희가 주 안에 굳게 선즉 우리가 이제는 살리라."(살전 3:7,8) 따라서 이때의 기쁨과 감격으로 쓴 편지가 바로 데살로니가전서이다. 따라서 이 편지에는 데살로니가 교회에 대한 기쁨과 칭찬, 감사와 애정이 잘 표현되어 있다.

내용분해

개요	본문	개요	본문
인사말	1:1	디모데가 돌아와서 보고함	3:1-10
감사와 칭찬	1:2-10	바울의 기도	3:11-13
바울의 사역 회고	2:1-12	바울의 권면	4:1-5:22
유대인들에게 고난을 받음	2:13-16	바울의 기원	5:23-24
데살로니가에 가기를 애썼음	2:17-20	마지막 당부와 축원	5:25-28

9. 데살로니가후서

기록 계기

데살로니가후서는 사도 바울이 고린도에 있을 때, 데살로니가전서를 기록한 직후에 보낸 편지이다. 그 계기는 데살로니가 교회의 성도들 중에는 예수님의 재림이 가까웠다고 소란을 피우거나 일을 하지 아니하고 돌아다니는 자들이 있었기 때문이다. 그래서 이들의 잘못된 종말관을 바로잡아 주고, 일을 하지 않고 돌아다니는 자들을 경계하기 위해 이 편지를 보내어서 경계하였다. 바울은 이들 '규모없이 행하는 자들'을 향하여 "일하기 싫거든 먹지도 말라"고 말한다(3:10).

내용분해

개요	본문	개요	본문
인사말	1:1,2	기도 부탁과 기원	3:1-5
감사와 위로	1:3-10	규모 없이 행하는 자들에 대한 경계	3:6-12
바울의 기도	1:11-12	몇 가지 권면	3:13-15
재림에 관한 미혹을 경계함	2:1-12	평강 기원	3:16
바울의 권면과 기원	2:13-17	문안과 축원	3:17,18

10. 디모데전서

서론

디모데전서는 목회서신의 하나로서 사도 바울이 사랑하는 제자 디모데에게 보낸 편지이다. 디모데는 루스드라에서 얻은 제자인데 어머니는 유대인이요 아버지는 헬라인이었다(행 16:1). 그는 성품이 온순하고 연약하였으며 바울을 아버지처럼 모시고 복음을 위해 충성하였다(빌 2:22). 그는 바울의 뒤를 이어 에베소 교회를 섬겼는데(딤전 1:3), 바울은 에베소에 남겨둔 제자 디모데를 위해 이 편지를 써서 격려하고 권면하였다.

이 편지를 쓴 장소는 헬라 반도 내로 생각되며, 기록 연대는 확실히 알 수 없으나 로마에서의 첫 번째 투옥(행 28:30-31)이 끝난 이후에, 그리고 로마에서의 두 번째 투옥 이전에 기록된 것으로 생각된다. 대략 62-66년 사이의 어느 시점일 것으로 추정된다.

기록 계기

바울이 이 편지를 쓰게 된 계기는 에베소 지역에 들어온 이단들 때문이다. 이들은 바울이 전한 것과는 다른 교훈을 가르쳤으며(1:3), 신화와 족보에 착념하였다(1:4, 4:7). 그들은 율법의 선생이 되려 했으며(1:7), 혼인을 금하고 식물을 폐하라고 가르쳤다(4:3). 이들은 또한 거짓되이 일컫는 지식(그노시스)의 망령되고 허한 말과 변론을 가르치는 자들이었다(6:20). 따라서 이들은 초기 영지주의적 경향의 이단들이었다고 생각된다. 따라서 바울은 이러한 상황에 직면한 디모데를 권면하고 격려하기 위해 이 편지를 써서 보내었다(1:3, 18-19, 4:11-16, 6:11-14, 20).

내용분해

개요	본문	개요	본문
문안	1:1-2	금욕주의의 위험과 디모데에 대한 권면	4장
거짓 스승들의 교훈을 경계함	1:3-20	교회의 각층 신자들을 위한 목회 원리	5장
교회의 기도와 예배	2장	거짓 스승의 행동 원리와 디모데에 대한 권면	6장
교회 직원들의 자격	3장		

11. 디모데후서

바울의 마지막 편지

디모데후서는 사도 바울이 디모데에게 보낸 두 번째 편지인데, 디모데는 아직 에베소에 머무르고 있었다(딤후 4:13, 20). 그러나 디모데는 이제 마가와 함께 바울이 갇혀 있는 로마로 와야만 했다(4:9, 11). 바울은 이제 로마에서 두 번째로 투옥되어 마지막 순간을 기다리고 있었다(4:6). 따라서 디모데후서의 기록 시기는 바울의 생애 마지막인 주후 64-68년(66년경)이 될 것이다. 이 편지에서 바울은 디모데에게 때를 얻든지 못 얻든지 말씀을 전파할 것과 복음과 함께 고난받을 것을 당부하고 있다(4:2, 5).

내용분해

개요	본문	개요	본문
문안	1:1-2	디모데가 실행할 여러 가지 주의 사항	2-4:5
디모데를 인한 바울의 감사	1:3-5	바울 자신의 처지	4:6-18
디모데를 격려함	1:6-18	문안, 부탁, 축복	4:19-22

12. 디도서

서론

디도서는 사도 바울이 그의 제자인 디도에게 보낸 편지이다. 디도는 그레데 섬에 남아서 교회를 돌보며 바울이 다하지 못한 일을 해야만 했다(1:5). 그 일이란 곧 그레데의 각 성에 장로들을 세우는 일이었다. '장로' 는 다르게는 '감독' 이라고도 불리는데, 이 둘은 같은 직분을 가리키는 용어이다(1:5, 7). '장로(프레스뷔테로스)' 는 유대적 배경을 가진 용어이며 '감독(에피스코포스)' 은 헬라적 배경을 가진 용어인데, 바울은 이 두 용어를 동의어로 사용하고 있다. 유대인들에게 말할 때에는 '장로' 라는 말을 사용하다가, 이방인들에게 말할 때에는 그들이 이해하기 쉽도록 '감독' 이란 말과 '장로' 란 말을 번갈아 사용하고 있다.

기록 시기와 장소

바울이 언제 그레데에 가서 복음을 전했는지는 확실하지 않다. 사도행전에는 바울이 그레데에 간 사실이 기록되어 있지 않다. 따라서 아마도 사도행전 28장 끝 이후에 로마의 옥중에서 풀려난 후에, 그리고 로마에서 두 번째로 투옥되기 전에 그곳을 방문하였을 것이다. 그렇다면 디도서의 기록 시기는 바울의 로마에서의 첫 번째 투옥에서의 해방과 두 번째 투옥 사이에 기록되었을 것이며, 디모데후서보다는 먼저 기록되었을 것이다.

기록 장소는 헬라 반도 내이다. 디도서 3;12의 니고볼리(Nicopolis)는 헬라 반도의 서쪽에 있는 니고볼리(Nicopolis in Epirus)일 것이다. 그러나 바울은 아직 니고볼리에 도착한 것은 아니었다. 바울은 거기서 겨울을 나기로 작정하였다고 말한다. 따라서 바울은 디도서를 기록할 당시에 헬라 반도의 어딘가에 머무르고 있었을 것이다.

내용분해

개요	본문	개요	본문
문안	1:1-4	신자들의 국가에 대한 의무	3:1-8
장로들을 세우라고 함	1:5-11	언쟁을 피하라고 함	3:9-11
그레데인들을 책망하라고 함	1:12-16	부탁, 문안, 축복	3:12-15
남녀노소의 각 계층에 대한 교훈	2:1-15		

13. 빌레몬서

저자와 수신자

빌레몬서는 사도 바울이 로마의 옥중에서 쓴 편지이다(1, 9, 22절). 바울 곁에는 마가, 아리스다고, 누가, 에바브라가 같이 있었으며(23, 24절), 이들은 골로새서 4장에 나오는 이름들과 일치한다(골 4:10, 12, 14). 이로 보아 빌레몬서와 골로새서는 바울이 로마에 갇혀 있을 때 거의 동시에 씌어진 것으로 생각된다.

수신자는 빌레몬인데, 그는 골로새에 있는 부유한 그리스도인이었다. 그의 집에서 교회가 모이고 있었다(2절). 따라서 빌레몬은 골로새 교회의 중심 인물이었다고 생각된다. 자매 압비아는 아마도 그의 아내였을 것이며, 아킵보는 그의 아들이었을 것으로 생각된다(2절; cf. 골 4:17).

기록 계기

바울이 이 편지를 써서 보내게 된 계기는 오네시모 때문이었다. 그는 원래 빌레몬의 종으로 있었는데 어느 날 주인집을 떠나 도망쳤다. 아마 그 때 주인의 물건을 좀 훔쳤을 것이다(18절). 그는 로마로 와서 떠돌다가 바울을 만나서 복음을 듣고는 예수님을 믿게 되었다(10절). 그러자 오네시모는 옛 주인이었던 빌레몬과 새로운 관계 설정이 필요했다.

고민 끝에 바울은 오네시모를 원주인 빌레몬에게 돌려보내기로 작정하였다(cf. 골 4:9). 돌려보내면서 빌레몬에게, 이제는 오네시모를 주 안에서 형제로 받아들이라는 편지를 써서 두기고 편에 보내었다(골 4:7,8). 우리는 이 편지에서 사도 바울이 사회적, 경제적 관계의 어려운 문제를 주 안에서 어떻게 은혜롭게 해결하는가 하는 것을 볼 수 있다.

내용분해

개요	본문	개요	본문
인사	1-3절	오네시모를 위해 간구함	8-22절
바울의 감사와 기도	4-7절	문안과 기원	23-25절

14. 히브리서

서론

히브리서의 문체와 단어, 구약 인용과 논리 전개 방식은 바울의 다른 서신들과 확연히 구별된다. 그러나 히브리서 마지막 부분의 '우리 형제 디모데'에 관한 언급은 바울 저작을 지지하는 듯이 보인다. 중요한 것은 저작자가 누구이든 간에 히브리서의 내용이 거룩하고 신적이며 하나님의 말씀으로서 조금의 손색도 없다는 점이다.

히브리서의 수신자는, 유다 지파에서 난 예수가 어떻게 대제사장이 될 수 있는가에 대해 의문을 가진 유대인 그리스도인들이었다. 그래서 히브리서는 예수 그리스도의 대제사장 되심을 논증한다. 유다 지파에서 나신 예수는 멜기세덱의 반차를 좇아 영원한 제사장이 되셨음을 말한다(특히 히 7:11-17; cf. 시 110:4). 따라서 오늘날 우리는 그리스도의 육체 가운데로 난 새롭고 산 길을 좇아 하나님께 나아가게 되었음을 역설하고 있다(10:20).

히브리서의 기록 장소는 알 수 없다. 13:24의 "이달리아에서 온 자들도 너희에게 문안하느니라"는 말씀을 보아 혹 로마에서 기록한 것이 아닌가 하는 생각이 들지만 확실히 말할 수는 없다. 그리고 기록 연대는 정확히 알 수 없지만 디모데가 살아 있을 동안에 기록된 것은 분명하다(히 13:23).

내용분해

개요	본문	개요	본문
그리스도께서 선지자들보다 탁월하심	1:1-3	그리스도께서 아론보다 탁월하심	4:14-10:18
그리스도께서 천사들보다 탁월하심	1:4-2장	그리스도께서 새롭고 산 길로서 탁월하심	10:19-12장
그리스도께서 모세보다 탁월하심	3:1-4:13	결론적 권면, 요구, 인사	13장

✤ 학습 문제

1. 로마서는 사도 바울이 어떻게 해서, 또 무엇을 위해 기록한 편지인가?

2. 고린도교회에 생긴 파당에 대해 어떻게 해결하고 있는가? (고전 3:4-9 참조)

3. 갈라디아 사람들이 쉽사리 복음을 떠나려고 했던 것은 무엇 때문이었을까? 오늘날 우리들 중에도 이처럼 쉽게 변하는 사람이 있는데 이런 사람들을 위해서는 무엇이 필요하다고 생각하는가?

4. 바울이 빌립보서에서 감사와 기쁨을 많이 말하고 있는 이유는 무엇이라고 생각되는가?

5. 골로새 교회에 들어온 이단들은 무엇을 주장하였는가? 이에 대한 바울의 답은 무엇이었는가?

6. 바울이 데살로니가 교회의 소식을 듣고 크게 안도한 이유는 무엇인가?

7. 데살로니가 교회 성도들 중에 어떤 이들은 무엇에 대해 잘못 이해하고 어떻게 문제를 일으키고 있었는가?

8. 바울이 디도를 그레데 섬에 남겨 둔 이유는 무엇이었는가?

9. 오네시모는 사도 바울을 만나서 복음을 듣고 어떻게 변화되었는가?

10. 히브리서에서 제일 중요하게 설명하고 있는 것은 예수 그리스도의 무슨 직에 관한 것인가?

3장

공동서신

공동서신이라 함은 원래 특정한 교회나 인물이 아니라 신자들 일반에게 보내진 편지 또는 여러 지역에 흩어져 있는 신자들에게 보내진 편지를 말한다. 공동서신에는 일곱 개가 있는데 야고보서, 베드로전후서, 요한 1, 2, 3서와 유다서이다. 요한 2서와 3서의 수신자는 특정한 개인으로 정해져 있지만, 요한 1서에 부속된 것으로 여겨졌기 때문에 요한일서와 함께 공동서신에 포함되었다.

1. 야고보서

서론

야고보서는 예수님의 친동생 야고보가 기록한 편지이다. 그런데도 그는 자신을 "예수 그리스도의 종"이라고 말하고 있다(1:1). 예수님 생전에는 믿지 않던 야고보가 부활하신 예수님을 믿고 나서는(고전 15:7) 완전히 변화되어 그의 종이 되었다. 그리고 수신자는 '흩어져 있는 열 두 지파'인데, 이들은 팔레스타인 주위에 흩어져 있던 유대인들로서 예수를 믿는 자들이다. 야고보서를 기록한 장소는 예루살렘이며, 기록 시기는 비교적 이른 시기로 생각된다. 맹세에 대한 교훈과 기름을 바르고 기도하는 것 등이 비교적 빠른 시기의 관습으로 생각되기 때문이다. 따라서 로마서보다 늦게 기록되었다고 볼 필요는 없다.

야고보서의 주된 내용은 그리스도인으로서의 올바른 삶을 촉구하는 것이다. 특별히 행함이 있는 믿음을 강조하는데, 이것은 믿음과 분리된 행함이 아니라 참 믿음을 나타내는 표이며 믿음의 열매이다. 따라서 야고보서는 단순히 행함을 강조한다기보다 행함으로 나타나는 믿음, 올바른 믿음을 강조한다고 보는 것이 더 옳을 것이다.

야고보서는 논리적인 추론보다는 실천적인 권면이 많다는 것이 그 특징이다. 따라서 용어 사용에 있어서도 논리적인 일관성보다는 실천적인 적용을 우선하고 있다. 동일한 '시험(페이라스모스)'이라는 단어를 어떤 곳에서는 긍정적인 의미로(1:2,3,12), 다른 곳에서는 부정적인 의미로(1:13,14) 사용하고 있다. 그리고 2장에서 '의롭다 함을 받는다'는 표현에 대해서도 바울과는 다른 의미로 사용하고 있다. 즉, 야고보는 이 표현을, 어떤 사람이 하나님에 대한 믿음을 가지고 있다는 것이 행함을 통해 하나님에 의해 인정된다는 의미로 사용하고 있다(약 2:21-25). 그러나 내용상으로 볼 때에는 로마서와 차이가 없다.

내용분해

개요	본문	개요	본문
그리스도께서 선지자들보다 탁월하심	1:1-3	그리스도께서 아론보다 탁월하심	4:14-10:18
그리스도께서 천사들보다 탁월하심	1:4-2장	그리스도께서 새롭고 산 길로서 탁월하심	10:19-12장
그리스도께서 모세보다 탁월하심	3:1-4:13	결론적 권면, 요구, 인사	13장

2. 베드로전서

서론

베드로전서는 사도 베드로의 편지인데 실루아노가 대필해 준 것이다(벧전 5:12). 그 이유는 아마도 베드로의 헬라어 문장 실력이 부족해서였을 것이다. 그러나 그 내용은 베드로 자신의 것이며, 베드로의 따뜻한 마음이 물씬 풍겨나는 편지이다.

베드로전서는 '본도, 갈라디아, 아시아와 비두니아에 흩어진 나그네' 에게 보낸 편지이다(벧전 1:1). 이들은 이 지역들에 있는 이방인들 중에서 믿게 된 자들(물론 유대인 신자들도 포함)로 볼 수 있다. 기록 장소는 '바벨론' 이라고 되어 있는데(벧전 5:13), 이것은 문자적 의미에서의 '바벨론' 으로 볼 수도 있지만 당시 로마 제국의 수도인 '로마' 에 대한 은어적 표현으로 볼 수도 있다. 베드로는 실제로 주후 60년대에 로마에 가서 복음을 전한 것으로 알려져 있다. 따라서 로마에서 복음을 전하고 있던 베드로가 세상의 중심, 핍박의 중심으로서의 로마에 대한 비유적 표현으로서 '바벨론' 이라는 표현을 사용했을 수 있다(cf. 계 17:5).

베드로전서의 전체적인 주제는 고난받고 있는 성도들을 위로하고 격려하는 것이다. 그리스도인이 고난을 피할 수 없다면 선을 행함으로 고난 받는 것이 하나님의 뜻이라는 것이다(벧전 2:19).

내용분해

개요	본문	개요	본문
인사말	1:1	싸움과 다툼	4:1-10
여러 가지 시험과 기도	1:2-8	내일 일에 대한 자랑	4:11-17
시험을 참는 자	1:9-18	부자에 대한 경계	5:1-6
말씀을 듣고 행하는 자	1:19-27	인내에 대한 교훈과 맹세에 대한 교훈	5:7-12
외모로 취함이 없는 믿음	2:1-13	병든 자를 위한 기도	5:13-18
행함으로 나타나는 믿음	2:14-26	미혹한 길에서 돌아서게 함	5:19-20
말의 문제와 참된지혜	3장		

3. 베드로후서

서론

베드로후서는 베드로전서 직후에 쓴 것으로 생각되는데 대략 64년 또는 65년경으로 생각된다. 기록 장소는 베드로전서를 기록한 곳과 같은 로마이다. 이 두 번째 편지를 쓴 이유는 이단들의 미혹에 빠지지 않도록 성도들을 경계하기 위함이다. 이 이단들은 육체의 정욕을 좇는 방탕한 자들이었으며 함부로 하나님을 욕하고 비방하는 자들이었다(벧후 2:1-3, 10-19). 또한 이들은 사도들이 전해 준 복음의 진실성을 부인하며(벧후 1:16), 예수님의 재림을 조롱하는 자들이었다(벧후 3:3,4).

내용분해

개요	본문	개요	본문
서두와 문안	1:1-2	거짓 선지자들의 죄악과 심판	2장
하나님과 주 예수를 앎	1:3-4	말세에 기롱하는 자들	3:1-7
더욱 힘쓰라	1:5-11	주의 날의 임함	3:8-13
이 편지를 쓰는 목적	1:12-15	성도들의 마땅한 태도	3:14-17
전한 복음의 확실성	1:16-21	축복	3:18

4. 요한일서

서론

사도 요한은 요한복음과 요한계시록 외에도 편지 세 개를 남겼다. 그 첫 번째 것인 요한일서는 그가 에베소에서 목회하고 있을 때 이단의 침입으로 말미암아 교회가 큰 어려움을 겪고 난 후에 쓴 편지이다. 그 이단은 케린투스(Cerinthus)라는 이름의 영지주의자가 이끄는 자들이었다. 이들은 소아시아에 있던 요한일서의 수신자 교회에 들어왔으나 교회의 저항을 받아 쫓겨났다(요일 2:19). 이들은 나갔지만 교회 성도들은 이로 인하여 상처를 받고 당황하게 되었다. 그래서 교회 성도들을 위로하고 그들의 정체가 무엇인가를 설명해 주고, 또 성도들에게 주 안에 거하도록 격려하기 위해 이 편지를 쓰게 되었다. 요한일서에서는 예수님을 안다고 하는 것이 이단들처럼 말만 한다고 되는 것이 아니라 형제를 사랑하는 것으로 나타나야 할 것을 강조하고 있다.

요한일서의 이단

요한일서의 수신자 교회인 에베소 지역에 들어온 이단들은 성육신(成肉身)을 부인했다. 즉, 말씀이 육신이 되신 것을 부인하였다(4:2,3). 그리고 그들은 예수께서 그리스도이심을 부인하였으며(2:22, 5:1), 예수와 그리스도를 분리하였다. 이레네우스의 기록에 의하면, 그 당시 사도 요한은 에베소에서 케린투스의 가르침에 대항하고 있었다고 한다. 케린투스는 그리스도는 예수께서 세례받으실 때 예수와 연합하였다고 주장하였다. 그리고 그리스도는 고난받기 전에 다시 예수를 떠나갔다고 가르쳤다(《이단논박》 I,26,1). 그렇다면 예수는 그리스도 없이, 하나님의 아들 없이 죽은 것이 된다. 이렇게 본 근본 이유는 영지주의 철학의 영향으로 하나님의 아들은 육체의 고난을 받을 수 없다고 보았기 때문이다. 그래서 그들은 그리스도의 인성(人性)을 부인하였으며, 예수께서 바로 하나님의 아들이심을 부인하였다(4:15, 5:5)

사도 요한은 이러한 주장에 대해 우리를 깨끗케 한 피는 하나님의 아들의 피임을 말한다(1:7). 하나님께서 우리를 사랑하셔서 독생자를 보내주셨으며, 그는 우리를 위해 그의 목숨을 내어주셨다(3:16). 요한은 이처럼 하나님의 크신 사랑을 강조하였다(3:1).

또한 이단들은 형제 사랑을 소홀히 하였다. 그러나 사도 요한은 형제 사랑을 반복해서 강조하였다(2:10, 3:10-18, 4:7-8, 12, 19-21). 그리고 이단들은 하나님의 계명에 별로 주의를 기울이지 않았다. 그러나 요한은 하나님의 계명을 지켜야 함을 강조하였다. 하나님과 사귐이 있다 하고 어두운 가운데 행하면 거짓을 말하는 자이며(1:6), 마귀에게 속한 자이다(2:4, 8, 3:10, 4:6).

내용분해

개요	본문	개요	본문
생명의 말씀과 빛이신 하나님	1장	주 안에 거하라	2:24-29
의로우신 예수 그리스도	2:1-2	하나님의 자녀	3:1-10
계명을 지키는 자	2:3-6	형제를 사랑하라	3:11-24
우리에게 주신 계명	2:7-11	진리의 영과 미혹의 영	4:1-11
이 글을 쓰는 목적	2:12-14	사랑 안에 거하는 자	4:12-21
세상을 사랑하지 말라	2:15-17	하나님의 아들을 믿는 자	5:1-12
많은 적그리스도가 일어남	2:18-23	우리에게 영생이 있음	5:13-21

5. 요한이서

서론

요한이서는 택하심을 입은 부녀와 그의 자녀에게 보낸 편지이다(1절). 여기서 '부녀(kyria)'는 '주님의 여자'라는 뜻인데, 이는 그리스도의 신부인 교회를 가리킨다. 그리고 그의 '자녀'란 교회 성도들을 가리킨다. 따라서 요한이서는 사도 요한이 어느 교회에 보낸 편지인데, 서로 사랑하라는 권면(4-6절)과 함께 영지주의 계통의 이단을 경계하고(7-11절), 또한 임박한 방문을 예고하기 위해(12절) 쓴 것이다. 기록 시기는 사도 요한의 말년(90년대)으로 생각되며, 소아시아에서 썼다(유세비우스, 《교회사》, III,23).

내용분해

개요	본문	개요	본문
머리말	1-3절	미혹하는 자에 대한 경계	7-11절
서로 사랑하라는 권면	4-6절	끝맺는 말	12-13절

6. 요한삼서

서론

요한삼서는 사도 요한이 '가이오' 라는 이름의 개인에게 보낸 편지이다. 이 가이오가 누구인지는 정확히 알 수 없지만, 참 믿음을 가지고 사랑을 실천하는 자였다. 특히 순회 전도자들을 도와주는 자였다(5-8절).

이 편지는 요한이 가이오가 속한 교회를 직접 방문하기에 앞서 간단히 써 보낸 것이다. 특히 '디오드레베' 라는 사람이 교회 안에서 으뜸 되기를 좋아하고(9절), 사도 요한을 비방하고 그가 보낸 형제들을 영접하지 아니하고 내어 쫓았다(10절). 이로 보아 디오드레베는 사도 요한의 감독권을 인정하지 아니하고 자기가 교회를 다 주관하기 원했던 것 같다. 따라서 그의 개인적인 욕심과 악한 행동이 문제였으며, 그의 교리나 사상에 문제가 있었던 것은 아닌 것 같다. 사도 요한은 다른 성도들이 그의 이러한 악행에 물들지 않도록 경계하고 또한 데메드리오를 칭찬하기 위해 이 편지를 썼다. 기록 시기는 요한일서나 요한이서와 마찬가지로 사도 요한의 말년이며, 소아시아 지역에서 쓴 것으로 생각된다.

내용분해

개요	본문	개요	본문
서두	1절	디오드레베를 경계함	9-11절
가이오를 위한 간구와 기뻐함	2-4절	데메드리오를 칭찬함	12절
가이오에 대한 칭찬과 격려	5-8절	끝맺는 말	13-15절

7. 유다서

서론

유다서는 예수님의 동생 유다가 쓴 편지이다. 자기 자신을 그 당시 교회에 널리 알려져 있던 야고보의 동생이라고 소개하고 있다는 사실이(1절) 이 견해를 지지한다. 수신자는 "부르심을 입은 자 곧 하나님 아버지 안에서 사랑을 얻고 예수 그리스도를 위하여 지키심을 입은 자들"이라고 말하고 있는데, 매우 일반적이라서 더 이상 구체적으로 알기는 어렵다(1절).

유다서의 내용은 베드로후서의 그것과 매우 비슷하다. 아마도 양 서신에서 경계하고 있는 이단이 동일한 무리들이기 때문일 것이다. 그들은 아주 방탕하고 호색하며 겁 없이 하나님을 욕하고 비방하는 자들이었다. 그래서 이들에 대한 유다의 반응은 매우 격렬하다. 이것은 유다의 성격이 급해서 그렇다기보다도 이들 이단들의 악함 때문에 그러하였을 것이다. 그러나 예수 그리스도를 믿는 성도들은 이런 것들에서 자기를 지키고 깨끗케 할 것을 권면하고 있다.

기록 시기에 대해서는 정확히 알 수 없으나 아마도 베드로후서가 먼저 기록되고 난 후에 유다서가 기록되었다고 생각된다. 왜냐하면 베드로후서 2장에서는 거짓 선지자들이 장차 일어날 것이라고 예언되었으나(1,2절), 유다서에서는 그들이 이미 들어왔다고 말하고 있기 때문이다(4절). 기록 장소에 대해서도 알 수 없다.

내용분해

개요	본문	개요	본문
서두	1-2절	에녹의 예언	14-16절
가만히 들어온 이단들	3-4절	사도들의 미리 한 말	17-19절
패역자들에 대한 하나님의 심판	5-7절	성도들에 대한 권면	20-23절
당시 이단들의 죄악상과 패역상	8-11절	송영	24-25절

✢ 학습 문제

1. 야고보서에서 강조하고 있는 주제는 무엇인가? 오늘날 우리에게 있어서 필요한 것도 무엇이라 할 수 있는가?

2. 베드로가 그의 첫 번째 편지에서 특히 강조하고 있는 것은 무엇인가?

3. 사도 요한은 그의 첫 번째 편지에서 어떤 이단에 대해 경계하면서 성도들을 권면하고 있는가?

4. 오늘날 우리가 형제를 사랑한다고 말만 하고 행하지 않는다면 어떤 잘못을 범하게 되는가?

5. 요한이서에 나오는 가이오는 어떤 점에서 칭찬받을 만한 성도였는가? 그런데 디오드레베는 어떤 사람이었는가? 오늘날 교회에서 문제를 일으키는 사람들 중에는 성격적으로 어떤 사람이 많은가?

6. 유다서에서 유다가 격렬한 톤으로 이단들을 경계하고 비난한 이유는 무엇인가? 오늘날 우리는 이단들에 대해 어떻게 대처해야 할까?

4장

요한계시록

요한계시록은 신약 성경의 제일 마지막에 나오는 책으로서 계시록 또는 묵시록에 속한다. 1:3에서는 '예언의 말씀' 이라고 말하고 있다. 따라서 요한계시록도 하나님의 예언에 속하며, 하나님께서 예수 그리스도를 통해 그의 성도들에게 지켜 행하라고 주신 말씀이다. 보통 요한계시록이라고 부르지만, 정확하게 말하자면 '예수 그리스도의 계시' 이다(1:1). 요한은 이 계시를 받아서 전달한 사람에 불과하다. 따라서 '요한에게 주신 예수 그리스도의 계시' 라고 말하는 것이 정확한 표현이 될 것이다.

따라서 우리는 이 책을 사도 요한이 자기의 생각이나 사상을 적은 것으로 보면 안 된다. 요한은 당시에 환난을 당하고 있는 성도들을 위로하기 위해 구약 정경들과 외경들을 참조하여 스스로 기록한 것이 아니다. 요한계시록은 요한이 자신의 사상과 견해를 적은 책이 아니라, 그가 밧모 섬에 유배되어 있을 때 성령의 감동으로 말미암아 환상을 보고 음성을 들은 것들, 곧 예수 그리스도의 계시를 적은 것이다(1:9-11). 따라서 우리는 요한계시록을 읽을 때 요한의 사상으로 읽으면 안 되며 요한을 통해 우리에게 주시는 하나님의 계시의 말씀으로 읽어야 한다.

요한계시록을 읽는 태도

요한계시록은 일반 성도들에겐 신비하고 두려운 책으로 여겨진다. 그래서 이 책을 읽을 때 어떤 사람들은 두려움과 공포에 떨기도 하고 막연한 불안감에 휩싸이기도 한다. 또 어떤 사람들은 미래에 대한 열쇠를 찾기 위해 수수께끼를 풀듯이 연구하기도 한다. 마치 신비한 암호가 이 책에 들어 있고 미래 사건들에 대한 시나리오가 들어 있기나 한 것처럼 이 책을 대하기도 한다.

그러면 우리는 요한계시록을 어떻게 대하여야 할 것인가? 그저 무서운 책, 알기 어려운 책으로만 생각하고 덮어 버려야 할 것인가? 종교개혁 시대에 칼빈이 요한계시록을 주석하지 않고 남겨 두었듯이 우리도 그냥 덮어두는 것이 경건하고 옳은 태도일까? 아니다. 요한계시록 1:1은 '예수 그리스도의 계시'라고 했다. 여기서 '계시(아포칼립시스)'란 베일을 벗겨서 나타내어 준 것이란 뜻이다. 예수 그리스도께서 우리에게 알리려고 나타내 주신 것이다. 이어서 "이는 하나님이 그에게 주사 반드시 속히 될 일을 그 종들에게 보이시려고 그 천사를 그 종 요한에게 보내어 지시하신 것이라"고 한다. 따라서 요한계시록은 우리 성도들에게 '보이시려고' 주신 것이지 '덮으라고' 주신 것은 아니다.

그렇다고 해서 요한계시록을 너무 쉽게 생각하여 함부로 해석해도 좋다는 뜻은 아니다. 사실 계시록에는 신비하고 알기 어려운 것들이 많이 있다.

고도의 상징으로 표현된 환상들, 예언적 언어들, 상징적인 숫자들 등 성경 전체의 조명 하에 조심스럽게 풀지 아니하면 자칫 이상한 곳으로 빠져 버릴 수 있는 위험한 것들이 많이 있다. 특히 한낱 미래에 대한 호기심을 충족시키기 위해 접근할 때에는 이상한 방향으로 빠져 버릴 위험성이 크다.

따라서 우리는 요한계시록을 우리가 읽고 지키라고 주신 말씀이라고 믿고 접근하되, 그 해석에는 상당한 주의를 기울여야 할 것이다. 시중에 나와 있는 소위 통속적인 책들을 보는 것은 위험하며 차라리 보지 않는 것이 더 낫다. 요한계시록을 올바르게 이해하기 위해서는 성경 원어에 대한 지식과 성경 전체에 대한 깊이 있고 균형 잡힌 이해가 선행되어야 하며, 그 위에 해석자 개인의 경건한 삶이 뒷받침되어야 한다. 이를 위해서는 자신의 사사로운 해석을 고집하지 말고, 올바른 신학 전통에 서 있는 경건한 개혁주의 신학자들의 주석을 참고하는 것이 필요하다(평신도용으로는 헨드릭슨의 《요한계시록》 주석이 추천할 만하다).

요한계시록의 중심 사상

이제 있는 일과 장차 있을 일

요한계시록은 하나님이 '반드시 속히 될 일'을 그 종들에게 보이시려고 주신 것이다(1:1). 따라서 요한계시록은 지나간 일이나 역사를 다루는 것은 아니다. '속히 될 일'은 앞으로 있을 일을 말하는데, 여기에는 '이제 있는 일'과 '장차 있을 일'을 포함한다(1:19). '이제 있는 일'이란 2-3장에 있는 일곱 교회에 대한 말씀이요, '장차 있을 일'이란 4장 이후에 나오는 말씀을 가리킨다(흐레이다너스). 그러나 '장차 있을 일'이라고 해서 특별히 마지막 종말 때에 있을 일련의 사건들을 가리킨다고 보면 안 된다. '장차 있을 일'이 말 그대로 사도 요한의 때로부터 이 세상 마지막 날까지, 곧 새 하늘과 새 땅이 이루어질 때까지 있을 일들을 가리킨다고 봐야 한다. 이것은 다르게 말하자면 전(全) 교회 시대의 일을 기록한 것이라고 봐야 한다. 나아가서 교회 시대의 일이라고 해도 마치 몇 년도에 무슨 일이 일어나고 또 몇 년도에는 무슨 일이 일어나고 하는 식의 연대기적 사건들을 기록한 것이라고 생각하면 안 된다. 성경은 그런 미래에 대한 인간의 호기심을 충족시키기 위해 주어진 책이 아니다. 하나님께서는 "사람으로 그 장래 일을 능히 헤아려 알지 못하게 하셨느니라"고 하였다(전 7:15). "일을 숨기는 것은 하나님의 영화이다."(잠 25:2)

물론 하나님께서는 성령을 통하여 우리에게 '장래 일'을 알려주셨다(요 16:13). 사도 바울은 벨릭스에게 '의와 절제와 장차 오는 심판'을 강론하였다. 그러나 이러한 것들은 미래 사건들에 대한 자세한 연대기적 시나리오를 말하는 것이 아니라 세상의 종말에 있을 예수 그리스도의 재림과 부활과 심판을 말한다. 그리고 이것은 미래에 대한 인간의 호기심을 충족시키기 위한 것이 아니라 현재 이 세상을 살아가고 있는 사람들이 하나님 앞에서 어떻게 살아야 할 것인가를 가르쳐 주는 데 그 목적이 있다.

교회와 세상의 싸움

요한계시록의 주제는 미래의 사건들에 대한 비밀을 찾도록 하는 것이 아니라, 이 세상에 있는 교회가 어떠한 영적 싸움을 싸우는가를 보여주는 것이다. 교회는 이 세상에서 많은 환난과 핍박을 당한다. 이단들의 온갖 미혹과 세상의 유혹, 그리고 박해자들의 탄압과 박해를 받으며, 또한 사회 활동과 경제 활동에도 많은 어려움을 당하며, 경우에 따라서는 많은 순교자를 내기도 한다.

이러한 세상의 배후에는 용 곧 사탄이 있다. 사탄은 세상의 권력들과 거짓 선지자들을 통해 교회를 핍박하고 미혹한다. 사탄은 자기가 할 수 있는 모든 수단을 다 동원해서 복음을 전하지 못하게 하며 하나님의 교회를 핍박한다. 그래서 교회는 마치 죽임을 당하여 그 존재가 끊어지는 듯이 보이기도 한다. 즉, 사탄이 승리한 것처럼 보인다. "무저갱으로부터 올라오는 짐승이 저희로 더불어 전쟁을 일으켜 저희를 이기고 저희를 죽일 터인즉 저희 시체가 큰 성 길에 있으리니 그 성은 영적으로 하면 소돔이라고도 하고 애굽이라고도 하니 곧 저희 주께서 십자가에 못 박히신 곳이니라."(11:7-8) 그래서 이 세상은 기뻐하여 서로 예물을 보내며 즐거워한다(11:10).

그러나 이러한 기쁨은 시기상조이다. 왜냐하면 마지막에 하나님께서 개입하셔서 사태를 역전시키시기 때문이다. "삼일 반 후에 하나님께로부터 생기가 저희 속에 들어가매 저희가 발로 일어서니 구경하는 자들이 크게 두려워하더라. 하늘로부터 큰 음성이 있어 이리로 올라 오라 함을 저희가 듣고 구름을 타고 하늘로 올라가니 저희 원수들도 구경하더라."(11:11,12) 그래서 세상과의 싸움에서 결국 교회가 승리한다. 왜냐하면 교회의 배후에는 그리스도께서 계시고, 그리스도께서 사탄을 이기셨기 때문이다. 그래서 이 세상은 궁극적으로 하나님과 그의 기름 부으신 자의 나라가 되어 그가 세세토록 왕노릇하실 것이다(11:15).

그리스도와 교회의 승리

요한계시록에는 그리스도께서 승리자가 되심을 반복적으로 말하고 있다. 그는 처음이요 나중이며 죽었다가 살아나신 이이며, 세세토록 살아 있어 사망과 음부의 열쇠를 가지고 계신다(1:18,19). 또한 "유대 지파 다윗의 뿌리가 이기었다"고 말한다(5:5). 그리고 "흰 말이 있는데 그 탄 자가 활을 가졌고 면류관을 받고 나가서 이기고 또 이기려고 하더라"고 한다(6:2). 그리스도는 사망과 음부의 권세를 이기시고, 또한 용과 짐승과 그에게 경배하는 무리들을 이기신다(12:10, 19:16, 20:2,10,14, 22:3 등).

그러면 승리한 듯이 보이는 용(12:3), 짐승(13:1), 거짓 선지자(13:11), 그리고 큰 음녀(17:1) 곧 바벨론(14:8)은 어떻게 되는가? 그들은 결국 멸망한다. 용 곧 온 천하를 꾀던 마귀는 결국 불과 유황 못에 던지우며, 그를 따르던 짐승과 거짓 선지자도 영원한 불못에 던지운다(20:10). 사치와 권세를 자랑하며 음행으로 만국을 미혹하던 큰 성 바벨론도 일순간에 무너진다(18:2,3,19). "무너졌도다 무너졌도다 큰 성 바벨론이여, 귀신의 처소와 각종 더러운 영의 모이는 곳과 각종 더럽고 가증한 새의 모이는 곳이 되었도다."(18:2) '음녀' 또는 '바벨론' 으로 비유된 세상은 무엇보다도 '크다' 는 것을 자랑하고 뽐낸다. 거대주의, 물량주의를 내세우며 부귀와 사치를 누리던 세상, 그리고 온갖 더러운 것들이 다 모여서 하나를 이룬 혼합주의, 통합주의의 세상, 그래서 그 앞에 무릎을 꿇지 아니하는 성도들을 탄압하고 박해하던 '큰 성 바벨론' 은 결국 한 순간에 무너지고 만다. 그러자 하늘과 땅의 성도들은 기뻐하며 즐거워한다. "하늘과 성도들과 사도들과 선지자들아, 그를 인하여 즐거워하라. 하나님이 너희를 신원(伸寃)하시는 심판을 그에게 하셨음이라."(18:20)

그래서 요한계시록의 주제는 다음 말에 잘 나타나 있다. "저희가 어린 양으로 더불어 싸우려니와 어린양은 만주의 주시요 만왕의 왕이시므로 저희를 이기실 터이요 또 그와 함께 있는 자들 곧 부르심을 입고 빼내심을 얻고 진실한 자들은 이기리로다."(17:14)

믿음과 인내

승리의 확신을 가진 교회는 어떻게 살아야 할 것인가? 무엇보다도 이 세상의 죄에 참여하지 말아야 한다. "내 백성아, 거기서 나와 그의 죄에 참여하지 말고 그의 받을 재앙들을 받지 말라."(18:4) 여기서 "거기서 나오라" 는 말씀은 이 세상의 삶을 포기하라는 말이 아니다. 이것은 이 세상의 죄에 참여하지 말고 그 죄에서 나오라는 의미이다(요 17:15 참조). 이 세상은 비록 권세가 크고 부요하고 유혹하는 것이 많다고 할지라도 성도들은 거기에 같이 참여하면 안 된다는 말이다. 그 좋아 보이는 것들은 유혹이요 미혹이며 실상은 온갖 더러운 것들과 부정한 것들로 가득차 있으며 그 배후에는 사탄의 조종을 받는 더러운 영들이 역사하고 있다. 그러므로 그러한 세상의 죄에 빠져 살다가는 하나님의 무서운 재앙을 받아 일순간에 멸망케 될 것이니 하나님의 백성들은 그러한 세상에서 나와서 거룩하게 살아야 한다는 것이다.

그러므로 그리스도의 피로 구속함을 받은 성도들은 무엇보다도 이 세상의 죄로 자신을 더럽히지 않고 주님을 믿는 정절을 지켜야 한다. "이 사람들은 여자로 더불어 더럽히지 아니하고 정절이 있는 자라. 어린양이 어디로 인도하든지 따라가는 자며 사람 가운데서 구속(救贖)을 받아 처음 익은 열매로 하나님과 어린양께 속한 자들이니 그 입에 거짓말이 없고 흠이 없는 자들이더라."(14:4,5) 여기서 이들이란 곧 땅에서 구속함을 받은 '14만 4천' 성도들을 말한다. 따라서 '14만 4천' (14:1,3, 7:4)이란 문자 그대로 14만 4천 명만을 뜻하거나 유대인들 가운데서 구속받은 자들만을 가리키는 것이 아니다. 이들은 이 세상에서 어린양의 피로 구속받은 자들로서 하나님과 어린양에게 속한 자들이다. 곧 이 세상에서 구속받은 모든 성도들을 가리킨다. 따라서 계시록을 유대주의적 관점에서 유대인들을 위한 특별한 책으로 보는 것은 잘못이다.

이 세상에서 죄와 타협하지 아니하고 정절을 지키는 것은 대단히 힘들고 어려운 일이다. 그렇지만 주님께서는 끝까지 주님의 이름을 배반하지 말고 충성할 것을 요구하신다. 서머나 교회에 보낸 편지에서 주님께서는 "죽도록 충성하라. 그리하면 생명의 면류관을 얻으리라"고 하셨다(2:10). 여기서 "죽도록 충성하라"는 말은 오늘날 한국 교회 성도들이 일반적으로 이해하고 있는 것처럼 "열심히 봉사하라. 있는 힘을 다해 재물을 바치고 몸이 병들어 죽을 때까지 주님의 교회를 섬기라"는 뜻이 아니다. 이 말씀은 "비록 죽음이 온다 할지라도 주님께 대한 믿음을 저버리지 말라"는 뜻이다. 곧 옛날에 신하가 임금을 섬길 때 어떤 일이 있어도 그 임금께 대한 절개를 변치 않고 끝까지 충성하는 것을 뜻한다. 우리 성도들은 하나님의 백성들로서 끝까지, 죽음에 이르기까지 하나님 한 분께만 충성해야 한다. 곧 어떠한 환난이 닥쳐와도 믿음의 정절을 지켜야 함을 말하는 것이다.

그러므로 계시록에서는 '계명을 지킬 것' 과 가 '인내' 가 강조되고 있다. 빌라델비아 교회는 "적은 능력을 가지고도 주님의 말씀을 지킨" 연고로 칭찬을 받았다(3:8). 그들은 주님의 '인내의 말씀' 을 지켰다. 주님의 말씀은 인내가 있어야만 지킬 수 있는 말씀이며 인내가 있어야만 결실할 수 있는 말씀이기에 '인내의 말씀' 이라고 불린다. 인내가 없이는 세상의 권세와 박해와 위협을 이겨낼 수 없다. 그러나 끝까지 인내하고 견디면 마침내 하나님의 심판으로 말미암아 세상과 마귀의 권세는 끝이 나고 하나님과 그리스도의 나라가 이루어진다. "성도들의 인내가 여기 있나니 저희는 하나님의 계명들과 예수 믿음을 지키는 자들이니라."(14:12; 13:10)

요한계시록의 각 단락별 내용

요한계시록은 우선 크게 네 부분으로 구분할 수 있다. 첫째 부분은 '요한에게 나타나신 주님' 을 다루고 있으며(1장), 둘째 부분은 '아시아 일곱 교회에 주시는 주님의 말씀' 을 말하고 있으며(2-3장), 셋째 부분은 인류와 세상 역사에 대한 하나님의 작정이 실현되는 것이 보여지고 있다(4:1-22:5). 그리고 마지막으로 결론 부분에서는 이 계시의 확실성과 신적 성격이 말해지고 있다(22:6-21). 이 아래의 글은 흐레이다너스의 계시록 주석을 많이 참조하였다.

요한에게 나타나신 주님(1장)

첫째 부분에서 요한은 서두(1-3절)와 축복(4-6절) 후에 주님의 재림에 대해 말한다(7절). 이것은 계시록의 중심 사상이며 주제이다. 그리고 나서 그는 하나님이 누구신지에 대해 말한다(8절). 그리고 요한은 그는 하나님의 말씀을 인하여 밧모 섬에 있게 되었음을 말한다(9절). 거기서 그는 주의 날에 성령에 감동하여 나팔 소리 같은 큰 소리가 나는 것을 들었는데 말하기를, 네가 보는 것을 아시아에 있는 일곱 교회에 편지하라고 하였다(10,11절). 그러자 요한이 그 음성을 알아보려고 몸을 돌이킬 때에 '일곱 금 촛대'를 보았으며, 그 촛대 사이에 '인자 같은 이'가 서 있는 것을 보았다(12-16절). 요한이 그 '인자 같은 이'의 모습을 보고서 그 발 앞에 엎드러져 죽은 자 같이 되었을 때에 그가 요한을 위로하며 "두려워 말라. 나는 처음이요 나중이니 곧 산 자라"고 하셨다(17,18절). 그리고는 요한에게 "네 본 것과 이제 있는 일과 장차 될 일을 기록하라"고 하셨다(19절).

아시아 일곱 교회에 보낸 편지(2-3장)

요한계시록의 두 번째 부분은 아시아의 일곱 교회의 사자에게 보낸 편지를 담고 있다. 곧 에베소 교회(2:1-7), 서머나 교회(2:8-11), 버가모 교회(2:12-17), 두아디라 교회(2:18-29), 사데 교회(3:1-6), 빌라델비아 교회(3:7-13), 라오디게아 교회(3:14-22)의 사자에게 보낸 주님의 편지이다. 이 일곱 교회는 그 당시 '아시아' 지역에 실제로 존재했던 교회들이다. 밧모 섬으로 귀양 가기 전에 요한은 아시아의 에베소에서 목회했었는데(이레네우스), 그 주위의 교회들도 같이 돌아보고 있었다. 그래서 그가 밧모 섬에 있을 때에 주님께서는 요한과 직·간접 으로 관계된 교회들에게 편지를 써서 보내게 하셨던 것이다.

따라서 소아시아의 일곱 교회에게 보낸 편지는 그 당시 실제로 존재했던 교회에 주신 말씀으로 받아들여야 한다. 이것을 역사상 나타나는 일곱 시대에 관한 예언의 말씀으로 보거나, 또는 교회 역사상 존재하는 일곱 유형의 교회에 주시는 말씀으로 보는 것은 근거가 없다. 왜냐하면 일곱 교회의 상황에 대한 묘사와 그들의 죄에 대한 책망 등은 그 당시의 지리적, 역사적 상황에 비춰 볼 때 너무나 현실적이고 구체적이기 때문이다. 또한 그 당시 이단들의 유혹의 성격인 내용들도 그 당시에 만연했던 이단들의 것과 상통한다. 따라서 계시록 2-3장에 나타나는 말씀을 그 당시 역사상 실재했던 교회에 주시는 말씀으로 보지 않을 이유가 없다.

그러나 그 당시 교회에 주어진 말씀은 물론 또한 그 후에 오는 모든 교회 성도들이 읽어서 유익되며 교훈이 되는 하나님의 말씀이다. 이것은 계시록 2-3장에 나오는 말씀만 그런 것이 아니라 성경의 모든 부분의 말씀은, 비록 일차적으로는 그 당시 사람들을 위해 씌어진 말씀이라 할지라도 오늘날 우리를 위한 하나님의 말씀으로 읽어야 한다(롬 15:4 참조). 따라서 계시록 2-3장의 말씀은 그 당시 소아시아 일곱 교회에만 해당되는 말씀이 아니라 모든 시대의 교회가 읽고서 교훈을 받아야 하는 하나님의 말씀이다. 예나 지금이나 주님의 교회는 세상의 유혹과 위협을 받고 있으며 때때로 큰 시험과 환난을 받기도 한다. 그러므로 이러한 상황에 처한 교회들에게 주시는 위로와 격려의 말씀, 그리고 책망과 권면의 말씀들은 오늘날에도 여전히 유효한 말씀이 된다.

교회와 세상의 싸움(4:1-22:5)

하늘 보좌와 봉인된 책(4-5장)

요한계시록의 세 번째 부분은 '하늘의 보좌에 대한 환상'에서 시작한다(4장). 다시금 주님의 음성이 들려 와서 요한에게 "이 후에 마땅히 될 일을 내가 네게 보이리라"고 하였다(1절). 따라서 여기서 중요한 것은 요한은 하나님께서 그에게 '보여준 환상'이라는 사실이다. 그러므로 그것은 '실제 사실'과 일치할 수도 있지만 꼭 그대로 일치하지 않을 수도 있다. 왜냐하면 사도 요한은 미래에 있을 '실제 사실'을 보았다기보다도 인간의 역사에 대해 하나님께서 어떻게 운영하시고 섭리하시는가를 가르쳐 주시기 위해 보여 주신 '환상(vision)'을 보았기 때문이다. 예를 들어 6장에 나오는 바 '흰 말', '붉은 말', '검정 말', '청황색 말'의 환상도 꼭 그런 말(馬)들이 역사상 그대로 나타난다는 뜻이 아니라, 그런 말들을 '보여 주심' 으로써 우리에게 어떤 영적 진리를 가르쳐 주시려 한 것이다. 따라서 우리는 계시록을 읽을 때 그러한 '환상들' 이 역사를 통해 무엇을 가르쳐 주려고 하는가를 생각해야 하며, 그 '환상들' 이 역사상 그대로 일어날 실제 사실인 것처럼 생각하는 것은 잘못이다. 이것은 계시록에서 단지 어떤 단어들을 상징적으로 해석해야 한다는 차원을 넘어서는 것이다. 이것은 근본적으로 계시록의 상당한 부분이 사도 요한이 성령에 감동되어 본 '환상' 이라는 사실, 곧 주님께서 그 종 요한에게 속히 될 일을 환상의 형태로 '보여주신 것' 이라는 사실을 지적하는 것이다. 물론 이렇게 보여주신 환상들 가운데는 변할 수 없는 사실들도 그대로 포함되어 있을 것이다. 예를 들면 하나님 자신의 존재와 그리스도의 위엄과 통치, 천국과 불못의 존재 등 상당한 부분에서 '사실 자체' 를 보여주셨거나 또는 사실 자체와 일치하는 것들도 있을 것이다. 그러나 어떠한 경우이든 요한이 성령에 감동하여 본 것은 근본적으로 하나님이 보여주신 '환상' 에 속한다는 사실을 부정할 수 없다.

다시 4장으로 돌아와서 요한이 여기서 본 것은 하늘의 보좌와 그 위에 앉으신 이(2-3절), 그리고 보좌 주위에 둘러 있는 24 보좌들과 그 위의 장로들이었다(4절). 또한 보좌 가운데와 보좌 주위에 있는 네 생물도 보았는데, 그 앞뒤에는 눈이 가득하였으며 여섯 날개를 가지고 있었다(6절). 이 네 생물과 24 장로들이 하나님을 찬송하며 영광과 존귀와 감사를 하나님께 돌렸다(8-11절).

5장에서는 인류와 세상 역사에 대한 하나님의 작정을 담은 책을 보여준다(1절). 이 책은 인봉되어 있었는데, 아무도 열 사람이 없기로 요한이 울었더니 장로 중의 하나가 다가와서 말하였다. "울지 말라. 유대 지파의 사자, 다윗의 뿌리가 이기었으니 이 책과 그 일곱 인을 떼시리라" 고 하였다(2-5절). 이에 어린양이 나아 와서 그 책을 취하매 네 생물과 24 장로들이 어린양을 찬양하였다(6-10절). 그러자 또한 천군 천사들의 합창(11-12절)과

온 피조물의 찬송이 들려 왔다(13절).

일곱 인 재앙(6-7장)

6장에서는 어린양이 일곱 인 중의 하나를 떼실 때의 일을 요한이 본 것이 기록되어 있다(1절). 곧 '흰 말'과 '붉은 말'과 '검정 말'과 '청황색 말'을 통해 상징적으로 표현된 이 환상은 '복음의 승리'와 아울러 이 세상에 임하는 핍박과 기근 및 사망 재앙을 나타내 주고 있다.

7장에서는 먼저 '인 맞은 자 14만 4천' 대해 말한다(1-7절). 여기서 우리는 이 숫자를 문자적으로 이해하면 안 된다. 왜냐하면 14장에서 이들은 "땅에서 구속함을 받아 처음 익은 열매로 하나님과 어린양에게 속한 자들"이라고 말하고 있기 때문이다(3-5절). 뿐만 아니라 각 지파의 인 맞은 수를 말하고 있는 부분(7:5-7)에 보면 단 지파가 빠져 있다. 그리고 여기서 말하고 있는 유대 지파들의 순서도 구약에서 일반적으로 말하는 순서와 다르다. 뿐만 아니라 매 지파에서 인 맞은 자의 수가 똑같이 '1만 2천'이라는 것도 이 수가 상징적임을 시사한다. 곧 '1만 2천'은 12 곱하기 1,000이니 이것은 선택의 수(12)에다 많다는 개념(1,000)이 들어 있는 수이다. 따라서 1만 2천 곱하기 12인 14만 4천은 하나님의 택함 받은 백성들의 충만한 수를 가리킨다고 볼 수 있다. 따라서 여기 5-7절에서 말하는 '이스라엘 자손'은 육적인 이스라엘을 말하는 것이 아니라 '영적 이스라엘' 곧 '참 이스라엘'을 말한다. 이들은 곧 주 예수 그리스도에 의해 구속받은 하나님의 백성들을 말한다.

이어서 요한은 '각 나라와 족속과 백성과 방언에서 아무라도 능히 셀 수 없는 큰 무리'가 흰 옷을 입고 하나님의 보좌 앞에서 찬양하는 모습을 보았다(7:9-17). 이들 큰 무리는 유대인들을 제외한 이방인들 중에서 구속함을 받은 성도들을 가리키는 것이 아니라, 유대인들을 포함한 이 세상 모든 나라들 가운데서 구속함을 받은 하나님의 백성들을 가리킨다. 따라서 '14만

4천' 과 '셀 수 없는 큰 무리' 는 서로 다른 두 집단을 가리키는 것이 아니다. 곧 먼저 것은 유대인들 중에서 구속함을 받은 자들이요 나중 것은 이방인들 중에서 구속함을 받은 성도들을 가리키는 것이 아니라, 동일하게 예수 그리스도의 피로 구속함을 받은 하나님의 백성들을 가리킨다.

일곱 나팔 재앙(8-10장)

8-10장에서는 '복음을 배척하는 세상에 임할 심판' 을 일곱 나팔의 재앙을 통해 상징적으로 보여주고 있다. 첫째, 둘째, 셋째 나팔의 재앙은 '자연에 임하는, 그리고 자연을 통한 재앙' 이다(8:7-12). 네 번째 나팔의 재앙은 이보다 더 심한 재앙이다(8:13). 그 다음 다섯 번째 나팔의 재앙은 영적이고 사탄적인 박해와 환난을 말한다(9:1-11). 여섯째 나팔의 재앙은 두렵고 무서운 전쟁을 말한다(9:12-21). 10장에서는 요한이 힘센 천사가 하늘에서 내려오는 것을 보았는데, 그의 손에는 작은 책이 펴 놓여 있었다(1,2절). 요한이 이 작은 책을 받아서 먹으니 입에는 꿀 같이 다나 배에는 쓰게 되었다(9-10절). 이것은 복음이 세상에서 어떻게 역사하는가를 상징적으로 보여주는 것이다. 복음은 구원을 주는 것으로서 달다. 그러나 세상은 그것으로 인하여 소동하게 되고 대항하게 된다. 그러나 요한은 이 복음을 계속 전파하여야 한다(11절).

복음 증거와 세상의 저항(11-14장)

11장에서는 교회가 이 복음을 어떻게 세상에 전파하는가를 보여준다. 이 들 증인들은 세상으로부터 엄청난 저항을 받아 결국 죽임을 당한다(1-10절). 그러나 심판 날이 이를 때에 하나님께서 이들을 다시 살리시며 하늘로 올라오게 하신다(11-12절). 그러자 세상에는 큰 심판이 임한다(13절). 그리고 일곱째 천사가 나팔을 불 때 하늘에서 하나님을 찬양하는 큰 소리가 들린다(15-18절).

12장에서는 앞장에서 말한 전쟁의 깊은 배후 곧 영적 배경을 드러내고 있다. 그것은 사탄과 그의 사자들이 주 예수 그리스도와 그의 교회들과 더불어 싸우는 싸움이다. 주님은 태어나실 때부터 용 곧 사탄의 박해를 받으며 위협을 당한다(1-4절). 그러나 예수님은 이러한 사탄의 박해를 이기시고 하늘로 올라가신다(5절). 그러나 그의 교회는 광야로 쫓겨나 어려움을 당한다(6절). 이어서 사탄과 교회와의 싸움이 좀 더 깊은 차원에서 보여진다(7-12절). 곧 하늘에서 전쟁이 있었음을 보여주고 있다. 천사장 미가엘과 그의 사자들이 용(마귀)과 그의 사자들과 싸웠는데, 용이 이기지 못하여 땅으로 내어 쫓겼다(7-12절). 그래서 하늘과 그 가운데 거하는 자들은 즐거워하지만 땅과 바다에 거하는 자들은 환난을 당하게 된다. 왜냐하면 마귀가 자기 때가 얼마 남지 않은 줄을 알고 크게 분을 내기 때문이다(12절).

13장에서는 사탄의 도구들로서 '두 짐승' 이 나타난다. 하나는 바다에서 나오는데, 그것은 인류를 지배하는 세상 나라들(정부 권력들)이다(1-10절). 다른 하나는 땅에서 나오는데, 그것은 거짓 예언 또는 거짓 종교, 거짓 학문과 그 수종자들을 상징한다. 이 둘째 것은 정부 권력과 적그리스도와 연합하여 그리스도와 그의 교회에 대항하여 싸운다(11-18절).

14장에서는 어린양과 그에게 충성하는 자들이 승리함을 보여주고 있다. 먼저 7장에 나온 14만 4천이 다시금 어린양과 함께 시온산에 서 있다(1-5절). 7장에 예언된 것이 14장에서는 실현된 것으로 나타난다. 사탄의 분노가 그것을 저지하지 못했다. 사탄이 온 세상의 권력과 교묘한 술수를 동원했지만 결국 주님의 교회를 이기지 못했던 것이다. 그 때에 다른 천사가 큰 소리로 "하나님을 두려워하며 그에게 영광을 돌리라" 고 외친다(6-7절). 그리고 또 다른 천사가 경고의 말을 계속 발한다(8-13절). 결국 마지막에는 주님께서 오셔서 두 종류의 추수를 하신다. 하나는 의인들 곧 믿는 자들의 추수이며(14-16절), 다른 하나는 불의한 자들 곧 믿지 않는 자들의 추수이다(17-20절).

일곱 대접 재앙(15-16장)

15장과 16장에서는 '일곱 대접의 재앙'을 보여주고 있다. 흐레이다너스에 의하면 이것들은 종말 직전에 임할 재앙들, 곧 종말로 인도하는 재앙들을 좀 더 자세히 묘사하는 것이라고 한다(p.xxxii). 그러나 우리는 이것을 꼭 종말 직전에 있을 사건들로 제한할 필요는 없다고 생각된다. 오히려 헨드릭슨이 말하고 있는 바와 같이 전 세대를 망라하는 것으로 보는 것이 더 좋을 듯하다(《요한계시록》, pp.192-194). 15장은 환난을 이기고 벗어난 자들의 찬송과(2-4절), 마지막 재앙에 대한 준비를 보여준다(5-8절). 16장은 그 재앙이 일곱 대접의 재앙으로 묘사되어 있다.

바벨론에 대한 심판(17-19장)

17장과 18장은 다시금 하나의 전체를 이루고 있다. 17장에서는 '큰 음녀' 바벨론에 대해 말하고 있고, 18장에서는 그에게 임할 심판을 말하고 있다. 그 '음녀'는 여러 다른 형태로 나타나는 세상 권력을 뜻한다. 특히 황제와 교황이 다스리는 로마의 권력과 또한 그 세속 도시와 적그리스도를 뜻한다. 여기서 우리는 세상과 그리고 하나님을 경외하지 않고 섬기지 않는 모든 자들의 비극적 운명이 어떻게 될 것인가를 보여준다.

19장은 이러한 바벨론과 불경건한 세상의 멸망에 대해 천사들과 네 생물과 장로들과 구속받은 성도들의 '할렐루야' 찬송이 기록되어 있다(1-8절). 그 때에 요한이 자기에게 말하는 천사에게 경배하려고 할 때, 천사가 그를 만류하여 이르기를 "그리하지 말고 오직 하나님께 경배하라"고 하였다(9-10절). 그리고 나서 '만왕의 왕'이요, '만주의 주'이산 그리스도의 다스리심과 싸우심이 기록되어 있다(11-16절). 그 결과 적그리스도와 거짓 선지자가 불못에 던지움을 당한다(17-21절).

교회의 승리와 최후 심판(20:1-22:5)

20장에서는 다시금 교회와 세상과의 관계를 묘사하고 있다. 사탄은 결박되고 천년 동안 무저갱에 던지워서 만국을 미혹하지 못하도록 갇히게 된다(1-3절). 하나님의 말씀을 인하여 죽은 자들은 살아서(첫째 부활) 그리스도와 함께 천년 동안 왕노릇한다(4절). 그러나 그 나머지 죽은 자들은 그 천년이 차기까지 살지 못한다(5절).

여기의 '천년'에 대해서는 여러 가지 해석이 있음은 잘 알려져 있다. 이 '천년'이란 숫자가 상징적인 것임은 분명하지만 어느 기간을 가리키는지에 대해서는 의견이 분분하다. 흐레이다너스는 이 '천년'이 '기독교가 인류 사회를 주도하는 시대'로 본다(p.xxxiii). 즉, 로마 제국에서 이방 종교가 물러나고 기독교가 지배하게 된 때가 곧 사탄이 결박된 때라고 본다. 곧 4 세기의 콘스탄틴 황제 이래로 기독교가 인류 사회를 주도하게 되었으며, 기독교인이 모든 영역에서 주도하게 되었다고 본다(p.403). 그러나 이러한 해석은 너무 서양 중심적이라는 생각이 들며 너무 치우친 해석이라는 생각이 든다. 오히려 윌리엄 헨드릭슨의 견해와 같이 그리스도의 초림부터 재림까지의 복음 시대를 가리킨다고 보는 것이 옳다고 생각된다. 또는 약간 수정하여 그리스도의 초림부터 재림 직전까지의 기간이 '천년왕국 시대'라고 보는 것이 더 타당하다고 생각된다. 예수님의 오심으로 사탄은 결박되었으며(마 12:29), 하늘에서 떨어졌다(눅 10:18). 하나님의 아들이 나타난 것은 마귀의 일을 멸하려, 곧 무력하게 하려 함이다(요일 3:8). 따라서 우리 그리스도인들은 이제 더 이상 죄에게 종노릇하지 않으며(롬 6:6), 죄가 우리를 주관치(곧 왕노릇하지) 못한다(롬 6:14). 그리스도는 세상을 이기셨으며(요 16:33), 우리는 그를 믿음으로 또한 세상을 이겼다(요일 4:4, 5:4). 그리스도께서는 그가 모든 원수를 그 발아래 둘 때까지 불가불 왕노릇하셔야만 한다(고전 15:25). 하늘의 천군 천사들도 "할렐루야 주 우리 하나님 곧 전능하신 이가 통치하셨도다(에바실류센)"라고 노래하였다(계 19:6;

11:17 참조).

다시 돌아와서 그 천년이 차매 사탄이 다시 놓임을 받고 땅의 온 백성들을 모아 기독교회를 대적하고 공격한다(21:7-8). 그러나 이 때 하늘에서 불이 내려와서 저희를 소멸하고 저희를 미혹하는 마귀는 영원한 불못에 던지운다(9-10절). 그리고 나서 모든 죽은 자들이 부활하고 최후 심판이 행해진다(11-15절).

21장에서 요한은 '새 하늘과 새 땅' 을 보았다(1절). '거룩한 성 새 예루살렘' 이 하나님께로부터 하늘에서 내려오는 것을 또한 보았다(2절). 이 '새 예루살렘' 은 현재 있는 육적 예루살렘을 뜻하는 것이 아니라 그 단어 앞에 붙어 있는 '거룩한 성' 이 시사하는 바와 같이, 예수 그리스도의 피로써 깨끗케 함을 받은 구속함을 받은 성도들 곧 교회를 가리킨다. 하나님께서 이들과 함께 거하시니 이들은 하나님의 돌보시는 백성이 되어 영원한 복락을 누린다(3-7절). 그러나 믿지 않는 자들과 악한 자들은 불못에 던지움을 당한다(8절). 그 후에 요한은 거룩한 성 예루살렘을 보았는데, 그것은 지극히 아름답고 큰 성이었다. 그것은 아름다운 보석들로 꾸며진 완벽하고도 영광스러운 성이다. 이것들은 다 상징으로서 천국이 그만큼 아름답고 영화로운 곳임을 가르쳐 주는 것이다. 이러한 천국은 영원에서(곧 마지막 종말 때) 완전히 빛날 것이지만 또한 이 세상에서 이미 부분적으로 실현되고 있다. 그것은 하나님의 영원한 작정에 그 기초를 가지고 있다. 만국이 이미 그 빛 가운데로 다니며 왕들이 자기 영광을 가지고 그리로 들어간다(24절). 이방인들은 이미 이 세대에서 생명나무의 잎으로 고침을 받고 있다(22:1-5). 거룩한 성 예루살렘은 여기에 그 '본질' 을 따라 기술되고 있으며, 단지 영원에서 이루어질 '영광의 계시' 를 따라서만 기술된 것은 아니다. 그렇기 때문에 영원에서 완전히 빛날 것이 또한 이미 이 세대에서도 어느 정도 사실이라고 말하는 것이다. 즉, 여기에 묘사된 거룩한 성 예루살렘은 영원에 가서야 비로소 실현될 것을 말하는 것이 아니라 그 예루살렘은 '어떤 것' 이냐를 말하는 것이다. 그것이 어떤 것이냐 하는 것은 이 시대에 이 땅에서, 부분적이긴 하지만, 이미 보여지고 있으며 마지막 날에 충만하게 나타날 것이다.

끝맺는 말(22:6-21)

마지막 부분은 계시록에 기록된 말씀이 참되다는 것을 여러 가지 방식으로 확증하며(6-9절) 그 말씀을 마음에 받아들이고 그 말씀을 따라 살 것을 다시 한번 촉구한다(10-15절). 다시금 예수님의 자기 확증과 자기에게 나아 올 것을 촉구한다(16-17절). 그리고 이 책의 말씀에 무엇을 더하거나 제하는 자들에 대해 엄중한 경고를 발한다(17-21절). 그리고 다시금 예수님의 재림을 소망하면서 요한계시록은 끝을 맺고 있다. "아멘 주 예수여, 어서 오시옵소서."(20절)

내용분해

개요	본문	개요	본문
요한에게 나타나신 주님	1장	교회와 세상의 싸움	4장-22:5
아시아 일곱 교회에 보낸 편지	2-3장	끝맺는 말	22:6-21

✣ 학습 문제

1. 우리는 요한계시록을 읽을 때 어떤 태도로 읽어야 하겠는가? 예를 들어 세계 3차 대전이 언제, 어떻게 일어날 것인가를 알려는 마음으로 읽는 것은 어떠한가?

2. 요한계시록의 대주제는 무엇인가? 당시의 교회는 어떤 상황에 처해 있었는가? 일제 말기에 일본의 신사참배 강요 때문에 고난당했던 한국교회의 상황과 비교해서 생각해 보자.

3. 교회와 세상과의 싸움에서 최종 승리자는 누구이며 그 이유는 무엇인가?

4. 오늘날 이 세상에서 환난당하고 있는 성도들에게 요구되는 것은 무엇인가?

5. 오늘날 왜 많은 사람들이 요한계시록의 말씀을 잘못 해석하고 또 더러는 이단에 빠진다고 생각하는가? 이에 대해 우리는 어떻게 대처해야 하는가?

6. 요한계시록의 말씀이 오늘날 나에게 주는 교훈은 무엇이라고 생각하는가?